Souad Taleb Zouggar
Abdelkader Adla

Contributions à l'apprentissage symbolique

Souad Taleb Zouggar
Abdelkader Adla

Contributions à l'apprentissage symbolique

Automates d'arbres et mesures de sélection

Presses Académiques Francophones

Impressum / Mentions légales

Bibliografische Information der Deutschen Nationalbibliothek: Die Deutsche Nationalbibliothek verzeichnet diese Publikation in der Deutschen Nationalbibliografie; detaillierte bibliografische Daten sind im Internet über http://dnb.d-nb.de abrufbar.

Information bibliographique publiée par la Deutsche Nationalbibliothek: La Deutsche Nationalbibliothek inscrit cette publication à la Deutsche Nationalbibliografie; des données bibliographiques détaillées sont disponibles sur internet à l'adresse http://dnb.d-nb.de.

Coverbild / Photo de couverture: www.ingimage.com

Verlag / Editeur:
Presses Académiques Francophones
ist ein Imprint der / est une marque déposée de
OmniScriptum GmbH & Co. KG
Heinrich-Böcking-Str. 6-8, 66121 Saarbrücken, Deutschland / Allemagne
Email: info@presses-academiques.com

Herstellung: siehe letzte Seite /
Impression: voir la dernière page
ISBN: 978-3-8416-3437-5

Zugl. / Agréé par: Oran, Algérie, Université Es-Sénia, 2014

CHAPITRE 1 : EXTRACTION DE CONNAISSANCES A PARTIR DE DONNEES.

1

CHAPITRE 2 : LES AUTOMATES D'ARBRES .

CHAPITRE 3 : CONTRIBUTION 1 : AUTOMATES D'ARBRES POUR LA CLASSIFICATION.

CHAPITRE 4 : METHODES D'ENSEMBLES ET SIMPLIFICATION D'ENSEMBLES.

CHAPITRE 5 : FONCTION MULTI OBJECTIFS ET MESURE DE SEGMENTATION POUR LA SELECTION.

CHAPITRE 6 : PRESENTATION DU DOMAINE D'APPLICATION : SURVEILLANCE DES DIABETIQUES.

10

LISTE DES FIGURES

LISTE DES TABLEAUX

LISTE DES ALGORITHMES

INTRODUCTION GENERALE

Les moyens informatiques récents permettent de produire et de stocker de grandes quantités de données ; ces données sont collectées pour accomplir des tâches précises mais contiennent des connaissances relatives aux objets qui y sont décrits. L'accès à cette connaissance dépasse largement les capacités humaines ; ce qui a, au début des années 90, la naissance d'une nouvelle discipline scientifique appelée *extraction de connaissances à partir de données*. Il existe plusieurs algorithmes dédiés à l'extraction ; ces algorithmes diffèrent essentiellement par la forme de données traitées ainsi que celle des connaissances générées.

Pour l'extraction de règles de classement à partir d'un ensemble d'exemples, une classe particulière d'algorithmes utilise la construction de structures ou de procédures sous forme d'arbres hiérarchisés ou de graphes. Les branches de ces structures sont formées par des tests logiques qui portent sur les caractéristiques des individus étudiés ; ces tests sont choisis de manière à discriminer les différentes classes existantes.

Les méthodes à base d'arbres de décision (Breiman et *al.*, 1984) (Quinlan, 1986a) et de graphes d'induction (Zighed, 1985) (Zighed et *al.*, 1992) sont des méthodes utilisées dans le domaine de l'apprentissage automatique et en particulier dans le domaine de classification.

Ces méthodes de classification présentent un grand intérêt par rapport à d'autres méthodes existantes réalisant les mêmes tâches telles que les réseaux de neurones (Setiono et *al.*, 1998), les algorithmes génétiques, etc. Aussi, les arbres et les graphes permettent de traiter tout type de données symboliques et/ou numériques grâce à des mécanismes de discrétisation et présentent de bonnes performances pour la classification et la prédiction. De plus, l'absence d'hypothèses concernant la distribution des populations d'apprentissage leur confère une grande faculté d'adaptation et les algorithmes d'élagage qui leur sont associés permettent d'éliminer le phénomène de sur-apprentissage (Quinlan, 1986b) (Watkins, 1987).

Enfin, les méthodes à base d'arbres de décision et de graphes d'induction permettent de générer des modèles de classification intelligibles et facilement interprétables par l'utilisateur même néophyte dans le domaine. Les modèles de classification obtenus sont traduits automatiquement en règles de décision qui sont des conjonctions pour le cas des arbres et des disjonctions de conjonctions pour le cas des graphes.

Cependant, ces méthodes présentent les inconvénients de complexité et d'instabilité (Breiman, 1994). Le problème de complexité est lié à la génération de modèles de grandes tailles d'où la complexité des règles ; ce qui engendre des redondances et parfois même des incohérences. La complexité des modèles générés réduisent leur précision ; cette précision peut être influencée par deux sources d'erreurs exprimées sous forme de biais et de variance. (Geurts, 2002) a montré que la méthode d'arbre de décision classique souffre d'une variance importante qui pénalise sa précision ; ceci est dû à un nombre trop grand de nœuds tests déterminés au bas de l'arbre sur des sous échantillons d'objets de taille statistiquement peu fiable.

Pour pallier cet inconvénient majeur, des algorithmes de pré et/ou de post élagage ont été proposés pour simplifier les modèles obtenus (Breslow, 1997). Plusieurs algorithmes ont été proposés pour l'optimisation des bases de règles obtenues à partir d'arbres ou de graphes. Parmi les méthodes proposées, plusieurs techniques de simplification des règles basées sur la logique ont été mises au point (Brayton et *al.*, 1992) (Grange et *al.*, 1995).

L'utilisation des algorithmes et des techniques de simplification pour les arbres et les graphes engendrent un coût de calcul assez important et peut dégrader les qualités de performances du modèle de classification que ce soit au niveau de la classification ou de la prédiction. Les algorithmes de post-élagage nécessitent, en plus, des échantillons d'apprentissage et de test et l'utilisation d'échantillons pour l'élagage.

Le phénomène de complexité des arbres et des graphes peut être lié aux mesures de qualité de partition ou de sélection de variables qui leur sont associées ; elles permettent d'éviter une recherche exhaustive parmi toutes les partitions possibles. Ces mesures, généralement complexes, appartiennent à deux grandes catégories : mesures de la théorie de l'information et mesures de la distance (Brostaux, 2005).

En plus du problème de complexité des modèles générés et des mesures de sélection des modèles, les arbres de décision présentent l'inconvénient d'instabilité ; une méthode est instable si un petit aléa introduit dans les données produit un modèle complètement différent de celui obtenu avant l'introduction de l'aléa. Geurts (2002) a montré que le choix des attributs et des seuils associés aux nœuds internes d'un arbre de décision peut dépendre fortement d'un échantillon à l'autre ; ce qui contribue également à la variance des modèles construits selon cette méthode. Pour ce cas, les auteurs parlent d'instabilité de classifieur. Breiman (1994) a souligné que les réseaux de neurones, les arbres de classification et de régression et la construction de sous-ensembles en régression linéaire sont des méthodes instables, tandis que les K plus proches voisins (KPPV) sont des méthodes stables.

Différentes techniques de réduction de variance en généralisation de classifieurs instables ont été proposées dans la littérature (Dietterich, 2000), notamment les méthodes d'ensemble. Dans le cadre de cette recherche, nous nous intéressons aux méthodes d'ensemble d'arbres. Leur principe est d'améliorer un algorithme d'apprentissage existant en combinant les prédictions de plusieurs modèles construits à l'aide de celui-ci à partir d'un échantillon d'apprentissage. La prédiction qui résulte alors de l'agrégation selon une procédure de vote ou de moyenne est potentiellement plus stable, c'est-à-dire, de variance plus faible que la prédiction d'un seul modèle.

Nos contributions s'inscrivent dans le domaine de l'apprentissage automatique à partir de données et sont basées sur les méthodes de classification supervisées à base d'arbres de décision et/ou de graphes d'induction.

Notre contribution dans le domaine de l'apprentissage automatique concerne la génération et la simplification d'arbres de décision ou d'ensembles d'arbres de décision. Elle est développée sur plusieurs aspects notamment :1) en post-élagage (post-pruning) en utilisant les modèles d'automates d'arbres comme cadre formel de modélisation et leurs propriétés comme outils de simplification ; 2) en proposant une nouvelle mesure de qualité de partition pour les arbres de décision ; 3) en post-élagage en simplifiant non plus un seul arbre mais un ensemble en utilisant une fonction multi-objectifs.

Le premier aspect se distingue par la conception et l'expérimentation de nouvelles méthodes formelles de modélisation pour la génération et l'optimisation d'arbres de décision (Taleb et *al.*, 2013) et/ou de graphes d'induction (Taleb et *al.*, 2008c).Pour cela, nous utilisons la théorie des automates d'arbres qui sont des modèles de calcul à états finis généralisant les automates classiques à la reconnaissance de termes et sont des modèles syntaxiques permettant de définir la structure d'un ensemble d'arbres. Ils caractérisent les règles d'écriture d'un langage donné. Notre contribution se présente en deux principales étapes :1) la première consiste à générer des modèles d'automates d'arbres pour la classification en utilisant le principe d'induction des arbres et/ou des graphes ; 2) la seconde consiste à simplifier les modèles en utilisant les propriétés et les algorithmes de simplification d'automates. L'utilisation des automates ainsi que leurs propriétés pour l'élagage (pruning) permet d'éliminer la nécessité d'un échantillon supplémentaire pour l'élagage car la simplification se fait sur la structure même du modèle généré.

Le deuxième aspect de la contribution concerne la proposition d'une nouvelle mesure, baptisée NIM « New Information Measure », de sélection de variables ou de qualité de partitions pour la génération d'arbres de décision. La mesure NIM est moins coûteuse, donne de bonnes performances, et génère des arbres de tailles réduites comparée aux mesures de sélection usuelles.

Une alliance des deux premiers aspects de la contribution concerne l'utilisation des principes de la mesure de sélection NIM pour la génération d'automates d'arbres, ensuite les modèles sont simplifiés en utilisant les propriétés des automates proposées.

Cette alliance nous a permis d'afficher des résultats intéressants (Taleb et al., 2012) ; l'accent est mis plus particulièrement sur le temps de génération des règles qui se fait par un processus de réécriture au lieu d'un parcours de structures arborescentes complexes.

Pour résoudre le problème d'instabilité les méthodes d'ensembles ont été proposées ; au lieu de générer un seul modèle, il s'agira de générer plusieurs modèles par perturbation de l'échantillon initial. Ces méthodes améliorent un algorithme d'apprentissage instable en l'utilisant plusieurs fois pour construire plusieurs modèles. Les méthodes d'ensemble d'arbres de décision, pour lesquelles la règle de base utilisée est un algorithme d'induction d'arbre, sont particulièrement efficaces car les arbres ont une précision peu compétitive avec d'autres méthodes. Les arbres peuvent être ajouté à un ensemble sans risque de sur apprentissage (Breiman, 2001a) mais l'ensemble peut contenir des arbres similaires ou avec de mauvaises performances ce qui peut détériorer les performances de l'ensemble tout entier et augmenter le temps de réponse qui se fait par un vote majoritaire en interrogeant tous les arbres de l'ensemble. Pour des besoins d'efficacité et de performance en prédiction, une simplification de l'ensemble s'avère nécessaire ; nous parlons alors de sélection d'ensembles, pruning d'ensembles ou élagage d'ensembles. Le troisième aspect de la contribution consiste à proposer une fonction multi objectifs pour la simplification d'un ensemble d'arbres de décision ; la fonction optimise la diversité et la performance de l'ensemble.

Notre recherche s'inscrit dans le projet e-Pev initié en 2011 par l'équipe Simulation Intégration Fouille « SIF » du Laboratoire d'Informatique d'Oran "LIO". Les résultats du projet présentent des retombés pratiques et économiques qui consistent à assister le médecin et en particulier le diabétologue (dans le cas particulier de ce livre) pour faire du traitement automatique des masses de données dont il dispose à des fins de classification et de prévention. Cette assistance permet de réduire les temps de réponse en utilisant, en particulier, des modèles optimaux déjà simplifiés et bien élaborés. Dans cette perspective et dans le but d'établir un diagnostic médical qui détermine si un patient est diabétique ou non, nous disposons d'informations relatives au patient. Ces observations sont par exemple, l'âge du patient, son poids, des antécédents familiaux ayant la maladie, le mode de révélation du diabète (déséquilibre glycémique, cétose diabétique spontané, etc.), les circonstances de sa découverte (pieds diabétique, découverte fortuite, infection bactérienne, etc.), etc. Un ensemble d'observations associé à un patient représente une description du patient. Nous supposons qu'à chaque description d'un patient particulier, nous associons la classe correspondante. La classification peut être binaire (Diabétique type I ou type II), ou non (type de complication du diabète en cas d'une application de surveillance de diabétiques). Nous disposons donc d'un ensemble de descriptions et pour chacune d'elles de la classe associée. Le but fixé consiste à déterminer une procédure de classification qui à toute description associe une classe. Nous souhaitons que cette procédure classifie le mieux possible les descriptions sur les cas connus, mais surtout, qu'elle classifie bien les descriptions correspondantes à de nouveaux patients.

Historiquement cette tâche de synthèse et de recherche des processus d'affectation d'individus à différentes classes ou catégories a d'abord été du ressort d'experts humains, spécialistes du domaine concerné. Mais avec l'augmentation du volume des données et de la complexité des problèmes traités, ces experts sont aujourd'hui souvent assistés voire remplacés par des algorithmes informatiques. Ces derniers sont en effet mieux adaptés aux représentations multidimensionnelles nécessaires à la résolution de ces problèmes.

Tous nos modèles sont testés sur des benchmarks de l'UCI Repository (Asuncion et *al.*, 2007) ainsi que sur l'application MONITDIAB (Taleb et *al.*, 2013) pour la surveillance de diabétiques conçue au niveau du service d'endocrinologie de l'hôpital Benzerjeb de la wilaya de AIN

TEMOUCHENT en ALGERIE. Par ailleurs, notre contribution répond à certains objectifs du projet.

Nous présentons ces travaux dans les chapitres suivants:

Le chapitre 1 commence par une présentation de généralités sur l'extraction de connaissances à partir de données qui concernent essentiellement une définition du concept et l'explication des différentes étapes qui composent le processus d'extraction, notamment l'étape de fouille de données et ses méthodes en mettant en relief les méthodes de segmentation des données par arbres de décision. Ces méthodes sont générées par différents algorithmes mais se fondent sur des principes théoriques communs. Nous nous focalisons principalement sur les méthodes ID3 (Quinlan, 1986a) et C4.5 (Quinlan, 1993). La méthode C4.5 est une version améliorée de la méthode ID3, elle permet de traiter les données continues et les données manquantes et remplace l'entropie de Shannon, utilisée par la méthode ID3 et qui a tendance à favoriser les variables avec beaucoup de modalités par le Gain Ratio. Les algorithmes ID3 et C4.5 sont déroulés sur un extrait de l'application MONITDIAB présentée en détail au niveau du chapitre 6.L'accent est mis également sur les mesures de simplification d'arbres (Brostaux, 2005).

Le chapitre 2 concerne la présentation des modèles à base d'automates. Les automates de séquences sont présentés en premier lieu, une illustration de la reconnaissance d'un mot est donnée sur un exemple, ces automates sont un cas particulier des automates d'arbres. Dans la section suivante, nous présentons les automates d'arbres de façon détaillée en donnant une définition formelle ainsi que les propriétés les concernant. Dans la dernière section, sont présentés deux algorithmes pour le nettoyage et de déterminisation des automates (Comon et *al.*, 2008) initialement définis pour les automates de séquences et généralisés aux automates d'arbres. Les formalismes et les concepts définis au niveau de ce chapitre servent de base pour présenter la première contribution de cette thèse concernant l'utilisation des automates d'arbres pour la génération et la simplification de méthodes de classification à base d'arbres ou de graphes.

Le chapitre 3 développe notre première contribution qui concerne l'utilisation des automates d'arbres pour la génération d'arbres de décision ; les étapes de transcription d'un arbre dans le formalisme d'automates sont données sur la base de deux exemples ainsi que le procédé de réécriture utilisé pour la génération des règles de décision. Le chapitre est terminé par la présentation des algorithmes de simplification (Taleb et *al.*, 2013) basés sur les propriétés d'automates ainsi que leurs déroulements sur les exemples.

Le chapitre 4 décrit l'inconvénient d'instabilité des classifieurs qui est pallié par la génération d'un ensemble ou comité de classifieurs. Les méthodes d'ensembles permettent de générer un ensemble de classifieurs en utilisant des aléas, elles perturbent d'une certaine façon l'algorithme original, soit en modifiant les données, soit en introduisant une composante aléatoire dans l'algorithme. Nous abordons les questions de complexité de stockage et de calcul engendrées par les ensembles de grandes tailles d'où la nécessité de simplification d'ensembles. Les méthodes de simplification d'ensembles sont regroupées en trois catégories principales : méthodes à base de classement, méthodes à base de regroupement et méthodes à base d'optimisation. Nous nous intéressons au niveau de cette recherche aux méthodes à base d'optimisation et en particulier celles basées sur des mesures d'évaluation à base de diversité ou de performance utilisant un processus de recherche hill climbing (Partalas et *al.*,2012).

Le chapitre 5 présente deux mesures de sélection, l'une pour les variables permettant la construction d'un arbre et l'autre pour l'ensemble permettant de réduire sa taille et de booster ses performances. Le chapitre est divisé en deux parties principales : Dans la première, nous présentons la mesure de sélection de variables NIM « New Information Measure » pour la génération d'arbres de décision. Nous commençons par étaler nos motivations, ensuite nous décrivons son principe et les fonctions de calcul utilisées. NIM est utilisé dans un algorithme glouton de construction d'arbres IDT_NIM « Induction of Decision Tree using New Information Measure », déroulé sur l'extrait de la base MONITDIAB.

Dans la deuxième partie, la mesure de sélection dans un ensemble d'arbres est présentée, la section commence par des motivations de la contribution et une présentation détaillée de l'algorithme de sélection nommé PEDA « Pruning Ensemble using Diversity and Accuracy ». L'algorithme utilise le parcours hill climbing qui consiste à considérer un sous ensemble d'arbres et d'augmenter ou diminuer sa taille sur la base de fonctions d'évaluation. Un déroulement de génération est réalisé sur un extrait de l'application MONITDIAB.

Le chapitre 6 introduit et décrit la maladie du diabète ainsi que ses types 1 et 2, l'intérêt est porté plus particulièrement sur la notion de complication de la maladie et les types de complications qui peuvent être engendrées par sa contraction. Ces complications sont détectées par le diabétologue dans un examen clinique périodique qui permet la surveillance du patient. Par la suite, nous réalisons la trace de travaux informatiques en liaison avec le diagnostic et la surveillance de la maladie et surtout l'information des individus sur les causes et les conséquences de la maladie. Enfin, nous concluons le chapitre et présentons nos contributions dans le domaine.

Dans le même chapitre aussi nous faisons état de nos expérimentations et présentons des illustrations relatives au domaine d'application réelle de surveillance de diabétiques. Des études expérimentales et comparatives sont aussi réalisées sur des benchmarks de l'UCI Repository.

✓ La première expérimentation concerne la première contribution qui consiste à utiliser les automates d'arbres pour la génération et la simplification des arbres par automates d'arbres. L'étude expérimentale pour cette contribution est réalisée en trois phases :

- La première phase consiste à faire ressortir l'intérêt des algorithmes de simplification proposés pour la réduction de l'espace de stockage de l'automate ;

- La deuxième phase contient une comparaison des méthodes de génération de règles de décision par parcours de structures arborescentes ou par réécriture ;

- La troisième et dernière phase consiste à comparer des algorithmes d'élagage d'automates d'arbres proposés avec l'algorithme de post-élagage de C4.5 basé sur la mesure Error Base Pruning ;

✓ La deuxième étude expérimentale concerne la deuxième contribution concernant la mesure de sélection de variables, une comparaison de la mesure avec les mesures de Shannon et du Gain ratio est réalisée.

✓ La troisième et dernière étude expérimentale concerne la fonction multi objectifs pour la sélection dans un ensemble. La mesure basée sur la diversité et la performance d'un ensemble est comparée à un état de l'art de mesures à base de diversité existantes.

Enfin dans la conclusion, nous proposons une synthèse critique des travaux présentés dans ce livre et nous exposons les pistes de recherche pouvant être explorées dans la continuité de nos travaux.

CHAPITRE 1

EXTRACTION DE CONNAISSANCES
A PARTIR DE DONNEES

1 Introduction

La notion de découverte de connaissances dans les bases de données permet de donner un sens à toute l'information contenue dans les bases de données appelée aussi Extraction de Connaissances à partir de Données (ECD). Elle est définie comme l'extraction à partir de données, d'une information implicite, inconnue auparavant et potentiellement utile (Frawley et *al.*, 1992). Ce domaine présente un intérêt commun pour les chercheurs en différents domaines : apprentissage symbolique automatique, automatisation de la découverte, statistiques, bases de données, acquisition des connaissances, visualisation des données, et systèmes experts (Liao, 2005).

L'apprentissage automatique (machine learning en anglais) est un des domaines de l'intelligence artificielle. Ses méthodes sont utilisées dans un processus ECD et son objectif est d'extraire et d'exploiter automatiquement l'information cruciale présente dans de grandes masses de données. L'apprentissage automatique fait référence au développement, à l'analyse et à l'implémentation de méthodes qui permettent à une machine d'évoluer grâce à un processus d'apprentissage, et ainsi, de remplir des tâches qu'il est difficile ou impossible de remplir par des moyens algorithmiques classiques.

Aujourd'hui, les algorithmes d'apprentissage puisent dans de nombreuses sources alliant les acquis de disciplines différentes :les statistiques et l'analyse de données (Ben Messaoud, 2007), l'apprentissage symbolique, l'apprentissage neuronal (Rosenblatt, 1958), la programmation logique inductive, l'apprentissage par renforcement, l'apprentissage statistique (Kodratoff, 1998), les machines à vecteurs supports (SVM) (Boser et *al.*, 1992), les comités d'experts, l'inférence bayésienne et les réseaux bayésiens (Kim et *al.*, 1987), les algorithmes d'évolution (algorithmes génétiques, stratégies d'évolution, programmation génétique), les bases de données, les interfaces homme-machine, etc.

Des méthodes d'apprentissage, on distingue les arbres de décision (Breiman et *al.*, 1984) (Quinlan, 1986a) (Quinlan, 1993) et les graphes d'induction (Zighed, 1985) (Zighed et *al.*, 1992). Celles-ci permettent la construction de structures hiérarchiques arborescentes établies par partitions récursives de l'espace défini par l'ensemble des caractéristiques décrivant les exemples étudiés de manière à délimiter les zones d'homogénéité croissante sur le plan de la variable cible qui peut être de nature qualitative (classement) ou quantitative (régression).

Ces méthodes présentent l'avantage de fournir une représentation graphique claire et intelligible des concepts découverts sous forme d'un arbre. Elles sont utilisées dans des domaines dans lesquels le classement doit être accompagné d'une compréhension synthétique des facteurs qui sous-tendent ces décisions telles que le diagnostic médical, la segmentation de la clientèle dans les secteurs bancaires et de marketing, etc. Cependant, elles présentent certains inconvénients dont les plus importants à mentionner sont l'incohérence, la perte d'interprétabilité dans le cas où les arbres générés sont de grandes tailles (ce problème pouvant être résolu par des techniques d'élagage) et l'instabilité (où les méthodes d'ensemble et en particulier les méthodes d'ensemble d'arbres de décision générés par Bagging (Breiman, 1996) apportent une solution au problème).

Ce premier chapitre est composé de 5 sections principales : Après cette introduction, nous présentons, dans la deuxième section, le processus d'extraction de connaissances, les différentes étapes qui le composent avec une présentation détaillée de l'étape de fouille avec ses différentes méthodes. Dans le section 3, les méthodes ID3 (Quinlan, 1986a) et C4.5 (Quinlan, 1993) sont déroulées sur un extrait de l'application MONITDIAB (Taleb et *al.*, 2013) présentée dans le chapitre 6. La section 4 concerne une présentation des mesures de simplification d'arbres de décision.

2 Généralités sur l'ECD

L'Extraction de Connaissances à partir des Données (ECD) apporte des outils, techniques et méthodes pour analyser un ensemble de données ainsi d'en extraire une connaissance exploitable dans un domaine donné.

W. Frawleyet G. Piatesky-Shapiro le définissent comme un "processus non trivial d'extraction d'informations potentiellement utiles, implicites et inconnues auparavant, à partir d'un ensemble de données" (Frawley et al., 1992).

L'ECD se définit aussi comme « l'acquisition de connaissances nouvelles, intelligibles et potentiellement utiles à partir de faits cachés au sein de grandes quantités de données » (Fayyad et al., 1996).Le but de toutes les techniques existantes ; statistiques (Kodratoff, 1998), analyse de données (Ben Messaoud, 2007), réseaux de neurones (Rosenblatt, 1958), apprentissage automatique symbolique, techniques de visualisation, systèmes de gestion de bases de données (Kodratoff, 1998) est d'aider l'utilisateur à utiliser les données donc ces techniques essayent depuis toujours de résoudre les mêmes problèmes que l'ECD.

Avec des préoccupations différentes, les six domaines scientifiques ci-dessus évoluent dans des directions différentes. La première difficulté de l'ECD est qu'elle exige une utilisation coordonnée de ces six domaines scientifiques.

Les différents domaines ont choisi des représentations des connaissances qui rendent compte de différents aspects de la réalité et qui sont presque impossibles à réconcilier sans perdre ce qui fait la force du domaine concerné. L'ECD comme se trouve au centre d'un hexagone formé de ces sciences parentes comme illustré sur la Figure 1.1.

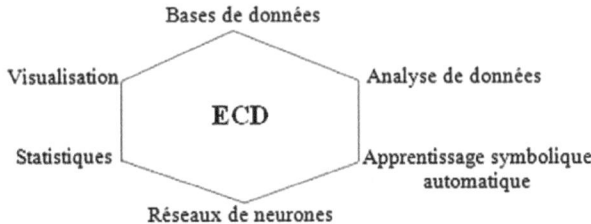

Fig 1.1 Position de l'ECD par rapport aux autres disciplines (Kodratoff, 1998)

2.1 Processus ECD

Le processus ECD est de manière générale composé de plusieurs étapes :

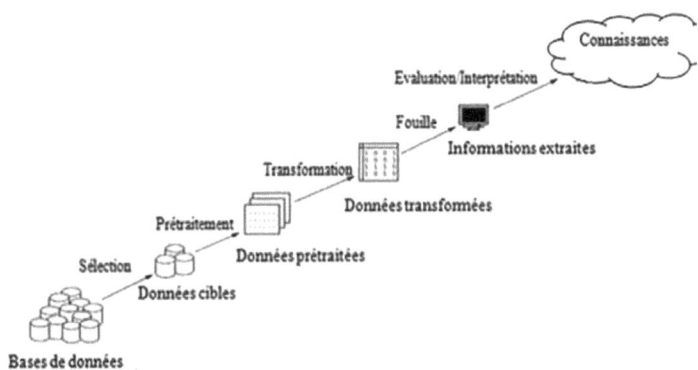

Fig 1.2 Le processus d'extraction de connaissances à partir de données
(Habrard, 2004a)

- Sélection : Dans cette étape, les données pertinentes pour la tâche de datamining à accomplir sont sélectionnées, ces données sont stockées dans des bases de données. L'obtention des données est souvent réalisée à l'aide d'outils de requêtes (OLAP, SQL, etc.).

- Prétraitement : Le prétraitement des données permet d'éliminer le bruit, les erreurs, et résoudre le problème de données manquantes.

31

Les doublons peuvent se révéler gênants parce qu'ils vont donner plus d'importance aux valeurs répétées mais une erreur de saisie pourra à l'inverse éviter une répétition.

Pour le traitement des données manquantes, il existe plusieurs possibilités de les prendre en compte, pour un échantillon d'effectif suffisamment important avec un taux faible de valeurs manquantes: les données sont gérées en ignorant les individus correspondants, par exemple. Dans le cas où l'effectif est faible, il existe plusieurs manières de résoudre le problème parmi lesquelles celles qui consistent à conserver ces enregistrements car l'absence d'information peut être considérée comme une information.

- Transformation : Les données sont représentées dans un format approprié à la tâche de datamining choisie (algorithme de datamining). Les choix sont particulièrement guidés par l'algorithme de fouille utilisé et des ajustements des choix de codage sont souvent nécessaires. Cette étape peut être considérée comme complément de l'étape précédente.

- Fouille (Datamining) : Cette étape permet l'exécution de l'algorithme de fouille, cet algorithme est choisi en fonction des types de données à traiter et de la connaissance à extraire.

La qualité du modèle obtenu se mesure par sa rapidité de création, sa rapidité d'utilisation, sa compréhensibilité pour l'utilisateur, sa fiabilité, et la non-dégradation de ses performances dans le temps.

- Evaluation : Cette dernière étape identifie les modèles intéressants représentant les connaissances, en se basant sur des mesures d'intérêt et sur l'avis de l'expert. La connaissance découverte peut ainsi être prise en compte dans un processus de prise de décision.

Le processus d'extraction de connaissances est appliqué sur des données diverses (Gilleron, 2000): les données *discrètes* ; binaires, logiques. Elles peuvent aussi être énumératives sans ordre comme la couleur, ou énumératives ordonnées, les données *continues*, les données *textuelles* que l'on rencontre par exemple dans des bases d'articles, et les données *structurées*.

Dans le cadre de notre travail, nous nous intéressons de plus près aux méthodes de fouille issues de l'apprentissage automatique symbolique qui sont perçues comme des méthodes d'acquisition de connaissances afin que le système associé puisse résoudre de façon efficace le problème posé. Basé sur l'expérience, l'apprentissage construit et modifie des expressions, organise et mémorise cette connaissance pour une utilisation ultérieure. Par conséquent, l'apprentissage implique la généralisation à partir de l'expérience.

A l'aide de l'apprentissage, le système doit être capable de fournir des solutions adéquates à des situations inconnues, tout en produisant des explications de son raisonnement. Ce processus de généralisation est désigné par le terme d'induction et présente le caractère central de l'apprentissage automatique.

3 Apprentissage automatique

D'une façon générale, l'apprentissage humain est un processus adaptatif grâce auquel l'individu fournit des réponses adéquates à certaines situations. En Psychologie ou en Sciences Cognitives, le terme « Apprentissage » désigne le processus d'augmentation de l'efficacité de l'activité mentale ou comportementale sous l'effet de l'expérience.

L'apprentissage automatique (Mitchell, 1997) est un domaine de l'Intelligence Artificielle (IA) dont l'objectif est d'étudier les moyens permettant à une machine d'apprendre. Apprendre, dans ce contexte, signifie être capable d'adapter son comportement en présence de situations inconnues (n'ayant pas été prévues par les concepteurs de la machine) et pouvoir extraire des lois à partir de bases de données d'exemples. L'apprentissage se fait donc par des outils qui permettent d'acquérir, élargir et améliorer les connaissances disponibles au système. Il consiste à utiliser des ordinateurs pour optimiser un modèle de traitement de l'information selon certains critères de performance à partir d'observations.

Les techniques d'apprentissage automatique sont ainsi utilisées par exemple pour la reconnaissance de forme (écriture, parole, vision), la fouille de données (extraction de connaissance), la mise en place d'outils d'aide à la décision, etc.

3.1 Les méthodes de l'apprentissage automatique

Les différentes méthodes d'apprentissage automatique sont classées en deux groupes : les méthodes d'apprentissage empirique (*Empirical Learning*) et les méthodes d'apprentissage fondées sur l'explication (*Explanation Based Learning*) (Riesbeck et *al.*, 1989) (Kolodner, 1993).

3.1.1 Méthodes d'Apprentissage Empirique

Fondées sur l'acquisition de connaissances à partir d'exemples, elles sont aussi connues sous les noms d'*Instance based learning* ou *Exemplar based learning*. Nous citons comme exemples de méthodes d'apprentissage empirique: le raisonnement fondé sur des cas, les méthodes de construction de concepts et prototypes, les réseaux de neurones artificiels, les arbres de décision, les algorithmes génétiques d'induction de règles. Ces méthodes se divisent entre les méthodes d'apprentissage par analogie et les méthodes d'apprentissage par induction :

3.1.1.1 Apprentissage par analogie

Les approches fondées sur l'analogie essayent de faire le transfert des connaissances sur une tâche bien connue vers une autre moins connue. Ainsi, il est possible d'apprendre de nouveaux concepts ou de dériver de nouvelles solutions à partir de concepts et solutions similaires connues. Ainsi, deux notions deviennent très importantes dans la définition de l'apprentissage par analogie : le *transfert* et la *similarité*.

3.1.1.2 Apprentissage par induction

Les méthodes d'apprentissage par induction restent toujours l'une des principales méthodes étudiées dans le domaine de l'apprentissage automatique. Dans cette approche, nous cherchons à acquérir des règles générales qui représentent les connaissances obtenues à partir d'exemples. Les règles ainsi obtenues peuvent être représentées d'une façon explicite (facilement interprétables) ou d'une façon implicite avec un codage qui n'est pas toujours facile à interpréter. L'algorithme d'apprentissage par induction reçoit un ensemble d'exemples d'apprentissage et doit produire des règles de classification, permettant de classer les nouveaux exemples. Le processus d'apprentissage cherche à créer une représentation plus générale des exemples, selon une méthode de généralisation des connaissances. Parmi les approches d'apprentissage empirique par induction les plus connues, nous citons les réseaux de neurones artificiels et les arbres de décision. L'algorithme d'apprentissage par induction peut fonctionner de façon *supervisée* ou *non-supervisée* (§ 3.2 et § 3.3).

3.1.2 Méthodes d'Apprentissage par Explication

L'apprentissage par l'explication est un processus qui part d'une preuve formelle de la validité d'un résultat, et qui utilise certaines heuristiques pour extraire de cette preuve formelle une information utile qui est appelée ensuite « explication ». Apprendre ainsi, consiste à expliquer un exemple observé en termes de connaissances du domaine et à utiliser ensuite cette explication pour construire une description du concept plus efficace. Des méthodes de démonstration automatique de théorèmes et des méthodes heuristiques sont utilisées pour extraire l'information nécessaire (Rabaséda, 1996).

3.2 Apprentissage supervisé (supervised learning)

Dans le cadre de l'apprentissage supervisé, les observations sont accompagnées d'une information complémentaire relative à leur appartenance ou non au concept. Le but d'un algorithme d'apprentissage supervisé est de correctement classifier les nouveaux exemples dans les classes définies dans la phase d'apprentissage.

Dans ce type d'apprentissage, un échantillon Ω_a contient toutes les données ω qui servent à la construction, par l'intermédiaire d'un apprenant (machine), de l'hypothèse φ qui permet d'associer une étiquette $\varphi(\omega)$ à chaque instance ω. Chaque instance est pourvue d'une étiquette fournie par un expert (ou oracle). La machine apprenante doit alors trouver ou approximer le concept cible, c'est-à-dire le modèle permettant d'affecter la bonne étiquette à chacun des exemples.

Un problème d'apprentissage supervisé peut être défini en fonction de l'interaction de trois éléments (Cornuéjols, 2002) cité dans (Habrard, 2004a):

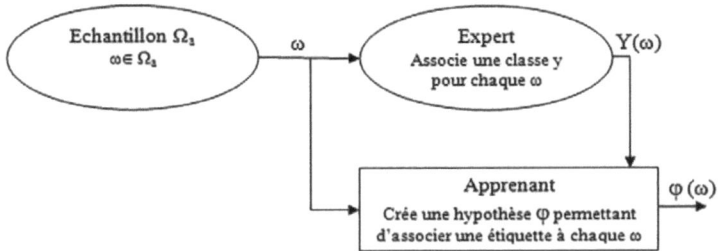

Fig 1.3 Les éléments d'un problème d'apprentissage

Le modèle de prédiction (fonction de classement) φ est construit sur un sous ensemble de la population, appelé échantillon d'apprentissage noté Ω_a. Un individu appartenant à l'échantillon est noté ω. Chaque individu de l'échantillon est décrit par des variables appelées variables exogènes notées X pour prédire une classe ou une variable endogène notée Y prenant ses valeurs dans l'ensemble $\{y_1,…,y_m\}$. X et Y sont respectivement définies par :

$$Y: \Omega_a \rightarrow C \qquad\qquad X: \Omega_a \rightarrow E_j$$
$$\omega \rightarrow Y(\omega) \qquad\qquad \omega \rightarrow X_j(\omega)$$

$E_j = \{e_{1j}, e_{2j},…, e_{pj}\}$: ensemble des modalités (valeurs) de X_j.

Parmi les méthodes d'apprentissage supervisé, les *techniques à base d'arbres de décision* AID (Morgan et *al.*, 1963), CHAID (Kass, 1980) (Biggs et *al.*, 1991), ECHAID (Kass, 1980), CART (Breiman et *al.*, 1984), ID3 (Quinlan, 1986a), C4.5 (Quinlan, 1993), etc. *Les techniques statistiques* de régressions linéaires et non linéaires (Baillargeon, 2005). *Les techniques à base de Réseau de neurones* (Personnaz, 2003): perception mono ou multicouches avec ou sans rétro propagation des erreurs, les réseaux à fonction radiale de base, etc. *Les techniques à base d'algorithmes génétiques* (Mitchell, 1996). *Les techniques à base d'inférence bayésienne* (réseaux bayésiens) (Kim et *al.*, 1987).

3.3 Apprentissage non-supervisé (unsupervised learning, clustering discovery)

Dans le cadre de l'apprentissage non supervisé, la tâche consistera en la découverte de similarités entre les observations dans une collection d'exemples, dans le but de regrouper celles-ci en sous-ensembles, appelés clusters ou classes. Une technique employée consiste à implémenter des algorithmes pour rapprocher les exemples les plus similaires et éloigner ceux qui ont le moins de caractéristiques communes. Par exemple, dans le domaine du Web Intelligence (Zhong et *al.*, 2003), nous nous intéresserons à regrouper des utilisateurs du web en sous ensembles, à partir de l'observation de leurs habitudes de navigation. Ce regroupement permettra de mettre en évidence un certain nombre de profils d'utilisateurs. Aucun expert n'est disponible pour ce type d'apprentissage, il se fait de manière totalement autonome sans l'aide d'un superviseur.

Parmi les algorithmes d'apprentissage non supervisé, les *techniques utilisées classiquement dans le monde des statistiques*: classification ascendante hiérarchique (CAH) (Landeweerd et *al.*, 1983), k-means et les nuées dynamiques (Recherche des plus proches voisins) (Piotr, 1998), les classifications mixtes, les classifications relationnelles, etc. Les techniques dites de *recherche d'associations*.

3.4 Les approches de l'apprentissage automatique

D'après (Cornuéjols, 2002) la notion apprentissage automatique (machine learning) englobe toute méthode permettant de construire un modèle de la réalité à partir de données, soit en améliorant un modèle partiel ou moins général, soit en créant complètement le modèle. Il existe deux tendances principales en apprentissage, celle issue de l'intelligence artificielle et qualifiée de « symbolique », et celle issue des statistiques et qualifiée « numérique ».

3.4.1 Apprentissage numérique

L'apprentissage numérique, où l'action porte sur l'optimisation d'un critère numérique modélisant l'objectif d'apprentissage est doté de bonnes propriétés. Les techniques d'apprentissage numérique telles que les réseaux de neurones (Rosenblatt, 1958), les Support Vector Machine (SVM) (Boser et al., 1992), ou les algorithmes génétiques sont particulièrement efficaces pour appréhender des problèmes de prédiction. Le principal défaut de l'apprentissage numérique est l'absence d'interprétabilité. Ces techniques calculent en effet des coefficients numériques afin d'optimiser une fonction de coût.

3.4.2 Apprentissage symbolique

L'apprentissage dit symbolique, où l'action se focalise sur la représentation et l'exploration des connaissances, exemples et hypothèses. L'objectif de l'apprentissage symbolique est plus large que celui de l'apprentissage numérique. En plus de la tâche de prédiction, ce type d'apprentissage cherche à identifier une explication globale explicite qui prend correctement compte des données d'entrainement. Pour cela, les techniques d'apprentissage symbolique cherchent à déterminer parmi l'ensemble des hypothèses, un sous ensemble d'hypothèses modélisant correctement le concept cible.

3.5 Fouille de données (Datamining)

Le datamining représente l'ensemble des techniques qui permettent de transformer les données en connaissances. C'est une démarche ayant pour objet de découvrir des relations et des faits, à la fois nouveaux et significatifs, sur de grands ensembles de données.

Les outils du datamining ont pour objet de générer des informations riches à partir des données de l'entreprise, notamment des données historiques, de découvrir des modèles implicites dans les données.

Son but est de remplir des tâches comme la classification, l'estimation, la prédiction, le regroupement par similitudes, etc. Le système a l'initiative de découvrir lui-même les associations entre données, sans que l'utilisateur n'ait à intervenir ou à poser des hypothèses. Seul un utilisateur connaissant le métier peut déterminer si les modèles, les règles, les tendances trouvées par l'outil sont pertinents.

Les différents problèmes qu'on peut résoudre avec un outil de fouille de données sont regroupés principalement en 5 tâches principales (Habrard, 2004a):

- *La classification :* Consiste à examiner les caractéristiques d'un objet et lui attribuer une classe. Des exemples de tâche de classification sont : attribuer ou non un prêt à un client, établir un diagnostic, accepter ou refuser un retrait dans un distributeur, etc.
- *L'estimation :* Consiste à estimer la valeur d'un champ à partir des caractéristiques d'un objet. Le champ à estimer est un champ à valeurs continues. L'estimation peut être utilisée dans un but de classification. Il suffit d'attribuer une classe particulière pour un intervalle de valeurs du champ estimé. Des exemples de tâche d'estimation sont : noter un candidat à un prêt, attribuer un prêt (classification), par exemple, en fixant un seuil d'attribution, estimer les revenus d'un client.

- _La prédiction :_ Consiste à estimer une valeur future. En général, les valeurs connues sont archivées. Nous cherchons à prédire la valeur future d'un champ. Cette tâche est proche des précédentes. Les méthodes de classification et d'estimation peuvent être utilisées en prédiction. Des exemples de tâche de prédiction sont : prédire les valeurs futures d'actions.
- _Les règles d'association :_ Consistent à déterminer les valeurs qui sont associées. L'exemple type est la détermination des articles qui se retrouvent ensemble sur un même ticket de supermarché. Cette tâche peut être effectuée pour identifier des opportunités de vente croisée et concevoir des groupements attractifs de produits. C'est une des tâches qui nécessitent de très grands jeux de données pour être effective.
- _La classification non supervisée :_ Consiste à former des groupes (classes - clusters) homogènes à l'intérieur d'une population. Pour cette tâche, il n'y a pas de classe à expliquer ou de valeur à prédire définie apriori, il s'agit de créer des groupes homogènes dans la population (l'ensemble des enregistrements). Il appartient ensuite à un expert du domaine de déterminer l'intérêt et la signification des groupes ainsi constitués.

3.6 Quelques méthodes de classification

Les méthodes de classement dites méthodes d'apprentissage supervisé, ont pour objectif la génération d'un modèle permettant l'affectation d'une classe parmi m classes disponibles à un individu inconnu sur base de la connaissance d'un ensemble de X caractères le décrivant (§3.2).

Ces méthodes diffèrent par la forme des règles élaborées ainsi que par les procédures de construction. Parmi les principales méthodes existantes (Brostaux, 2005) :

3.6.1 Analyse factorielle discriminante

C'est une méthode paramétrique ; elle s'appuie sur une série d'hypothèses concernant la distribution des variables descripteurs dans les différentes classes à attribuer.

La forme générale de la règle d'affectation se base sur la connaissance des fonctions de densité de probabilité des populations à discriminer. Un individu est ainsi affecté à la classe dont la densité de population, compte tenu des caractéristiques de cet individu, est la plus élevée. L'analyse factorielle discriminante est une méthode de classement globale ; chaque règle d'affectation générée s'applique à l'ensemble des individus des différentes populations. La méthode est principalement adaptée aux attributs numériques.

3.6.2 Méthodes du noyau et plus proches voisins

Se basent sur des estimations des fonctions de densité et appartiennent au domaine non paramétrique. La règle d'affectation est la même que pour l'analyse discriminante mais la procédure d'estimation de la densité de probabilité change.

La densité de probabilité d'une classe c_i est estimée en deux étapes, chaque individu de c_i est d'abord entouré d'un volume fixe qui décroît au fur et à mesure que l'on s'éloigne de cet individu. La densité de la classe est ensuite calculée en prenant la valeur moyenne des n densités locales en un point donné. Les fonctions du noyau sont parmi les fonctions de densité les plus utilisées. La méthode des k plus proches voisins (Fix, 1989) consiste à étendre le voisinage du point représentant l'individu à classer jusqu'à ce qu'il contienne k points de l'échantillon d'apprentissage, le point est affecté à la classe la plus représentée parmi ces k points.

Ces méthodes souffrent d'augmentation du coût de calcul avec l'augmentation du nombre d'individus et des descripteurs en plus elles sont destinées à être utiliser avec des données quantitatives.

3.6.3 Les réseaux de neurones

Un réseau de neurones est un algorithme d'apprentissage formé d'un ensemble d'unités de traitement interconnectées par des liaisons pondérées, ces réseaux sont organisés selon différentes topologies, parmi lesquelles, la plus courante est le perceptron multicouches (Rumelhart et *al.*, 1986). L'apprentissage d'un réseau consiste à modifier de façon dynamique les pondérations appliquées aux différentes liaisons, selon un algorithme conçu pour minimiser l'erreur finale de prédiction au fur et à mesure de la présentation séquentielle des individus de l'échantillon pouvant être répétée plusieurs fois (Prevot, 2004).

Ces méthodes aux grandes performances en généralisation présentent les inconvénients du temps non négligeable de calcul, du sur-apprentissage en présence du bruit, et du syndrome de la boîte noire.

3.6.4 Les arbres de décision

La popularité de la méthode arbre de décision repose en grande partie sur sa simplicité. Il s'agit de trouver un partitionnement des individus que l'on représente sous la forme d'un arbre de décision. L'objectif est de produire des groupes d'individus les plus homogènes possibles du point de vue de la variable à prédire. Il est d'usage de représenter la distribution empirique de l'attribut à prédire sur chaque sommet (nœud) de l'arbre.

4 Méthode de classification à base d'arbres

Les arbres de décision sont parmi les techniques les plus populaires de l'apprentissage automatique. L'apprentissage par arbre se situe dans le cadre de l'apprentissage supervisé, où la classe de chaque objet dans la base est donnée et connue. Ces méthodes utilisent l'information disponible concernant les individus de manière hiérarchisée, les procédures de classement sont basées sur la partition récursive de l'espace des attributs.

Une recherche récursive d'homogénéisation permet la construction d'une structure de décision hiérarchique ou un arbre de décision. Chaque étape du cheminement prend la forme d'un nœud de décision représenté par un test dont le résultat permet de diviser l'ensemble d'individus du nœud en question en une série de nœuds distincts, qui peuvent être sujets à des partitions (en cas de non homogénéité), et ainsi de suite.

Le modèle construit (arbre) est composé d'un point d'entrée constitué par le premier test, appelé racine de l'arbre, ce dernier dirige les individus vers différentes branches selon son résultat, branches qui se décomposent à leurs tours grâce à d'autres tests, chaque point de connexion entre plusieurs branches est un nœud intermédiaire, pour aboutir aux nœuds terminaux qui sont appelés feuilles ; les feuilles contiennent les valeurs de la classe.

Une fois le modèle construit, des règles de classement sont extraites et sont par la suite utilisées pour classer de nouveaux objets pour lesquels la classe est inconnue. L'induction avec des arbres de décision est l'une des formes d'algorithmes d'apprentissages les plus simples et pourtant les plus efficaces.

En plus ces méthodes sont non paramétriques ; aucune hypothèse préalable ne doit être formulée concernant le concept à modéliser, ni concernant la nature des descripteurs. Ces propriétés permettent à ces méthodes de traiter un grand nombre de problèmes, car elles posent moins de conditions d'applications que les méthodes paramétriques, tout en restant plus faciles à interpréter que les méthodes des plus proches voisins ou neuronales.

La présentation des méthodes à base d'arbres de décision implique la présentation de différents éléments. Un classifieur peut être généré de plusieurs façons différentes qui représentent des stratégies de construction (§ 4.2), il est construit par une série de partitions de l'espace des attributs dont le choix est basé sur un critère d'évaluation des espaces résultants (§ 4.4.1).

4.1 Arbres de décision, historique

Les étapes de construction décrites (§ 4.3) sont représentées par une grande panoplie d'algorithmes, au niveau de ce paragraphe sont données les méthodes les plus importantes depuis l'origine de l'apparition de ce type de méthodes.

Les arbres de décision ont vu le jour avec l'algorithme AID « Automatic Interaction Detection » (Morgan, 1963) qui permettait de prédire des valeurs quantitatives sur la base de prédicteurs numériques ou catégorielles.

(Kass, 1980) propose une modification de la méthode AID qu'il nomma CHAID « CHi-square AID », en prenant en compte des variables dépendantes de nature catégorielle. La qualité d'une partition est mesurée par le test du Khi-deux. L'utilisation du test passe par deux phases, la première cherche à rassembler en groupes homogènes les modalités d'un même prédicteur et la deuxième juge de la qualité des attributs regroupés pour prédire les valeurs de la variable cible. L'algorithme CHAID fut utilisé pour les problèmes de segmentation des marchés.

Les méthodes à base d'arbres de décision se sont fait connaitre avec les travaux de (Breiman et *al.*, 1984) et (Quinlan, 1986a) avec les algorithmes CART et ID3 qui deviennent des références pour la plupart des études ayant relation avec les arbres de décision. Dans la section (§ 4.5), nous présentons de façon détaillée les algorithmes ID3 (Quinlan, 1986a) et C4.5 (Quinlan, 1993), ce dernier est le successeur de l'algorithme ID3 qui a joué un rôle important dans le domaine des algorithmes multivalués.

4.2 Stratégies de construction d'arbres de décision

Safavian et Landgrebe (Safavian, 1991) divisent les stratégies de construction d'arbres de décision en quatre catégories :

- *Bottom-Up*(Landeweerd et *al.*, 1983)

Selon cette approche, à chaque étape, grâce à une mesure de distance, qui est calculée sur les exemples de la base d'apprentissage, les deux groupes pour lesquelles la distance est la plus petite, sont fusionnés pour avoir un nouveau groupe. La fusion continue avec un nouvel ensemble de groupes et se termine lorsqu'on obtient un seul groupe qui est à la racine de l'arbre. L'arbre ainsi construit est un arbre binaire. Plus un partitionnement est proche de la racine, plus les deux groupes sont discriminants. Cette approche a des caractéristiques en commun avec le regroupement non-supervisé.

- *Top-Down :*

Cette approche consiste à construire un arbre depuis sa racine vers ses feuilles en partitionnant successivement la base d'apprentissage. C'est la stratégie la plus utilisée sous le nom « Induction descendante d'arbres de décision » (Top Down Induction of Decision Tree (TDIDT)).

- *Hybride :*

Cette approche, proposée par Kim et Landgrebe (Kim et *al.*, 1990), consiste à utiliser un processus bottom-up pour diriger et aider un processus top-down. Le processus bottom-up fournit des informations sur des groupes au processus top-down. En les exploitant, le processus top-down partitionne la base d'apprentissage, ce partitionnement n'est pas forcément identique au partitionnement par le processus bottom-up. Nous procédons de la même manière avec des sous bases d'exemples jusqu'à ce que tous les exemples associés au nœud considéré appartiennent à une même classe.

- *Growing Pruning* (Breiman et *al.*, 1984)

Cette approche consiste à développer un arbre jusqu'à la taille maximale (les exemples associés à une feuille appartient à une seule classe) puis élaguer les branches. Cela permet d'éviter certaines difficultés du choix du critère d'arrêt.

4.3 Schéma TDIDT

La plupart des algorithmes d'induction d'arbres de décision font partie de cette catégorie. Nous pouvons citer entre autres: ID3 (Interactive Dichotomizer version 3) (Quinlan, 1986a), Ce schéma d'induction d'arbres de décision a été initialement étudié pour le cas de données symboliques. La première difficulté est que le nombre de valeurs possibles pour un attribut est très grand. Cela conduit à des arbres ayant beaucoup de branches. Le plus souvent les méthodes sont généralisées pour les données numériques en y insérant une phase de discrétisation qui permet de transformer les données numériques en données symboliques (Thanh, 2007).

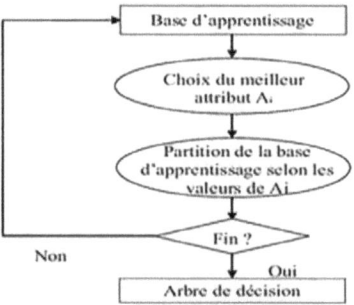

Fig 1.4. Construction d'un arbre de décision par la stratégie TDIDT

L'idée centrale qui préside à la construction d'un arbre de décision consiste à diviser récursivement les objets de l'ensemble d'apprentissage en utilisant des tests définis à l'aide des attributs jusqu'à ce que l'on obtienne des feuilles ne contenant (idéalement) que des objets appartenant tous à la même classe. Pour diviser l'ensemble d'apprentissage, nous choisissons des attributs qui minimisent l'impureté dans les sous-arbres; autrement dit, qui maximisent l'information apportée par les réponses. C'est-à-dire que pour chaque attribut qui n'a pas encore été utilisé, nous calculons l'impureté qui reste après son utilisation. Celui qui laisse le moins de désordre est choisi comme étant le prochain nœud de l'arbre de décision ; nous répétons le processus sur chaque nouveau nœud. Le processus s'arrête quand les feuilles de l'arbre ainsi obtenu contiennent des exemples d'un seul concept (classe) ou quand aucun test n'apporte plus d'amélioration. Dans toutes les méthodes de construction d'un arbre de décision:

- Décider si un nœud est terminal : tous les exemples (un ou plus) appartiennent à la même classe (il y a moins d'un certain nombre d'erreurs).

- Sélectionner un test à associer à un nœud.
- Affecter une classe à une feuille.

On préfère souvent des arbres de décision simples. Ils sont plus compréhensibles et rendent plus rapide la phase de classification. Selon le principe du rasoir d'Occam, ils ont plus de chances d'avoir de bonnes capacités de généralisation.

Le choix des partitions, tests au niveau des nœuds, ne se fait pas de façon arbitraire, il est réalisé en fonction de mesures de qualité de partitions.

4.4 Qualité d'une partition

Les méthodes à bases d'arbres de décision ont pour objectifs de construire des fonctions de classement qui permettent de prédire une variable Y sur la base d'un ensemble d'attributs prédicteurs X avec une erreur de prédiction globale minimale sur la population à partir de laquelle est tiré l'échantillon d'apprentissage. Donc l'arbre construit doit conduire à une partition présentant un Taux d'Erreur en Généralisation TEG minimal. Cette erreur calculée par l'approximation de y par $\hat{y}$ est une fonction mathématique appelée fonction de coût notée I(y, $\hat{y}$) avec une forme liée à la nature de la variable dépendante et de son approximation (Chou, 1991). Les fonctions de coût les plus utilisées et les plus connues dépendent du type de la variable à prédire qui peut être discrète (classification) ou continue (régression) :

- Y est une variable discrète :

$$I(y, \hat{y}) = \begin{cases} 0 \; si \; y = \hat{y} \\ 1 \; si \; y \neq \hat{y} \end{cases}$$

- Y est une variable continue : on calcul la somme des carrés des erreurs résiduels

$$I(y, \hat{y}) = \|y - \hat{y}\|^2$$

Pour une bonne estimation de cette erreur elle doit être calculée sur un échantillon indépendant de celui ayant servi à la construction de l'arbre mais il arrive que le taux d'erreur soit directement calculé sur l'échantillon d'apprentissage à cause d'un effectif très faible des données en entrée. Dans ce cas nous parlons de taux d'erreur apparent qui correspond à une estimation biaisée et largement optimiste du taux d'erreur.

L'estimation de l'erreur par validation croisée (Breiman et *al.*, 1984) est une alternative utilisée lorsque le faible effectif de l'échantillon en entrée ne permet pas la décomposition en deux sous échantillons. Son principe consiste à diviser l'échantillon Ω_a en K (généralement K=10) sous ensembles ayant des effectifs approximativement égaux $\Omega_{a1},..., \Omega_{aK}$. Les procédures de construction et d'estimation sont répétées K fois en utilisant les échantillons Ω_a-Ω_{ai} comme échantillon d'apprentissage et Ω_{ai} comme échantillon de test. L'erreur finale est calculée en moyennant les K erreurs obtenus. Cette estimation est non biaisée mais présente une variabilité dépendante de la stabilité des résultats de la méthode de prédiction. Une autre façon de faire consiste à considérer autant de sous ensembles qu'il y a d'individus dans l'échantillon (K=n) nous parlons de la méthode leave one out.

Un bon modèle de classement doit assurer d'obtenir une erreur minimale avec un arbre non complexe. Il est préférable d'obtenir des modèles non complexes pour un concept donné pour faciliter leur utilisation, leur interprétation et compréhension (Quinlan, 1987) (Breslow, 1997), cette simplicité permet aussi une amélioration des performances en généralisation (Quinlan, 1986a) (Kothari, 2001).Le meilleur modèle est défini comme étant le plus petit arbre présentant une erreur globale en généralisation qui est minimale (Payne, 1977).

L'obtention du modèle optimal pourrait se faire par une recherche exhaustive parmi l'ensemble des modèles possibles. Mais la taille de cet espace de recherche croit de manière exponentielle avec le nombre d'attributs, et de leurs modalités (Chou, 1991). Plusieurs mesures sont utilisées pour éviter la recherche exhaustive et pour choisir les attributs candidats pour diviser l'espace de recherche par priorité ; ces mesures appelées aussi critères de partitions sont présentées au niveau du paragraphe suivant.

4.4.1 Critères de partition

Un processus de partitionnement récursif nécessite un choix de tests adéquats. Initialement les tests étaient choisis sur la base de la réduction de l'erreur associée à l'estimateur ce qui garantissait l'obtention d'une partition optimale de l'échantillon d'apprentissage. Mais elle ne garantit pas de bonnes performances lorsqu'on passe à la phase de prédiction. Les critères couramment utilisés sont associés à deux grandes familles : les critères issus de la théorie de l'information et les mesures de distance entre distributions de probabilités.

4.4.1.1 Théorie de l'information

La théorie de l'information, ou la théorie de Claude Shannon (Shannon, 1984) est à la base de plusieurs méthodes arbres de décision. Cette théorie est simple, son principe consiste à considérer qu'en ayant n messages possibles équiprobables (possédant chacun la probabilité p de $1/n$), alors la quantité d'information portée par un message est de $-\log(p) = \log(n)$. Donc pour 16 messages, log(16) = 4 ce qui veut dire que 4 bits suffisent pour identifier chaque message.

De façon plus générale, nous supposons qu'avec une distribution de probabilité $P = (p_1, p_2, \ldots, p_n)$ alors l'information portée par cette distribution appelée entropie de P :

$$I(P) = -(p_1*\log(p_1) + p_2*\log(p_2) + \ldots + p_n\log(p_n))$$

Par exemple, si $P = (0.5, 0.5)$ alors $I(P) = 1$, si $P = (0.67, 0.33)$ alors $I(P) = 0.92$ et si $P = (1,0)$ alors $I(P) = 0$, nous remarquons que plus la distribution est uniforme plus l'information est grande.

Les critères issus de la théorie d'information sont basés sur la notion d'impureté d'un nœud, cette impureté notée I est définie comme une fonction des probabilités de classe d'un nœud s, qui prend la valeur maximale lorsque toutes les classes sont équiprobables et la valeur minimale lorsqu'une seule classe a une probabilité égale à 1. La formule est donnée par l'équation (1.1)

$$I(s) = \sum_{j=1}^{c} -\frac{n_{j.}}{n_s} \log_2 \frac{n_{j.}}{n_s} (1.1)$$

$I(s)$ représente la quantité d'information associée au nœud s.$n_{j.}$ représente le nombre d'instances appartenant à la classe j, n_s est l'effectif total du nœud s.

Le gain d'information est mesuré par la différence entre l'impureté du nœud parent s et la somme des impuretés des p nœuds fils s_i obtenus grâce à un attribut X :

$$\text{Gain}(s,X) = I(s) - \sum_{i=1}^{p} \frac{n_i}{n} I(s_i) \qquad (1.2)$$

n$_{.i}$ représente l'effectif total du nœud s et n l'effectif total du nœud parent, ce critère a tendance à favoriser les attributs présentant de nombreuses catégories, une correction a été proposée dans (Quinlan, 1986a) et qui rapporte le gain à l'information intrinsèque de l'attribut lui-même.

$$I(X) = -\sum_{i=1}^{p} \frac{n_{.i}}{n} \log_2 \frac{n_{.i}}{n} \qquad (1.3)$$

Le gain d'information relatif lié à l'attribut X est donnée par :

$$gainRatio(s, X) = \frac{gain(s, X)}{I(X)} \quad (1.4)$$

Afin de réduire le biais en faveur des attributs multivalués, plusieurs mesures ont été proposées comme par exemple la statistique G (Mingers, 1987) cette mesure présente des performances presque identiques au gain ratio.

4.4.1.2   Distances entre distributions de probabilités

Ces critères permettent l'estimation d'une mesure de l'écart entre deux distributions de probabilités, estimées des fréquences observées dans l'échantillon d'apprentissage, parmi les mesures les plus connues la distance de Kolmogorov-Smirnoff est issue du domaine statistique et varie en fonction de la distance maximale entre deux distributions de probabilités cumulées. La distance de Kolmogorov-Smirnoff est utilisée comme critère de partition dans (Friedman, 1977) et possède des performances identiques à ceux obtenues avec le gain ratio.

Le test d'indépendance du Chi-deux est également issu du domaine statistique il est soit directement utilisé comme critère de partitionnement (Kass, 1980)(Loh et *al.*, 1997) soit pour tester la signification d'une partition construite sur la base d'un autre critère (Quinlan, 1986a).L'indice de Gini et critère de Towing ont été introduits par (Breiman et *al.*, 1984) :

L'indice de Gini associé au nœud s,

$$I(s) = \sum_{j=1}^{c} \frac{n_{j.}}{n_s} (1 - \frac{n_{j.}}{n_s}) \ (1.5)$$

Le critère de Towing est utilisé pour résoudre des problèmes à classes multiples. Le critère associé au nœud s,

$$I(s) = \frac{\frac{n_L n_R}{n \ n}}{4} \left(\sum_{j=1}^{c} \mid \frac{n_{jL}}{n_L} - \frac{n_{jR}}{n_R} \right)^2 (1.6)$$

(*L* et *R* désignent respectivement les indices des branches gauche et droite du nœud).

4.5 Algorithmes ID3 &C4.5

Nous présentons au niveau de cette section les algorithmes ID3 et C4.5, proposés par Quinlan, de façon détaillée en utilisant un extrait de l'application MONITDIAB, présentée en détail au niveau du chapitre 6, composé de 20 patients.

TD	Var	IMC	Glyc	HBANC	EFO	Crea	Urée	McrAlb	Cc	Neuropath	ECG	DA	Complications
TypeI	FE	SP	HyperG	D	R	Normal	Normal	NDS3A	Normal	Neurpath	Normal	PArt	DDTC
TypeI	Adult	SP	HyperG	D	R	Normal	Normal	NDS3B	Normal	Neurpath	Normal	Art	DDTC
TypeI	Adult	M	HyperG	D	R	Normal	Normal	Normal	Normal	Neurpath	Normal	Art	DDTC
TypeI	Adult	M	HyperG	D	R	Normal	Normal	Normal	Normal	Neurpath	Normal	Art	DDTC
TypeI	Adult	ObsG2	Normal	E	PR	Anormal	Anormal	NDS3A	Normal	PNeurpath	InsufCor	PArt	DDMC
TypeI	Adult	ObsG2	Normal	E	PR	Anormal	Anormal	NDS3A	Normal	PNeurpath	InsufCor	PArt	DDMC
TypeI	Adult	ObsG2	Normal	E	PR	Anormal	Anormal	NDS3A	Normal	PNeurpath	InsufCor	PArt	DDMC
TypeI	Adult	ObsG2	Normal	E	PR	Anormal	Anormal	NDS3A	Normal	PNeurpath	InsufCor	PArt	DDMC
TypeI	Adult	ObsG2	Normal	E	R	Anormal	Anormal	NDS3B	Normal	PNeurpath	InsufCor	PArt	DDMC
TypeII	Adult	SP	HyperG	D	PR	Normal	Normal	Normal	IRL	PNeurpath	InsufCor	Art	DDMC
TypeII	Adult	SP	HyperG	D	PR	Normal	Normal	Normal	IRL	PNeurpath	InsufCor	Art	DDMC
TypeII	Adult	SP	HyperG	D	PR	Normal	Normal	Normal	IRL	PNeurpath	InsufCor	Art	DDMC
TypeII	Adult	SP	HyperG	D	PR	Normal	Normal	Normal	IRL	PNeurpath	InsufCor	Art	DDMC
TypeII	Adult	SP	HyperG	D	PR	Anormal	Normal	Normal	IRL	PNeurpath	InsufCor	PArt	DDMC
TypeII	Adult	SP	HyperG	D	PR	Anormal	Normal	Normal	IRL	PNeurpath	InsufCor	PArt	DDMC

TypeII	Adult	SP	HyperG	D	PR	Anormal	Normal	Normal	IRL	PNeurpath	InsufCor	PArt	DDN
TypeII	Adult	SP	HyperG	D	PR	Anormal	Normal	Normal	IRL	PNeurpath	InsufCor	PArt	DDN
TypeII	Adult	SP	Normal	E	PR	Normal	Normal	Normal	Normal	PNeurpath	Normal	PArt	DEN
TypeII	Adult	SP	Normal	E	PR	Normal	Normal	Normal	Normal	PNeurpath	Normal	PArt	DEN
TypeII	Adult	SP	Normal	E	PR	Normal	Normal	Normal	Normal	PNeurpath	Normal	PArt	DEN

Tab 1.1 Extrait de 20 instances de l'application MONITDIAB

4.5.1 La méthode ID3

L'algorithme ID3 (Induction of DecisionTree) proposé par Quinlan en 1986 (Quinlan, 1986a), est basé sur la recherche multivaluéedes attributs descripteurs fournis en entrée.

L'approche employée par la méthode se limite à la construction d'un arbre de décisions sans élagage. L'arbre est construit de façon non incrémentale descendante gloutonne et la mesure du gain d'information est utilisée pour le partitionnement des données.

Autrement dit, dans un arbre de décision ID3, les tests placés dans un nœud concernent exclusivement un et seul attribut, ID3 fonctionne récursivement, il détermine un attribut à placer en racine de l'arbre. Cette racine possède autant de branches que cet attribut prend de valeurs. A chaque branche est associé un ensemble d'exemples dont l'attribut prend la valeur qui étiquette cette branche ; nous accrochons alors au bout de cette branche l'arbre de décision construit sur ce sous-ensemble des exemples et en considérant tous les attributs excepté celui qui vient d'être mis à la racine. Par cette procédure, l'ensemble des exemples ainsi que l'ensemble des attributs diminuent petit à petit au long de la descente dans l'arbre.

Le principe de l'algorithme ID3 pour déterminer l'attribut à placer à la racine de l'arbre de décision peut maintenant être exprimé : rechercher l'attribut qui possède le gain d'information maximum, le placer en racine, et itérer pour chaque fils, c'est-à-dire pour chaque valeur de l'attribut.

Etant donné un ensemble d'attributs exogènes X_1, X_2,…, X_p, une classe Y décrivant un ensemble d'apprentissage Ω_a, l'arbre de décision construit par la méthode ID3 est obtenu par les étapes suivantes :

Algorithme ID3 ;

Entrée: X (variables exogènes), Y (classe), échantillon d'apprentissage Ω_a ;

1. SiΩ_a est vide **Alors** retourner un nœud de valeur échec ;
2. SiΩ_a est constitué de valeurs similaires pour la classe **Alors** retourner un nœud étiqueté par la valeur de cette classe ;
3. **Si** X est vide **Alors** retourner un nœud simple avec comme valeur la valeur la plus fréquente des valeurs de la classe dans Ω_a ;
4. D←argmax$_{Xj}$ gain(X, Ω_a) avec X_j dans X ;
5. {d_{ji} avec i=1…p} les valeurs de l'attribut X_j ;
6. {Ω_{ai} avec i=1…p} les sous ensembles de $\Omega_a$composés des valeurs d_{ji} de la variable D ;

Sortie : Retourner un arbre dont la racine est D et les arcs sont étiquetés par d_1,…,d_p et allant vers les sous arbres ID3(X-D,Y, Ω_{a1}), ID3(X-D,Y, Ω_{a2}),…, ID3(X-D,Y, Ω_{ap}).

Algorithme 1.1 Algorithme ID3.

A titre d'exemple l'arbre ID3 correspondant à l'échantillon de 20 patients présenté sur le Tableau 1 est présenté sur la Figure 1.5.

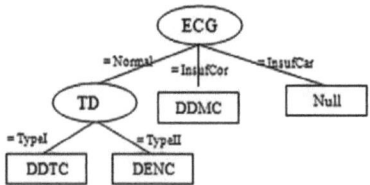

Fig 1.5 Arbre ID3 pour l'extrait de la base MONITDIAB (Tab 1.1)

L'algorithme ID3 pose quelques problèmes avec le fait qu'il est imposé d'avoir des données complètes et en plus la quantité de calcul est assez importante. ID3 ne permet pas une recherche exhaustive, mais favorise les attributs qui influencent plus le résultat, il ne permet pas de traiter les enregistrements incomplets, et dans le cas de présence d'attributs continus, ils sont discrétisés ce qui ne constitue pas toujours une bonne solution. L'arbre ID3 généré peut comporter des sous arbres dans lesquels on ne va presque jamais.

4.5.2 La méthode C4.5

La méthode C4.5 proposé par (Quinlan, 1993) permet de répondre aux limites de l'algorithme ID3, en introduisant un certain nombre d'extensions :

Le gain d'information utilisé avec la méthode ID3 tend à favoriser les attributs avec beaucoup de valeurs, on suppose qu'on dispose d'un attribut X_j avec une valeur différente pour chaque instance alors $I(X_j, \Omega_a)$ vaut 0 donc $Gain(X_j, \Omega_a)$ prendra sa valeur maximale. Pour compenser cela, Quinlan propose de calculer le gain pondéré :

$$\text{GainRatio}(X_j, \Omega_a) = \frac{Gain(X_j, \Omega_a)}{SplitInfo(X_j, \Omega_a)} \qquad (1.7)$$

Avec $SplitInfo(X_j, \Omega_a) = I(\frac{|\Omega_{a1}|}{|\Omega_a|}, \frac{|\Omega_{a2}|}{|\Omega_a|}, ..., \frac{|\Omega_{ap}|}{|\Omega_a|})$ avec $\{\Omega_{a1}, \Omega_{a2}, ..., \Omega_{ap}\}$ la partition de Ω_a selon les valeurs de X_j. L'étiquette du nœud racine en utilisant le gain ratio se fait tout d'abord par le calcul de l'entropie de Shannon comme pour ID3, ensuite le résultat sera divisé par la quantité *SplitInfo* comme l'illustre l'exemple suivant :

$Gain(TD, \Omega_a) = I(\Omega_a) - I(TD, \Omega_a)$

$I(\Omega_a) = -\frac{4}{20} log_2 \frac{4}{20} - \frac{13}{20} log_2 \frac{13}{20} - \frac{3}{20} log_2 \frac{3}{20}$

$$I(TD,\Omega_a)= \quad -\frac{9}{20}\left(\frac{4}{9}log_2\frac{4}{9}+\frac{5}{9}log_2\frac{5}{9}+\frac{0}{9}log_2\frac{0}{9}\right)-\frac{11}{20}\left(\frac{0}{11}log_2\frac{0}{11}+\right.$$

$$\left.\frac{8}{11}log_2\frac{8}{11}+\frac{3}{11}log_2\frac{3}{11}\right)$$

La quantité $SplitInfo(\text{TD},\Omega_a) = \left(-\frac{9}{20}log_2\frac{9}{20}-\frac{11}{20}log_2\frac{11}{20}\right)$

La gestion des attributs avec des valeurs inconnues est possible en évaluant le gain ratio de l'attribut en question et ceci en considérant seulement les instances pour lesquelles l'attribut est défini, avec un arbre de décision il est possible de classer les instances qui ont des valeurs inconnues en estimant les probabilités des différents résultats possibles.

Autrement dit deux cas sont considérés, Certains attributs des exemples de l'ensemble d'apprentissage sont non valués et/ou certains attributs de la donnée à classer sont non valués.

Pour le premier cas, la mesure d'évaluation (gain ratio)est calculée en ne tenant compte que des exemples pour lesquels l'attribut est valué. Comme illustré sur l'exemple suivant :

$$I(\Omega) = I(\Omega_{sans\,?}) \tag{I.8}$$

$$Gain(X,\Omega) = \frac{|\Omega_{sans\,?}|}{|\Omega|}\left(I(\Omega) - \sum_{x\in X}\frac{|X=x|}{|\Omega_{sans\,?}|}I(\Omega, X=x)\right) \tag{I.9}$$

Pour l'exemple du Tableau 1, si le 7ème individu prend une valeur nulle pour l'attribut TD (Type du Diabète)

$$I(\Omega) = -\frac{4}{19}log_2\frac{4}{19}-\frac{12}{19}log_2\frac{12}{19}-\frac{3}{19}log_2\frac{3}{19}=1.57$$

$$Gain(TD,\Omega) = \frac{19}{20}\left(0.935 - \left(\frac{8}{19}\left(\frac{4}{8}log_2\frac{4}{8}+\frac{4}{8}log_2\frac{4}{8}+\frac{0}{8}log_2\frac{0}{8}\right)+\right.\right.$$

$$\left.\left.\frac{11}{19}\left(\frac{0}{11}log_2\frac{0}{11}+\frac{8}{11}log_2\frac{8}{11}+\frac{3}{11}log_2\frac{3}{11}\right)\right)\right) = 2.425$$

Pour le deuxième cas qui correspond à la prédiction d'une instance avec une valeur inconnue pour l'une des variables (ou pour plusieurs variables). La prédiction de la valeur de la classe sera faite par des calculs de probabilités correspondants aux différentes branches concernées, ensuite sera affectée l'étiquette de classe associée à la plus grande probabilité.

Pour illustration, nous considérons l'arbre de la Figure 1.6 correspondant à l'exemple MONITDIAB. Pour prédire une classe pour l'instance Neuropath = 'PNeuropath' et ECG = ''.

Nous calculons, étant donné l'arbre, trois probabilités associées aux valeurs de la classeProb(DENC|EGC='Normal')=3/20,Prob(DDMC|EGC='InsufCor')=1 3/20, et Prob(DENC|EGC='InsufCar')=0 => la classe affectée à l'instance est DDMC.

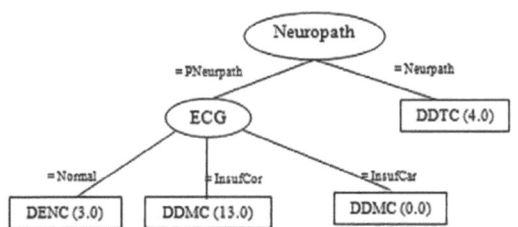

Fig 1.6 Arbre C4.5 pour un extrait de l'exemple MONITDIAB

Pour les attributs à valeur sur intervalles continus, on suppose que l'attribut X_j possède des valeurs continues, les valeurs de l'attribut sur l'échantillon d'apprentissage sont examinées. On suppose les valeurs de X_j sont ordonnées $e_{1j}, \dots, e_{pj}$ et pour chacun de ces attributs, pour chacune de ces valeurs les instances sont partitionnées entre ceux qui ont des valeurs de $X_j \leq e_{p'j}$ et $X_j > e_{p'j}$ (p'=1,p) et pour chacune des partitions est calculé le gain ratio puis est choisie celle qui maximise ce gain. La méthode de discrétisation nécessite un temps de calcul non négligeable.

Dans C4.5 on retrouve aussi la notion d'élagage d'un arbre de décision, l'élagage s'effectue en remplaçant un sous arbre entier par une feuille et ceci dans le cas où une règle de décision établit que le taux d'erreur attendu dans le sous arbre est supérieur à celui d'une simple feuille.

4.6 Taille d'un arbre de décision

L'approche gloutonne de construction des arbres de décision ainsi que les critères de partitionnement décrits dans (§ 4.4.1) permettent d'obtenir des feuilles pures qui possèdent des effectifs pas très importants ce qui les rends pas fiables pour la prédiction. En plus plusieurs branches peuvent refléter le bruit présent dans les données d'apprentissage. Les feuilles à faible effectif ainsi que la prise en considération de données bruitées dans la construction de l'arbre causent le phénomène de sur-apprentissage.

Dans le but d'éliminer le phénomène de sur-apprentissage, l'*élagage (pruning)* d'un arbre de décision consiste à identifier et éliminer certaines branches de l'arbre avec l'objectif d'améliorer les performances (Mohan, 2013).Les performances d'un arbre de décision reposent principalement sur la détermination de sa taille (Breiman et *al.*, 1984). Plusieurs méthodes ont été développées permettant d'éliminer les branches inutiles et les nœuds excédentaires, les méthodes basées sur une règle d'arrêt, stoppant la construction de l'arbre, appelées méthodes de pré-élagage, et les méthodes permettant de sélectionner le meilleur sous arbre après la construction de l'arbre complet, appelées méthodes de post-élagage.

4.6.1 Pré-élagage

Ces méthodes utilisent une règle d'arrêt permettant de stopper la construction de l'arbre en cours de la phase de construction. La plupart de ces règles sont basées sur un seuil minimal à satisfaire pour accepter l'éclatement d'un nœud, ceci permet d'éviter l'apparition de sommets d'effectifs faibles pour obtenir une prédiction fiable.

La première catégorie de méthodes consiste à fixer empiriquement un effectif minimal pour le nœud candidat à la segmentation (Friedman, 1977), la fixation du seuil, généralement pris entre les valeurs 5 et 10, dépend fortement du contexte d'apprentissage (présence du bruit dans l'échantillon, effectif total, etc.).De nature plutôt empirique, ces règles d'arrêt se révèlent pratiques lors de la mise en œuvre des arbres de décision dans des études réelles.

Une deuxième catégorie de méthodes permet de fixer un critère d'arrêt local sur le critère utilisé pour la sélection de l'attribut. Après avoir choisi la meilleure partition sur un nœud elle ne sera validée que si la valeur du critère correspondant à la partition est supérieure à un seuil prédéterminé (Kass, 1980). La fixation du seuil pose toujours problème du fait que la plupart des critères de partitionnement dépendent de l'effectif des nœuds.

Une troisième catégorie de méthodes utilise deux critères différents, le premier pour la génération de l'arbre et le second comme critère d'arrêt comme par exemple le test du Khi-deux testé sur des partitions choisies par le gain d'information (Quinlan, 1986a).

4.6.2 Post-élagage

L'approche est apparue pour la première fois dans la monographie de (Breiman *et al.*, 1984) avec la méthode CART.

Le post-élagage le plus souvent appelé élagage est une étape supplémentaire utilisée pour la construction d'un arbre de décision. Dans une première phase l'arbre est complètement développé en acceptant toutes les segmentations ensuite dans une deuxième phase consiste à choisir le meilleur sous arbre en utilisant un critère permettant de comparer des sous arbres de tailles différentes obtenus par suppression d'une ou de plusieurs branches. Chaque branche supprimée est remplacée par le nœud à partir duquel elle est issue. Le temps de construction devient plus important avec l'objectif d'obtenir un arbre plus performant en classement. La suppression des branches a pour effet d'augmenter le taux d'erreur sur l'échantillon d'apprentissage (échantillon ayant servi à la construction du modèle) mais en présence du bruit l'élagage a pour effet d'augmenter les performances du modèle en généralisation (Quinlan, 1987).

L'élimination des branches repose sur une estimation de l'erreur de prédiction, certaines méthodes utilisent une estimation calculée sur l'échantillon d'apprentissage (Quinlan, 1993); d'autres utilisent une évaluation du taux d'erreur avec un second échantillon, dit de validation CART (Breiman et *al.*, 1984). Dans ce cas l'échantillon est divisé en deux sous échantillons ; l'un pour l'apprentissage et l'autre pour l'élagage. Lorsque la taille du fichier d'apprentissage est réduite, un système de validation croisée est proposé pour réaliser le post-élagage.

Parmi les mesures utilisées pour le post-élagage d'arbre on retrouve (Brostaux, 2005):

4.6.2.1   Minimal Cost Complexity Pruning (MCCP)

Méthode du coût complexité minimal (Breiman et *al.*, 1984) développée pour l'algorithme CART composée essentiellement de deux étapes :

La première permet de générer une série de sous arbres T_i de l'arbre initial T_{max} en fonction d'un certain paramètre α.

La seconde étape permet de choisir dans cette suite le meilleur sous arbre en calculant le taux d'erreur en généralisation.

Un arbre T_{i+1} est obtenu à partir de T_i par élimination des branches présentant l'augmentation minimale du taux d'erreur apparent, la suite se poursuit à partir du modèle complet jusqu'au nœud racine. Le paramètre de coût complexité $\alpha = \frac{r(s)-r(T_s)}{|\phi(T_s)|-1}$ permet de mesurer l'augmentation de l'erreur où :

r(s) : le taux d'erreur apparent du nœud s ;

$r(T_s)$: le taux d'erreur apparent du sous arbre T_s ayant s comme racine ;

$\phi(T_s)$: désigne l'ensemble des feuilles du sous arbre T_s.

A l'issu de cette première étape un ensemble de sous arbres emboîtés $T_{max}(\alpha)$ est généré chacun caractérisé par une valeur croissante de α.

La seconde étape consiste à choisir le meilleur sous arbre de $T_{max}(\alpha)$ sur la base de sa précision en généralisation calculée sur un échantillon séparé ou par validation croisée dans le cas où la quantité de donnée disponible n'est pas significative.

4.6.2.2   Reduced Error Pruning (REP)

Proposée par (Quinlan, 1987), les performances des différents sous arbres sont évaluées sur un échantillon indépendant appelé jeu d'élagage.

Pour chaque nœud s de T_{max}, le nombre d'erreurs de classification du jeu d'élagage du sous arbre T_s est comparé à l'erreur commise si le nœud s devient une feuille. Les deux erreurs sont comparées et si la différence est à l'avantage de s transformée en feuille alors le sous arbre T_s est supprimé.

La méthode possède une complexité linéaire mais l'élagage effectué sur un échantillon différent de celui utilisé pour la construction peut être excessif surtout si l'ensemble d'élagage est de petite taille en comparaison avec la taille de l'ensemble d'apprentissage (Esposito et *al.*, 1997). Ce qui peut entraîner la suppression de sous arbres traitant des cas rares non représentés dans l'ensemble d'élagage.

4.6.2.3 Pessimistic Error Pruning (PEP)

Pour éliminer l'inconvénient de (REP), (Quinlan, 1987) propose dans cette méthode d'utiliser un seul échantillon pour la construction et l'élagage de l'arbre mais l'erreur calculée appelée erreur apparente est une erreur largement optimiste des performances du modèle.

Pour cela est ajouté à cette estimation une correction qui appliquée à chaque feuille des sous arbres évalués réduit le biais. L'erreur associée à un nœud s est : e'(s) = e(s) + ½.

e(s) représente le nombre d'individus mal classés au niveau du nœud s.

L'erreur calculée pour un sous arbre T_s est la suivante : $e'(T_s) =$
$\sum_{f \in \phi_{T_s}} \left[e(s) + \frac{1}{2} \right] = \sum_{f \in \phi_{T_s}} e(s) + \frac{|\phi_{T_s}|}{2}$, ϕ_{T_s} désigne l'ensemble des feuilles du sous arbre T_s.

L'erreur à optimiser est de la forme : $SE(e'(T_s)) = \sqrt{\frac{e'(T_s).(n(s) - e'(T_s))}{n(s)}}$; n(s) l'effectif total du nœud s.

Cette méthode est rapide avec une complexité algorithmique linéaire et ne nécessite pas le recours à un jeu de données indépendant de l'échantillon d'apprentissage. Mais comme le soulignent (Esposito et *al.*, 1997) la correction ne repose pas sur une base théorique solide.

4.6.2.4 Error Based Pruning (EBP)

Proposée par (Quinlan, 1993) pour l'algorithme C4.5 et représente une amélioration de l'erreur pessimiste (PEP) et se base sur un seul échantillon pour l'apprentissage et l'élagage. La méthode adopte une stratégie ascendante pour l'exploration des nœuds.

Trois taux d'erreur sont estimés et comparés pour chaque nœud : le taux d'erreur du nœud en question, le taux d'erreur du sous arbre T_s ayant s comme racine, et le taux du sous arbre $T_{s'}$ (T ayant s' pour racine) où s' est le fils de s avec l'effectif le plus important. En fonction de la comparaison de ces trois taux d'erreur l'arbre T_s est soit conservé, soit élagué, soit remplacé par $T_{s'}$, on garde la solution qui offre un taux d'erreur estimé minimal.

4.6.3 Simplification des arbres de décision

La première qualité recherchée d'un classifieur est sa performance en prédiction calculée sur un échantillon différent de celui utilisé pour sa génération. Il serait aussi désirable que le classifieur produit soit compréhensible par l'utilisateur ; on parle alors d'intelligibilté qui est caractéristique des classifieurs à base d'arbres de décision mais lorsque les arbres sont complexes ils deviennent difficiles à interpréter. Plusieurs travaux concernent la simplification des arbres de décision, dans le but d'améliorer la prédiction de l'arbre d'une part, et réduire sa complexité d'autre part pour un regain d'interprétabilité.

Plusieurs travaux réalisent de l'élagage indirect ; c'est-à-dire effectuer l'élagage sur les règles de décision extraites à partir de l'arbre et non pas directement sur l'arbre. Selon (Winston, 1992) la conversion d'un arbre en un ensemble de règles avant la phase d'élagage permet de distinguer dans quel cas un nœud de décision est utilisé, la décision d'élagage concernant un test peut être considérée de façon différente pour chaque chemin (si c'est l'arbre qui est élagué on n'aura que deux choix ou bien enlever le nœud ou bien le garder). En plus l'élagage de la base de règles ne fait pas de distinction entre les tests qui se trouvent près de la racine et ceux qui se trouvent près des tests, enfin il y a possibilité d'améliorer la lisibilité sans perte d'informations.

Pour éviter la possibilité d'éliminer des nœuds pertinents (Kijsirikul et *al.*, 2001) proposent d'utiliser les réseaux de neurones avec pour la simplification des arbres de décision. L'algorithme de rétropropagation (Rumelhart et *al.*, 1986) est utilisé pour affecter des poids aux nœuds selon leur pertinence. Des études expérimentales sur 20 data sets montrent que la méthode proposée améliore la méthode d'élagage à base d'erreur (Error Based Pruning).

(Mededjel et *al.*, 2007) présentent deux méthodes d'élagage qui portent sur les règles générées à partir d'un arbre de décision. Une première méthode utilise le test d'indépendance statistique et consiste à éliminer les antécédents des règles (non pertinents) ;elle s'effectue en construisant un tableau de contingence pour chaque règle contenant plus d'un antécédent ensuite les antécédents qui n'ont aucun effet sur la conclusion (vérifié par un test d'indépendance statistique) sont éliminées. La méthode donne souvent de bons résultats mais l'aspect statistique du test fait que les résultats soient influencés par la nature et le volume des données étudiées. En plus le test d'indépendance est instable du fait qu'il soit directement lié à la taille de l'échantillon d'apprentissage.

A cause de ces limites, les mêmes auteurs (Mededjel et *al.*, 2007) proposent une autre méthode basée sur les critères d'évaluation utilisés par la technique de découverte de règles d'association. Cette méthode permet de définir la notion de priorité entre les règles mais après élagage il y a perte de la notion d'exhaustivité associée aux règles de l'arbre de décision.

(Zhong et *al*., 2008) proposent un algorithme d'élagage « k-norm » pour l'élagage des arbres de décision, l'algorithme proposé est basé sur l'estimation et l'optimisation du taux d'erreur. Les auteurs utilisent la loi de succession de Lidstone (Lidstone, 1920) pour l'estimation des probabilités des classes et les taux d'erreur. L'algorithme proposé ne nécessite pas un échantillon supplémentaire ou une validation croisée pour effectuer l'élagage, en plus il permet de trouver l'arbre optimal simplifié en un seul parcours de l'arbre enfin il est simple à implémenter. Les expérimentations montrent que l'algorithme proposé produit des arbres précis et de façon rapide en plus il donne de bons résultats comparé aux méthodes de post-élagage MCCP de CART et EBP de C4.5.

4.7 Inconvénients des méthodes de segmentation par arbres (Brostaux, 2005)

La présence de bruit dans les grandes masses de données est inévitable, il est maîtrisé par l'élagage des modèles générés ainsi que la présence d'attributs non pertinents qui nécessitent des critères de sélection performants. D'autres problèmes nécessitent certaines contributions et adaptations des algorithmes de base.

La présence de données manquantes, ces données sont gérées en ignorant les individus correspondants entraînant ainsi une perte d'information essentielle, ce qui peut avoir des conséquences sur la précision de l'estimateur à condition de disposer d'un échantillon d'effectif suffisamment important avec un taux faible de valeurs manquantes. Avec un échantillon de faible effectif, il existe plusieurs manières pour récupérer partiellement ces données.

(Friedman, 1977) propose d'ignorer les individus de l'échantillon d'apprentissage avec valeurs manquantes ou de les substituer par la valeur moyenne de l'attribut en question. Une autre stratégie consiste à considérer la valeur manquante comme une valeur supplémentaire.

La solution proposée par (Quinlan, 1986a) consiste à répartir les individus présentant des valeurs manquantes entre les différentes valeurs disponibles au moment du calcul de la valeur du critère de partition pour un attribut donné proportionnellement à leur répartition de classe. Une fois l'attribut sélectionné, ces individus sont soit éliminés des sous échantillons résultants et dans ce cas on a une perte d'information, cette approche permet d'obtenir de bonnes performances finales.

Au moment de la généralisation, un individu arrivant à un nœud pour lequel l'attribut en question n'a pas de valeur peut être propagé sous forme de fractions proportionnelles à la distribution des valeurs de l'attribut à ce nœud, ceci permet de poursuivre plusieurs chemins. L'affectation finale de la classe est obtenue par un vote à la majorité pondérée des étiquettes des feuilles atteintes (Quinlan, 1986a), cette méthode donne de bonnes performances.

Difficulté d'apprentissage en présence d'interactions entre attributs, la complexité est causée par l'approche gloutonne adoptée pour la génération des partitions qui ne permet de représenter que les cas unidimensionnels, alors l'effet de chaque attribut est évalué individuellement. La présence d'interactions présente des effets indésirables sur les méthodes de partition récursive, ces interactions entrainent la répétition d'attributs, la réplication de sous arbres identiques, et la fragmentation des données en sous échantillons d'effectifs de plus en plus réduits, les arbres obtenus sont de plus de plus grands, instables et de performances médiocres en généralisation (Setiono et *al.*, 1998).

Pour résoudre ces problèmes, plusieurs solutions ont été proposées,(Pérez et *al.*, 1996)proposent d'utiliser des attributs basés sur un enchaînement de plusieurs attributs (recherche lookahead). Le temps de calcul est important et la méthode se limite à la détection d'interactions de deux attributs au maximum.

(Nazar et *al.*, 1998) essayent de proposer des critères de sélection adaptés à la présence d'interactions mais ces critères présentent l'inconvénient de ne s'appliquer que sur un petit ensemble de problèmes.

Instabilité des résultats, un arbre de décision est un estimateur instable car un petit changement dans les données de base peut entraîner des modifications importantes de la prédiction finale (Breiman, 1996).Si pour nœud plusieurs partitions ont une valeur de sélection proche du maximum, une légère modification des données peut suffire à inverser leur ordre de préférence et par conséquent favoriser une partition alternative. Plusieurs solutions ont été proposées pour ce problème, la première consiste en la procédure de sélection des partitions par construction de nouveaux attributs composites. Après l'évaluation des partitions disponibles, une étape ajoutée consiste à sélectionner les partitions les plus proches de la meilleure partition, la mesure utilisée est la quantité de données devant être modifiée pour échanger deux partitions. Un ensemble contenant plusieurs partitions est créé et la meilleure partition est choisie dans cet ensemble (Ruey, 2001). La méthode offre stabilité, bonnes performances en prédiction avec un coût important en temps de calcul. Une autre piste de recherche comprend les méthodes d'ensembles et en particulier les méthodes d'ensemble d'arbres de décision. Ces méthodes consistent à générer un ensemble de plusieurs arbres et à utiliser une procédure capable de synthétiser leurs résultats en une prédiction unique. Les différentes méthodes se distinguent d'une part par la façon de générer des ensembles d'arbres diverses et par leurs procédures d'agrégation des prédictions individuelles.

5 Conclusion

Nous avons présenté à travers ce chapitre, de façon générale, la notion d'extraction de connaissances à partir de données. La montée en puissance de l'extraction de connaissance dans le paysage informatique résulte de deux constatations : Tout d'abord, la taille des applications visées augmente continuellement d'où l'approche par recueil d'expertise passe difficilement à l'échelle et la validation devient un souci majeur. En second lieu, pour des applications nouvelles allant des interfaces adaptatives à la fouille de données, il n'y a simplement pas d'alternative à la construction automatique des connaissances.

Les méthodes d'apprentissage automatique sont incluses dans un processus d'extraction de connaissances et sont à l'origine d'un nombre important d'algorithmes. Même si ces algorithmes diffèrent dans leurs solutions, dans les données traitées ainsi que dans la représentation utilisée et leurs stratégies d'apprentissage, ils cherchent tous, en apprenant parmi un espace possible de concepts, à trouver une généralisation acceptable du problème.

Parmi les méthodes d'apprentissage symbolique les plus populaires, nous avons présenté en détail les arbres de décision. Ces méthodes sont préférées à d'autres car elles sont intelligibles et présentent de bons résultats en classification et en généralisation. Toutefois, elles peuvent générer des modèles complexes ; ce qui leur fait perdre leur propriété essentielle d'interprétabilité d'où la nécessité de les simplifier par des méthodes d'élagage qui sont couteuses à mettre en œuvre et qui requièrent des données supplémentaires pas toujours disponibles pour décider de la non pertinence d'un sous arbre particulier.

Aussi, nous présentons les méthodes de post-élagage d'arbres de décision en les décrivant dans un cadre formel de modélisation des automates d'arbres (présentés en détail au niveau du chapitre 2). Trois intérêts majeurs résultent de l'utilisation des automates pour la génération d'arbres ou de graphes : le premier consiste à mettre ces méthodes dans un cadre formel de modélisation, le second consiste à simplifier les modèles d'automates générés sans recourir à un échantillon séparé pour l'élagage (pruning) comme pour la méthode Reduced Error Pruning (Quinlan, 1987) qui utilise une évaluation du taux d'erreur avec un second échantillon (échantillon d'évaluation), et enfin, le troisième consiste à réutiliser les propriétés des automates d'arbres pour simplifier les modèles générés.

CHAPITRE 2

LES AUTOMATES D'ARBRES

1 Introduction

Les automates d'arbres finis sont une généralisation naturelle des automates de mots. Alors qu'un automate de mots accepte un mot, un automate d'arbres accepte un arbre (un terme). Les arbres apparaissent dans plusieurs domaines de l'informatique et d'ingénierie et ils sont utilisés dans des applications comme pour la manipulation de données au format XML, le traitement de langage naturel et la vérification formelle. La théorie des automates d'arbres et des langages d'arbres peut être vue comme une conséquence du programme de Büchi et Wright qui a proposé une théorie générale renfermant automates, algèbre universelle, logique, et langages formels.

Ces automates sont utilisés comme modèles formels pour les arbres de décision (Taleb et *al.*, 2013) et/ou les graphes d'induction(Taleb et *al.*, 2008c) pour accomplir trois objectifs primordiaux dont, l'utilisation d'un cadre formel de représentation, la simplification des modèles générés en utilisant les propriétés des automates et, enfin, le temps de génération des règles qui se fait par réécriture devient moins important que le temps que nécessitait la génération classique qui se fait par un parcours de l'arbre ou du graphe (Taleb et *al.*, 2012).

Les propriétés des automates d'arbres pour simplifier les modèles d'arbres ou de graphes sont utilisées pour le post-élagage (post-pruning) d'arbres ou de graphes. Les algorithmes de post-élagage usuels nécessitent l'utilisation de données supplémentaires pour l'élagage. Avec l'utilisation des automates d'arbres, la simplification est effectuée sur la structure de l'automate ; on n'a pas recours à un échantillon d'élagage (pruning) surtout devant l'indisponibilité des données.

Le chapitre est organisé comme suit : dans la deuxième section, nous présentons les automates de séquences (appelés aussi automates de mots) qui sont un cas particulier et simple des automates d'arbres. Dans la troisième section, nous détaillons les automates d'arbres, en donnons une définition formelle et présentons un état de l'art de l'utilisation des automates dans différents domaines d'application ainsi que les propriétés de déterminisation et de nettoyage qui contribuent à la simplification des modèles générés. L'avant dernière section concerne une présentation des algorithmes de simplification d'automates. Enfin, en conclusion de ce chapitre, nous mettons relatons les intérêts des automates.

2   Automates pour les séquences

Le terme de théorie des automates a été introduit par Von Neumann en 1948 (Neumann, 1984). Au début des années 50, les automates ont été utilisés comme outil de décision en logique notamment par Biichi (Biichi, 1962) et Rabin (Rabin, 1969). Ils jouent depuis un rôle très important en vérification.

Un automate fini est une machine abstraite utilisée en théorie de la calculabilité et dans l'étude des langages formels. C'est un outil fondamental en informatique, où il intervient notamment en compilation des langages informatiques, il est constitué d'états et de transitions. Son comportement est dirigé par un mot fourni en entrée : l'automate passe d'état en état, suivant les transitions, à la lecture de chaque lettre de l'entrée. L'automate est dit « fini » car il possède un nombre fini d'états distincts (Sakarovitch, 2003).

Un automate fini est un graphe contenant un nombre fini nœuds appelés états, parmi l'ensemble des états il existe des états initiaux et des états finaux. Les arcs, appelées transitions, sont étiquetés avec un symbole dans un certain alphabet. C'est un outil fondamental en Informatique, où il intervient en compilation des langages informatiques, il est constitué d'états et de transitions. Son comportement est dirigé par un mot fourni en entrée : l'automate passe d'état en état, suivant les transitions, à la lecture de chaque lettre de l'entrée.

Un automate fini A est un quintuplet A=$(Q,\sum,\delta,q_0,Q_f)$ où :

- Q est un ensemble fini d'états,
- $\sum$ est un alphabet fini ;
- δ est une relation de $Q \times \sum \rightarrow Q$ appelée relation de transition ;
- q_0 est l'état initial ;

- Q_f dans Q, un sous ensemble d'états de Q, identifiant les états finaux ou d'acceptation.

La fermeture transitive $\delta' : Q \times \sum^* \to Q$ de δ est définie par :

$$\delta'(q,w) \qquad = \qquad q' \qquad \text{ssi :}$$

$$\begin{cases} w = etq = q' \\ \exists r \in Q, \exists a \in \sum, \exists x \in \sum, w = ax, \delta(q,a) = r \text{ et } \delta'(r,x) = q' \end{cases}$$

Un automate fini est représenté graphiquement par un graphe orienté où les états sont représentés par des cercles et la transition $\delta(q,a)=q'$ (notée aussi q.a=q') est représentée par un arc reliant q à q' et étiquetée par a, les états finaux sont schématisés par un double cercle et l'état initial par une flèche entrante.

L'acceptation de la chaine u $=a_1,\ldots, a_n$ par l'automate A définit une séquence de n+1 états $(q^0,\ldots,q^n)$ telle que $q^0=q_0$, $q^n \in Q_f$ et $\delta(q^i,a_{i+1}) = q^{i+1}$, pour $0 \leq i \leq n$-1. L'état q^n est utilisé comme état d'acceptation, nous dirons aussi que q^n contient la chaîne u.

Une chaîne u est acceptée par un automate A si $\exists q' \in Q_f$; $\delta'(q_0,u) = q'$.

Le rôle fondamental d'un automate est d'accepter ou de rejeter des mots, un automate partitionne l'ensemble des mots sur Σ^* en deux sous ensembles $L(A)$ et $\Sigma^* \backslash L(A)$.

Exemple 2.1 : Soit l'automate A=$(Q,\Sigma,\delta,q_0,Q_f)$ où $Q=\{1,2,3\}$, $q_0=1$, $Q_f=\{1,2\}$, $\Sigma=\{a,b\}$ et où la fonction de transition est donnée par : $\delta(1,a)= \delta(2,a)=1$, $\delta(3,a)=3$, $\delta(1,b)=2$, $\delta(2,b)=3$, $\delta(3,b)=2$.

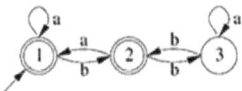

Fig 2.1 Automate fini déterministe de l'exemple 1

Pour l'automate de l'exemple 1, le mot *abbab* est reconnu par l'automate tandis que le mot *bba* ne l'est pas.

Le langage L(A) accepté par un automate A est l'ensemble des chaînes acceptées par A.

Un état q est accessible s'il existe une chaîne $w \in \sum^*$ telle que $\delta'(q_0, w)$=q.

Un état q est co-accessible s'il$\exists$ $(p \in Q_f \ et \ w \in \sum *); \delta'(q, w) = p$.

Un état est utile s'il est à la fois accessible et co-accessible.

Un automate est émondé si tous ses états sont utiles.

3 Automates pour les arbres

Les automates d'arbres sont une généralisation des automates de mots. Un automate de mots reconnaît un mot alors qu'un automate d'arbre reconnaît un arbre (ou un terme). Les automates d'arbres (Gécseg, 1997) (Comon et *al.*, 2008) ont été utilisés à l'origine pour la vérification de circuits et très fréquemment dans le domaine de l'interprétation abstraite à partir de contraintes, dans les problèmes de réécriture, preuve automatique de théorèmes, vérification de programmes, inférence de programmes logiques. Leur utilisation s'est étendue à la manipulation de documents XML.

3.1 Automates d'arbres pour la manipulation de documents XML

La plupart des travaux réalisés sur l'extraction d'informations sur des documents structurés utilisent les techniques d'apprentissage basées sur les chaînes. (Kosala et *al.*, 2002) explorent les méthodes basées sur la structure d'arbres des documents. En particulier, la méthode infère un automate d'arbres à partir d'un petit ensemble d'exemples annotés et explore différentes façons pour généraliser l'automate inféré. Des résultats expérimentaux montrent que l'approche proposée est comparée favorablement aux approches précédentes.

Pour l'extraction d'informations à partir de documents web, certains travaux transforment les documents en arbres d'arité bornée et utilisent l'induction d'automates d'arbres. (Kosala et *al.*, 2003) présentent un algorithme qui utilise les arbres non bornés pour induire un automate d'arbres. Les expérimentations montrent que les résultats obtenus sont les meilleurs résultats obtenus pour l'extraction d'informations à partir de données semi structurées par apprentissage.

Dal Zilio et Acciai (Dal Zilio et *al.*, 2004a) utilisent une extension de la classe d'automate d'arbres proposée dans (Dal Zilio, 2003) (Dal Zilio et *al.*, 2004b) et proposent des opérateurs de filtrage pour l'interrogation de tels documents XML.

(Kosala et *al.*, 2006) proposent une nouvelle méthode, à base d'automates d'arbres k-testables, d'extraction qui utilise la structure arborescente du document. L'algorithme d'inférence des automates d'arbres est présenté dans (Rico-Juan et *al.*, 2000) qui est un algorithme pour l'inférence grammaticale qui est capable d'identifier n'importe quel langage d'arbres k-testable à partir d'exemples positifs seulement. De façon informelle, le langage k-testable est un langage qui peut être déterminé en considérant tous les arbres de longueur k. C'est un algorithme pour les arbres d'arité bornée. Les auteurs l'utilisent pour des documents qui sont des arbres non bornés, pour cela il convertit des documents web en arbres (bornés) binaires.

(Tommasi, 2006) étudie la double problématique de l'étude des langages d'arbres et l'apprentissage automatique à partir de données arborescentes. Il s'agit de répondre à la question de l'accès et de la manipulation automatique d'information au sein d'un réseau d'applications réparties sur internet. Les informations sont décrites dans le langage XML et les opérations concernent l'interrogation ou les requêtes dans ces documents arborescents ou encore la transformation de ces documents. Les applications sont basées alors sur des opérations élémentaires que sont l'interrogation ou les requêtes dans ces documents arborescents ou encore la transformation de tels documents. Les contributions apportées pour la manipulation et l'apprentissage d'ensembles d'arbres d'arité non bornée (comme le sont les arbres XML), et l'annotation par des méthodes de classification supervisée ou d'inférence statistique.

Les automates d'arbres ont été appliqués avec succès dans le contexte des DTD (Document Type Definition), le plus simple des standards pour la définition de la validité des documents XML. Un bon exemple de ces systèmes est XDUCE (Hosoya et al., 2001) ; un langage fonctionnel typé avec des opérateurs pattern matching étendus pour la manipulation de documents XML, dans cet outil les types de documents XML sont modélisés par des automates d'arbres réguliers et le typage des expressions pattern matching est basé sur des opérations de fermeture sur les automates.

Dans le domaine de validation de documents XML, (Bouchou et al., 2003a) proposent d'utiliser les automates d'arbres pour la vérification des contraintes de clés de documents à la suite d'une mise à jour et dans un autre travail des mêmes auteurs (Bouchou et al., 2003b), les automates sont utilisés pour tester de façon incrémentale, en vérifiant la validité du document en ne considérant que la partie concernée par la mise à jour.

3.2 Automates d'arbres pour la sécurité informatique

La sécurité des systèmes informatiques est une question de préoccupation majeure aujourd'hui. En particulier l'étude de la cryptographie ou les protocoles cryptographiques a reçus une attention considérable ces dernières années. Ils sont très utilisés de nos jours notamment à cause du développement du commerce électronique. Où les secrets ont besoin d'être préservés et l'authenticité des messages doit être établie. Les protocoles cryptographiques sont des spécifications de successions de messages entre agents, utilisant des méthodes de codage (inter alias), et cherchant à assurer les exigences de confidentialité, authentification, ou d'autres propriétés. La vérification par les outils classiques est coûteuse et non satisfaisante en plus malgré l'ingéniosité de leurs designers, les protocoles les plus cryptographiques sont trouvés pour être défectueux plus tard. Dans la pratique les erreurs dans ces protocoles sont souvent quelques erreurs idiotes qui échappent à l'attention de leurs concepteurs. Pour cela une vérification formelle de ces protocoles est nécessaire pour assurer leurs propriétés de sécurité.

Plusieurs méthodes pour évaluer la sécurité des protocoles cryptographiques, incluant les méthodes à base d'automates d'arbres ont été mises au point. (Monniaux, 1999) propose dans ce cadre une nouvelle approche basée sur l'interprétation abstraite et l'utilisation des langages d'arbres réguliers.

Genet et klay (Genet et *al.*, 2000) proposent une nouvelle méthode basée sur les systèmes de réécriture et les automates d'arbres. Toujours dans le domaine de vérification (Goubault, 2000) propose une méthode automatique et effective pour la vérification de la confidentialité des propriétés, elle est basée sur l'interprétation abstraite de protocoles cryptographiques utilisant une extension spécifique s'automates d'arbres les automates d'arbres V-paramétrés qui utilisent les techniques théoriques des automates avec des caractéristiques déductives.

Genet et son équipe (Genet et *al.*, 2003) effectuent la preuve de façon automatisée sur des modèles de réécriture de termes du protocole utilisant Timbuk (Genet, 2001). Timbuk est un outil de vérification utilisant l'interprétation abstraite sur des domaines d'automates d'arbres.

3.3 Automates d'arbres & apprentissage

Les algorithmes réalisant un apprentissage de langages formels appartiennent à un sous-domaine de l'apprentissage automatique, qui a une quarantaine d'années, appelé inférence grammaticale (Higuera, 2005).

(Sebban et al., 2003) (Habrard et al., 2003b) pour l'inférence exacte étudient l'impact du bruit sur les modèles probabilistes mais ne proposent pas de méthode fonctionnelle de correction des données erronées. Les algorithmes d'inférence sont basés sur une approche par fusion d'états (Carrasco et al., 1994) (Thollardet al., 2000), le processus d'apprentissage s'effectue alors en fusionnant les états jugés équivalents d'un point de vue statistique.

Habrard et son équipe (Habrard et al., 2002a) (Habrard et al., 2002b) étudient le problème de l'apprentissage de la distribution statistique de données dans une base de données relationnelle en proposant une méthode capable de considérer la structure de la base de données et ne nécessite pas de transformations qui peuvent engendrer une perte d'informations essentielles.

(Habrard et al., 2003a) appliquent la méthode de fouille qu'ils proposent dans (Habrard et al., 2002a) pour l'extraction de connaissances à partir d'une base de données médicale concernant des patients atteints d'une hépatite chronique. La base est représentée sous forme d'arbres, ce qui représente une façon naturelle des données en prenant en compte la distribution statistique des données, il s'agit de montrer l'intérêt de la représentation pour l'interprétation des connaissances dans le domaine médical.

Le travail de (Habrard, 2004a) dans le domaine de l'inférence grammaticale s'intéresse principalement à deux problématiques : le traitement de données bruitées ou non pertinentes (Habrard et *al.*, 2004b) pour lequel il propose de corriger les distributions d'échantillons bruités, dues à des erreurs de typographie, des erreurs de transfert, des erreurs expérimentales, etc, pour améliorer l'inférence d'automates probabilistes. Plutôt que de supprimer définitivement les exemples corrompus en amont du processus d'inférence, et la mise en place de mécanismes d'extraction de connaissance spécifiques aux automates pour des besoins d'interprétabilité. Il s'agit d'apprendre une distribution de probabilité.

Dans (Habrard et *al.*, 2005) est proposée une technique de réduction de données pour éliminer les instances bruitées ou non pertinentes à partir d'un ensemble d'arbres. Dans ce contexte, il est supposé que seulement des sous arbres particuliers d'un arbre sont bruités ou non pertinents et par conséquent méritent d'être éliminés. La suppression d'un sous arbre peut être vue comme une approche hybride pour la réduction de données. Elle représente un prototype de sélection lorsqu'un arbre complet est supprimé, et représente une méthode de sélection locale de caractéristiques quand seulement des sous arbres sont supprimés. Des résultats de complexité théoriques montrent que les problèmes de sélection de prototypes et les problèmes de sélection des caractéristiques sont NP-difficiles (Nock et *al.*, 2000). Ceci oblige à utiliser un ensemble d'heuristiques pour sélectionner les instances pertinentes dans un ensemble d'arbres.

3.4 Applications des automates d'arbres

L'utilisation des automates de séquences et d'arbres en informatique a permis la génération d'un nombre important de systèmes conçus pour opérer sur des automates et des outils logiciels où les automates sont utilisés comme représentation interne.

Dans un contexte applicatif, plusieurs systèmes à base d'automates d'arbres ont été mis au point, par exemple, le système GIFT (Grammatical Inference For Terms) (Bernard, 1999) (Bernard, 2001), ce système apprend un automate à partir d'un ensemble de termes, qui ensuite sera transformé en un programme logique, l'algorithme est appliqué sur des données structurées et un système de typage est aussi inféré pour éviter les situations incorrectes.

CPV (Cryptographic Protocol Verification) (Goubault, 2000) est un système automatique de vérification de propriétés de confidentialité de protocoles cryptographiques fondé sur des techniques d'automates d'arbres. Le système Squirrel (Carme et *al.*, 2006) utilise un algorithme d'apprentissage des langages d'arbres à arités non bornées qui est dérivé de RNPI (Oncina, 1992), le travail formulé pour les séquences peut être adapté pour les automates de mots et les automates d'arbres.

Il existe aussi des travaux pour la manipulation d'automates d'arbres, (Rival et *al.*, 2001) implémente une librairie dans le démonstrateur Coq qui est bien connu dans le monde de certification et il est utilisé pour prouver des calculs sur les automates d'arbres et avant tout permet la preuve et la validation d'algorithmes les utilisant.

Timbuk (Genet, 2001) est une librairie de fonctions OCAML destinée à manipuler des automates d'arbres, la classe d'automates capable d'être décrite est la classe d'automates ascendants. Cette librairie fournit les opérations de base sur les automates d'arbres (intersection, union, complément, nettoyage, renommage, etc).

3.5 Quelques définitions sur les arbres (Habrard, 2004a)

Une relation binaire A sur un ensemble N est un sous ensemble du produit cartésien N×N.

La fermeture transitive de A notées A^+ est définie par :

$A^1 = \{(x,y)|\ (x,y) \in N^2\}$;

$A^{n+1} = \{(x,y)|\ \exists z \in N$; $(x,z) \in A$ et $(z,y) \in A^n$, $n>0\ \}$;

$A^+ = U_{n>0}\ A^n$.

Définition 2.1 Un arbre t est défini par un triplet $(N_t, A_t, root(t))$ où N_t est un ensemble de nœuds, A_t sous ensemble de N^t_2 est une relation binaire et $root(t)$ est un nœud spécial appelé la racine de l'arbre t. pour chaque paire $(u,v) \in A_t$, (u,v) est appelée une arête d'un arbre et u est le parent de v qui est dénoté par $u = parent(v)$.

A_t doit vérifier les conditions suivantes :

- root(t) n'a pas de parent ;
- chaque nœud de t a exactement un parent ;
- depuis la racine, il est possible d'atteindre n'importe quel nœud de t en suivant un chemin défini par les branches de t ; $\forall v \in N_t$, $v \neq root(t)$, $(root(t),v)$ dans A_t^+.

Soit t un arbre et u un nœud de N_t :

Les fils du nœud u correspond à l'ensemble $fils(u) = \{v \in N_t | (u,v) \in A_t\}$

Les descendants d'un nœud u correspond à l'ensemble $descendants(u) = \{ v \in N_t | (u,v) \in A^+_t\}$

La hauteur d'un arbre correspond à la profondeur du plus long descendant de cet arbre :

$Hauteur(t)$

$$= \begin{cases} 0, & |fils(root(t)| = 0 \\ 1 + max_{1 \leq i \leq n} Hauteur(t_i)|t_i \in fils(t), & |fils(root(t)| = n > 0 \end{cases}$$

Les arbres peuvent être représentés sous forme de termes, un arbre t de n fils $t_1,\ldots,t_n$ avec une racine étiquetée par f (arité(f)=n), la représentation sous forme d'un terme de t notée terme(t)=f(terme(t_1),…,terme(t_n)).

V^T l'ensemble des arbres constructibles selon un alphabet V.

Un arbre t définit sur un ensemble V^T est un arbre tel que chaque nœud u de N_t est étiqueté par un symbole f de V tel que |fils(u)| = arite(f).

Définition 2.2 Un modèle régulier d'arbre est un arbre t défini sur $V^T U\{x\}$ où x est une variable d'arité nulle tel que t contienne exactement une variable parmi ses feuilles.

Définition 2.3 Soit un t modèle régulier d'arbre et t' un arbre, on note $t.\#t'$ la substitution de la variable x de t par t'.

3.6 Automates d'arbres finis, définition

Un automate d'arbre est un quadruplet composé d'un ensemble fini d'états, une fonction de transition δ qui génère un ensemble Δ de règle de transition, un ensemble d'états finaux, la différence réside dans l'alphabet qui est remplacé par un ensemble de symboles fonctionnels.

Un automate d'arbres A est un quadruplet A=(Q,V,Δ,Q_f) :

- V un ensemble de symboles fonctionnels ;
- Q un ensemble fini d'états ;
- Δ un ensemble de règles de transition obtenu par application de la fonction de transition $\delta: V \times Q^* \rightarrow Q$;
- $Q_f$un ensemble d'états finaux ;
- Une transition$\delta(f,q_1,\ldots,q_n) \rightarrow$q ou f(q$_1$,q$_2$,…,q$_n$)$\rightarrow$q est représentée graphiquement dans le schéma ci-dessous :

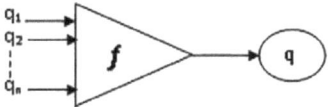

Fig 2.2 Représentation graphique d'une transition

Définition 2.4 La fonction de transition δ est étendue à δ', la fermeture transitive δ' :V× Q^*→Q de δ est définie par :

$$\delta'(t) =$$

$$q \ ssi: \begin{cases} Hauteur(t) = 0, t \in V, arité(t) = 0 \ et \ \delta(t) = q \\ ou \\ Hauteur(t) > 0, \exists t_1, ..., t_n \in V \ tel \ que \ t = f(t_1, ..., t_n) \\ et \ \exists q_1, ..., q_n \in Q \\ tel \ que \ \delta'(t_1) = q_1, ..., \delta'(t_n) = q_n \ et \ \delta(f, q_1, ..., q_n) = q \end{cases}$$

<u>Exemple 2.2</u> : On considère un automate A $=(Q,V,Q_f, \Delta)$ avec V={$or(,)$, $and(,)$, $not()$, 1, 0}, Q={q_0,q_1}, Q_f={q_1}, et Δ={0→q_0, 1→q_1, not(q_0)→q_1, not(q_1)→q_0, and(q_0,q_0)→q_0, and(q_0,q_1)→q_0, and(q_1,q_0)→q_0, and(q_1,q_1)→q_1, or(q_0,q_0)→q_0, or(q_0,q_1)→q_0, or(q_1,q_0)→q_0, or(q_1,q_1)→q_1}.

Selon la définition de l'automate l'ensemble des termes reconnus sont des expressions booléennes vraies.

(a)   (b)

Fig 2.3 Définition d'une fonction logique (a), Reconnaissance de la fonction
par l'automate (b)

Définition 2.5 Un arbre $t \in V^T$ est accepté par un automate A si et seulement si $\exists q \in Q_f$; δ'(t)=q.

L'ensemble des arbres reconnus par un automate d'arbres A définit le langage reconnu par l'automate A, noté L(A).

Les automates ascendants et descendants définissent tous deux la même classe de langages reconnaissables dans la version non déterministe, coïncidant avec les langages réguliers d'arbres, ce n'est pas le cas dans la version déterministe. Contrairement aux automates finis non-déterministes, on ne peut pas représenter les automates d'arbres non-déterministes par des graphes étiquetés.

Si l'automate d'arbres peut choisir plus d'une règle de transition pour un symbole en entrée, il est appelé automate d'arbres non déterministe (NFTA). Sinon il est appelé automate d'arbres déterministe (DFTA).

3.7 Types d'automates d'arbres

Selon la manière avec laquelle l'automate parcourt l'arbre en entrée, les automates d'arbres finis peuvent être ascendants ou descendants. Un automate d'arbre descendant commence ses calculs à partir de la racine de l'arbre tandis que l'automate d'arbres ascendant commence ses calculs à partir des feuilles.

3.7.1 Les automates d'arbres finis ascendants

Dans ce type d'automates d'arbres Q est un ensemble d'états unaires, F est un alphabet ordonné, $Q_f \subset Q$ est un ensemble d'états finaux, et Δ est un ensemble de règles de transition, c'est-à-dire de règles de réécritures qui transforment les nœuds dont les racines des fils sont des états en nœuds dont les racines dont des états. Par conséquent l'état d'un nœud est déduit des états de ses enfants. Il n'y a pas d'état initial en tant que tel, mais les règles de transition pour les symboles constants peuvent être considérées comme des états initiaux. L'arbre est accepté si l'état de la racine est un état acceptant. Pour ce type d'automates d'arbres les règles de transition sont de la forme : $\delta(f, q_1,...,q_n) = q$ pour un symbole $f \in \Sigma_S$ dont le nombre d'arguments (arité=n>0). Ces règles peuvent aussi s'écrire : $f(q_1, q_2, ..., q_n) \rightarrow q$. Un arbre t est accepté par l'automate A ssi $\exists q \in Q_f$; $\delta'(t) \rightarrow q$.

Exemple 2.3 : On considère l'exemple présenté dans (Habrard, 2004a) dans lequel l'auteur considère une base de données composée de parties de fléchettes gagnantes correspondant à des joueurs. Les quatre arbres ci-dessous modélisent 2 parties gagnantes pour le joueur Paul.

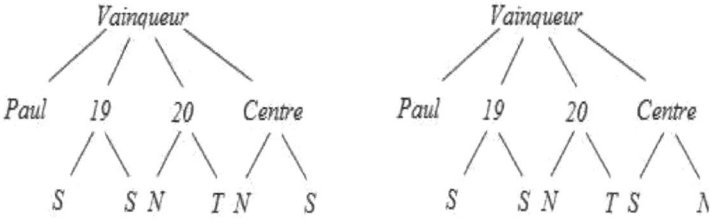

Fig 2.4 Deux partie de flechette gagantes représentées sous forme d'arbres

L'automate d'arbre ascendant reconnaissant les deux arbres est composé des éléments suivants :

- $Q = \{q_0, ..., q_8\}$;
- $Q_f = \{q_8\}$;
- $V = \{Vainqueur(,,,), Paul(,), 19(,), 20(,), Centre(,), S, N, T\}$;
- $\Delta = \{Paul \rightarrow q_0,\ S \rightarrow q_1,\ N \rightarrow q_2,\ T \rightarrow q_3,\ 19(q_1, q_1) \rightarrow q_4,\ 20(q_2, q_3) \rightarrow q_5,\ Centre(q_2, q_1) \rightarrow q_6,\ Centre(q_1, q_2) \rightarrow q_7,\ Vainqueur(q_0, q_4, q_5, q_6) \rightarrow q_8,\ Vainqueur(q_0, q_4, q_5, q_7) \rightarrow q_8\}$.

L'automate est de type ascendant ; les calculs se font des feuilles vers la racine. Pour reconnaitre le terme Vainqueur (Paul,19(S,S),20(N,T),Centre(N,S)) l'automate adopte un procédé de réécriture dans lequel chaque symbole fonctionnel (de n'importe quelle arité sera remplacé par un état). Le terme peut être représenté par un arbre :

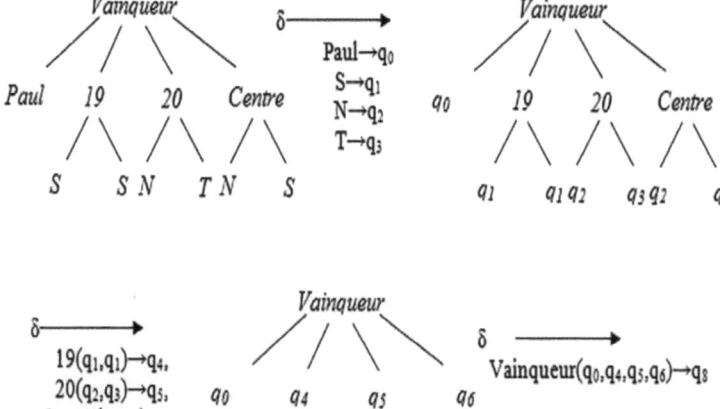

Fig 2.5 Reconnaissance du terme Vainqueur(Paul,19(S,S),20(N,T),Centre(N,S) par
l'automate A (Habdrad, 2004)

L'état associé au nœud racine après application successive est l'état final q_8
donc l'arbre est reconnu par l'automate. Les remplacements se font de
façon ascendante des feuilles vers la racine.

3.7.2 Les automates d'arbres finis descendants

Il y a deux différences avec les automates d'arbres ascendants : d'abord,
$I \subset Q$, l'ensemble de ses états initiaux, remplace Q_f ; ensuite, ses règles de
transition sont l'inverse, c'est-à-dire des règles de réécriture qui
transforment les nœuds dont les racines sont des états en nœuds dont les
racines des fils sont des états. L'arbre est accepté si toutes les branches sont
complètement traversées jusqu'au bout.

On peut facilement deviner intuitivement que les automates d'arbres descendants non déterministes sont équivalents à leurs homologues ascendants ; les règles de transition sont simplement inversées, et les états finaux deviennent les états initiaux.

Pour ce type d'automates d'arbres une règle de transition est de la forme : q → f(q$_1$,q$_2$,...,q$_n$).

Un automate d'arbre évalue un arbre en partant des feuilles, contenant chacune l'état initial, vers la racine. L'état possible d'un nœud est défini par l'état de ses feuilles suivant l'automate d'arbre (Magniez, 2007), Un arbre t est accepté par l'automate A ssi ∃q∈ Q_I ; q → δ'(t).

Exemple 2.4 : On considère l'exemple de la figure 2.4, on redéfini l'automate de l'exemple de façon à ce que les remplacements de symboles par des états se fait de façon descendante ; de la racine vers les feuilles. L'automate d'arbre descendant reconnaissant les deux arbres est composé des éléments suivants :

- Q={q$_0$,...,q$_8$} ;
- Q_f= {q$_8$} ;
- V={Vainqueur(,,,), Paul(,), 19(,), 20(,), Centre(,), S, N, T} ;
- Δ={q$_0$→Paul, q$_1$→S, q$_2$→N, q$_3$→T, q$_4$→19(q$_1$,q$_1$), q$_5$→20(q$_2$,q$_3$), q$_6$→Centre(q$_2$,q$_1$), q$_7$→Centre(q$_1$,q$_2$), q$_8$→Vainqueur(q$_0$,q$_4$,q$_5$,q$_6$), q$_8$→Vainqueur(q$_0$,q$_4$,q$_5$,q$_7$)}.

Un arbre est reconnu par un automate ascendant si on arrive à remplacer tous les nœuds par des états en commençant par la racine.

3.8 Automates d'arbres avec règles-ε

Les règles-ε ont été utilisées initialement dans le cas des automates pour les séquences et sont également utilisées pour le cas des automates pour les arbres. Son principe consiste à transiter d'un état vers un autre.

Une règle-ε est une règle de transition qui permet de relier deux états ; elle est de la forme $q_i \rightarrow q_j$.

Théorème 2.1 Si L est reconnu par un automate contenant des règles-ε alors L est reconnu par un automate sans règles-ε.

3.9 Automates d'arbres déterministes (DFTA)

Un automate d'arbres peut aussi être déterministe ou non déterministe. C'est une issue importante car les automates descendants déterministes sont moins puissants que leurs homologues ascendants et c'est du au fait que les automates déterministes déterministe ne peut par définition jamais avoir deux règles de transition dont la partie gauche est identique. Pour les automates d'arbres, les règles de transition sont des règles de réécriture ; et pour ceux qui sont descendants, le côté gauche correspondra aux nœuds ancêtres. Par conséquent un automate fini déterministe descendant ne pourra tester que des propriétés qui sont vraies dans toutes les branches sans exception, car le choix de l'état à écrire dans chaque branche fille est déterminé au nœud parent, sans connaître le contenu des branches filles en question. Les automates non déterministes descendant et ascendants sont équivalents (Kaati et *al.*, 2008).

Définition 2.6 Soit A=(Q,V,Δ,Q_f) un automate d'arbres fini, si la relation δ admet au plus une image, c'est-à-dire, pour tout ensemble d'états $q_1, ..., q_n \in Q$ et pour tout symbole $f \in V$ tel que arité(f)=n, l'ensemble {q|δ(f,q$_1$,...,q$_n$)=q} est soit vide soit réduit à un singleton, alors l'automate A est dit déterministe (DFTA).

Définition 2.7 Un automate est complet s'il existe au moins une règle $f(q_1, \ldots, q_n) \to q \in \Delta$ pour tout $n \geq 0$, $f \in V$, arité(f)=n et $q_1, \ldots, q_n \in Q$.

3.9.1 Déterminisation d'un automate d'arbres

Pour tout automate d'arbres A, il existe un automate d'arbres déterministe A_{det} tel que $L(A_{\text{det}}) = L(A)$, et de plus, si A est complet alors A_{det} est complet.

La taille de l'automate A_{det} est exponentielle en la taille de A. La technique proposée est la construction 'sous-ensembles'.On note que, pratiquement, certains états du nouvel automate d'arbres ne sont pas accessibles.

L'algorithme utilisé construit un DFTA avec uniquement des états accessibles. Le DFTA résultant est, par conséquent, déterministe réduit.

Algorithme Déterminisation DET ;

Entrée : NFTA $A = (Q, \Sigma, Q_f, \Delta)$;

/* Un état s du DFTA équivalent est dans 2^Q */

1. Mettre Q_d à Φ; mettre Δ_d à Φ

2. **Répéter**

3. Mettre Q_d à $Q_d \cup \{s\}$; mettre Δ_d à $\Delta_d \cup \{f(s_1, \ldots, s_n) \to s\}$ tel que $f \in \Sigma_n$, $s_1, \ldots, s_n \in Q_d$, $s = \{q \in Q \mid \exists q_1 \in s_1, \ldots, q_n \in s_n, f(q_1, q_2, \ldots, q_n) \longrightarrow q \in \Delta\}$

4. ***Jusqu'àceque*** *« aucune règle ne sera ajoutée dans Δ_d »*

Sortie : DFTA $A_d = (Q_d, \Sigma, Q_{df}, \Delta_d)$.

Algorithme 2.1 Algorithme de déterminisation 1

3.10 Réduction des automates d'arbres

Définition 2.8 Soit A un automate d'arbres, un état q est accessible pour l'automate A s'il existe un arbre $t \in V^T$ tel que $\delta'(t)$=q.

Un état q est co-accessible pour A s'il existe un état q' $\in Q$, un modèle régulier d'arbres $t \in V^X$ et un arbre $t' \in V^T$ tel que $\delta'(t')$=q, $\delta'(t.\#t')$=q' et q' $\in Q_f$.

Un état est utile s'il est à la fois accessible et co-accessible. Un automate est *émondé (nettoyé)* si tous ses états sont utiles.

Pour tout automate d'arbres A, il existe un automate d'arbres réduit A_{red} tel que $L(A_{red}) = L(A)$. La taille de l'automate A_{red} est inférieure à celle de A.

La technique proposée dans (Comon et *al.*, 2005) est d'utiliser l'algorithme de marquage d'états qui permet d'obtenir un automate réduit qui ne contient que des états accessibles.

Algorithme Réduction RED

Entrée : NFTA $A = (Q, V, Q_f, \Delta)$;

---

1. Mettre 'marqué' à Φ /* 'marqué' l'ensemble des états accessibles */
2. **Répéter** Mettre 'marqué' à 'marqué' $\cup \{q\}$ Tel que $f \in \Sigma_n$, $q_1, ..., q_n \in$ 'marqué', $f(q_1, q_2, ..., q_n) \longrightarrow q \in \Delta$
3. **Jusqu'à ce que** aucun état ne peut être ajouté à 'marqué'
4. Mettre Q_f à 'marqué' ;
5. $Q_{rf} \leftarrow Q_f \cap$ 'marqué' ;
6. $\Delta_r \leftarrow \{ f(q_1, q_2, ..., q_n) \longrightarrow q \in \Delta \mid q, q_1, ..., q_n \in$ 'marqué'$\}$;

Sortie : NFTA $A_r = (Q_r, V, Q_{rf}, \Delta_r)$.

Algorithme 2.2 Algorithme de réduction

L'algorithme retourne un automate qui ne contient que des états accessibles ; pour lesquelles il existe un symbole qui permet de les atteindre.

Exemple 2.5 : Soit l'automate A=(Q, V, Q_f, Δ) avec Q={q_0, q_1, q}, Q_f={q_0}, Δ={a→q_0,g(q_0)→q_1,g(q_1)→q_0,g(q)→q_0,g(q)→q_1}

L'automate n'est pas déterministe à cause des règles : g(q)→q_0,g(q)→q_1.

L'automate n'est pas réduit car l'état q n'est pas accessible.

Exemple 2.6 : Soit l'automate A=(Q,V,Q_f,Δ) avec Q={q_a,q_g,q_f}, Q_f={q_f},
Δ={a→q_a,g(q_a)→q_g,g(q_g)→q_g,f(q_g,q_g)→q_f}.

L'automate est déterministe et réduit.

3.11 Minimisation des automates

La minimisation des automates est un problème très étudié, où l'objectif est de trouver l'automate minimal unique qui reconnaît le même langage que l'automate d'origine. Obtenir l'automate minimal est une issue fondamentale pour l'utilisation et l'implémentation des outils d'automates finis dans des domaines comme le traitement de texte, analyse d'images, linguistique informatique, et bien d'autres applications (Berstel et *al.*, 2010).Il existe deux grandes familles d'algorithmes de minimisation. La première par des raffinements successifs d'une partition d'un ensemble d'états (Hopcroft, 1971) (Moore, 1956) en utilisant une opération appelée quotient, la deuxième par une séquence de fusion d'états (Revuz, 1992) (Almeida et *al.*, 2008). Les algorithmes initialement présentés pour les automates de séquences sont aussi valables pour les automates d'arbres.

3.11.1   Méthodes de simplification d'automates

Soit A=(Q,$\sum$,δ,q_0,Q_f) un automate fini déterministe et complet, X, un sous ensemble de $\sum^*$, le langage reconnu par l'automate A. Pour q∈Q, L_q(A)={w∈$\sum^*$|δ'(w,q)∈Q_f}.

3.11.1.1 Equivalence de Nerode

Soit A=(Q,$\sum$,δ,q_0,Q_f)un automate sur l'alphabet $\sum$ reconnaissant un langage X, pour tout état q on a L_q(A)={w∈$\sum^*$|δ(w,q)∈Q_f} ; c'est l'ensemble des mots reconnus par l'automate A en prenant q comme état initial, le langage X reconnu par A coïncide avec L_{q0}(A). Deux états p, q ∈Qsont inséparables si L_q(A)=L_p(A) et sont séparables sinon.

L'équivalence de Nerode sur Q (ou sur A) est la relation ~ définie par p~q ⇔ p et q sont inséparables.

Exemple 2.7 : Pour l'automate de l'exemple suivant, on calcul les $L_i(A)$ en utilisant l'équivalence de Nerode:

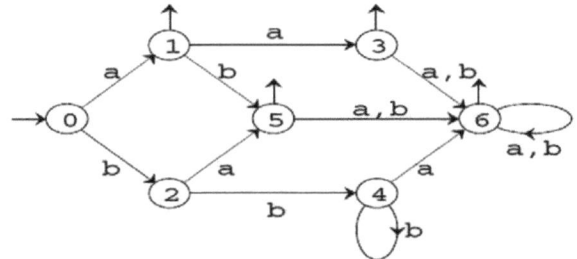

Fig 2.6 Exemple illustratif 1 : Un automate de séquences.

$L_1(A)= L_3(A)= L_5(A)= L_6(A)=\{a,b\}*$;

$L_0(A)= L_2(A)= L_4(A)=b*a\{a,b\}*$

Alors en appliquant l'équivalence de Nerode on a alors deux classes : {0.2.4} et {1.3.5.6}.

3.11.1.2 Algorithme de Hopcroft

Parmi les premiers algorithmes utilisant l'équivalence de Nerode pour la construction de l'automate minimal, (Hopcroft, 1971) propose un algorithme effectif (en termes de complexité). Hopcroft utilise la stratégie « process the smaller half » pour obtenir une complexité de O($n\log n$) où n est le nombre d'états.

Soit A=($Q,\sum,\delta,q_0,Q_f$) un automate un automate déterministe et complet à n états sur un alphabet $\sum$ à m lettres. L'équivalence de Nerode sur Q est définie par :p~q⇔$L_p=L_q$ où Lp est composé de l'ensemble des étiquettes des chemins de q_0 à p.

On appelle partition de Nerode la partition de Q associée à l'équivalence de Nerode. On considère la partition P0 à laquelle est associée la relation d'équivalence R0, P0={T,CT} de Q tel que T est l'ensemble des états terminaux et CT=Q-T.

Lemme 2.1*Une partition de l'ensemble Q est la partition de Nerode de l'automate A si et seulement si elle est admissible et stable.*

Définition 2.5 Soit P une partition de Q, P et S deux éléments de P et a $\in \sum$, on dit que P est stable pour (S,a) si on a :

P.a$\subset$ S ou P.a $\subset$ CS ou de manière équivalente P $\subset$ a^{-1}Sou P $\subset$ a^{-1}CS (CS=Q-S).

Si P n'est pas stable pour (S,a), alors P est brisée par (S,a). L'opération Scinder (P,(S,a))noté P $\vartriangleleft$ S est défini par :

$$P \vartriangleleft_a S = \begin{cases} \{P\} si P est stable pour (S, a) \\ \{P \cap a^{-1}S, P \cap a^{-1}CS\} Sinon \end{cases}$$

On part de la partition P0 = {T,CT} que l'on raffine par éclatements successifs ; tant que P (P = P0) n'est pas stable, on brise une classe de la partition.

Exemple 2.8 : On considère l'automate représenté sur la Figure 2.6 :

L'ensemble Q={0,1,2,3,4,5,6} n'est pas stable pour (Q_f,b) car Q.b = {2,4,5,6} 2 $\notin Q_f$ et 5 $\in Q_f$

QQ_f={{1,3,5,6},{0,2,4}}

L'algorithme de partitionnement est décrit par le pseudo code suivant :

Algorithme Classes d'équivalence

Entrée : A=($Q,\sum,\delta,q_0,Q_f$) et P0 = {T,CT} T=Q_f, CT=Q-Q_f ;

1. P←P0;
2. Tant que $\exists$P$\in$ Pet a $\in\sum$ tel que P n'est pas stable pour (P,a) Faire;
3. P← PQ_a.
4. Fin Tanque

Sortie : Un ensemble de classes d'équivalence.

Algorithme 2.3 Algorithme de partitionnement en classes d'équivalences

La boucle Tant que est exécutée au plus *n*-1 fois (*n* le nombre d'états), à chaque exécution le nombre d'éléments de P augmente strictement et est majoré de *n*.

Exemple 2.9 Soit l'exemple suivant :

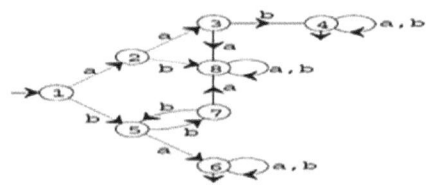

Fig 2.7 Exemple illustratif 2 : Un automate de séquences.

L'algorithme donne la suite de partitionnements suivants :

P : 46-123578.

Partitionnement relatif à (46,a) P : 46-12378-5.

Partitionnement relatif à (5,b) P : 46-17-28-3-5.

Partitionnement relatif à (28,a) P : 46-1-2-3-7-8-5.

L'automate minimal est représenté par le schéma ci-dessous :

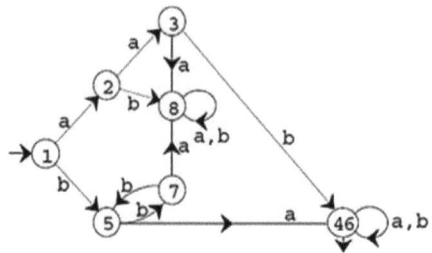

Fig 2.8 Automate minimal de l'exemple de la figure 2.7

Algorithme Hopcroft
Entrée : P={T,CT};

1. Si Card(T)<Card(CT) Alors **L** :=T×∑ sinon **L** :=CT×∑;

2. Tant que **L** ≠ ∅ Faire ;

3. Enlever un couple(P,a) de**L** ;

4. Déterminer l'ensemble Bdes élémentsde P brisés par (P,a) ;

5. Pour tout B∈ Bcalculer {B',B'' $\}_a$ =B   P ;

6. Pour toutB ∈B et pour tout b ∈ ∑ Faire

7. Si (B,b) ∈ **L** alors

8. Enlever (B,b) et ajouter (B',b) et (B'',b) à **L**

Sortie : Un ensemble de partitions stables de P

Algorithme 2.4 Algorithme de Hopcroft

L'idée derrière l'algorithme de Hopcroft est de commencer avec une partition initiale des états où les états acceptants (finaux) sont séparés du reste des états. A chaque étape de l'algorithme, un block et un symbole sont sélectionnés pour raffiner la partition. Le deuxième block est appelé « *splitter* ». La procédure de raffinement divise chaque block D de la partition en respectant le fait que les états de D, en consommant le symbole « a », part à un état qui se trouve dans un block B ou non. L'algorithme termine lorsqu'il n'existe plus de blocks à raffiner. A la fin de l'algorithme, chaque block de la partition est un ensemble d'états équivalents. La borne inférieure pour le calcul de l'algorithme de Hopcroft est atteinte en choisissant des structures de données appropriées et dans chaque itération de l'algorithme, au lieu d'itérer sur l'ensemble de tous les états, itérer sur l'ensemble des états du block utilisé comme splitter. Il existe plusieurs algorithmes dédiés à cette tâche utilisés dans des applications classées de la construction de compilateurs à la minimisation de circuits (Watson, 1994).

Une version de l'algorithme de Hopcroft a été décrite dans le livre (Hopcroft et *al.*, 1979) et pour laquelle la complexité est de O(n^2).

L'algorithme a été récemment étendu aux automates finis déterministes et incomplets (Valmari et *al.*, 2008) (Béal et *al.*, 2008).

L'algorithme de Hopcroft est relié à l'algorithme de raffinement de partitions de Moore (Moore, 1956), bien qu'ils soient différents. Ces algorithmes sont tout à fait différents vis-à-vis de la complexité et du comportement et ce n'est pas possible de simuler le comportement de l'un par l'autre (Berstel et *al.*, 2010).

Dans (Cristau et *al.*, 2005) il a été établit que les automates d'arbres ascendants pour les arbres d'arité non bornés peuvent être minimisés en un temps quadratique en utilisant l'algorithme proposé par (Hopcroft, 1971).

Le choix d'une relation d'équivalence est un compromis entre le grand désire de réduction et le temps de calcul, de cette manière, on obtient une méthode de réduction pour automates qui est utile en pratique. De façon générale, plus la relation possède de capacités de simplification plus les ressources requises pour son calcul doivent être importantes.

Pour éviter la construction par sous ensembles on peut réduire la taille d'un automate en utilisant des méthodes heuristiques, ce qui peut être fait, par exemple, en identifiant et éliminant des états qui sont équivalents en respectant une certaine relation d'équivalence qui préserve le langage reconnu par l'automate. Par conséquent, des méthodes alternatives (efficaces) pour réduire la taille d'un automate sont explorées dans (Abdulla et *al.*, 2007) (Högberg et *al.*, 2007) (Abdulla et *al.*, 2008a) (Abdulla et *al.*, 2008b).

Le concept de bi-simulation a été introduit par en 1980 par Robin Milner (Milner, 1980) comme un outil formel pour l'investigation de systèmes de transition étiquetés, de façon simple, deux systèmes de transition sont bi-simulation équivalents si leurs comportements en réponse à une séquence d'actions données ne peuvent pas être distingués par un observateur externe. L'équivalence bi-simulation implique l'égalité de langages.

(Abdulla et *al.*, 2005) adressent le problème de la minimisation des automates d'arbres par bi-simulation, l'algorithme de Paige et Tarjan(Paige et *al.*, 1987) est parmi les plus populaires et les plus efficaces. Mais le problème de son application est souvent le nombre d'étiquettes qui doivent apparaître sur les arcs de l'automate. Les auteurs adaptent l'algorithme de Paige et Tarjan pour le cas où les étiquettes sont symboliquement représentées en utilisant des Diagrammes de Décision Binaires (DDB). L'algorithme possède une complexité de O($l.m.\log n$) (où l est la taille de l'alphabet, m et n sont respectivement le nombre d'arcs et le nombre d'états). Les résultats expérimentaux montrent de bonnes performances pour l'algorithme proposé dues à la représentation compacte procurée par les DDB.

(Abdulla et *al.*, 2007) proposent une extension de l'algorithme proposé par Paige et Tarjan (Paige et *al.*, 1987) pour la minimisation des automates finis non déterministes pour le domaine des arbres, l'avantage que présente l'algorithme est que l'équivalence de bisimulation est plus facile à calculer que l'équivalence des langage d'un point de vu temps de calcul en plus l'équivalence de bisimulation implique l'équivalence de langages mais l'inverse n'est pas vrai en général (Milner, 1980), la complexité de l'algorithme proposé est O(ř $m\log n$), ř est l'arité maximale des symboles en entrée.

(Abdulla et *al.*, 2008a) adressent le problème de calcul des relations de simulation sur les automates d'arbres. En particulier, sont considérées les simulations ascendantes et descendantes sur automates d'arbres qui sont similaires aux relations ascendantes et descendantes sur les mots. Les auteurs proposent des algorithmes efficaces pour calculer ces relations, basés sur une réduction aux problèmes de calcul de simulations sur des systèmes de transitions étiquetés. En plus ils montrent que les relations ascendantes et descendantes peuvent être combinées pour obtenir des relations compatibles avec l'équivalence de langages d'arbres, qui peut être utilisée par la suite pour une réduction efficace de la taille des automates d'arbres non déterministes.

(Abdulla et *al.*, 2008b) présentent une solution pour le problème de réduction de la taille d'automates d'arbres non déterministes ascendants utilisant des équivalences entre états préservant le langage. Les auteurs introduisent l'équivalence de bi-simulation composée comme une nouvelle relation d'équivalence préservant le langage. Une bi-simulation composée est une relation d'équivalence définie en termes de deux différentes relations, qui sont les équivalences de bi-simulation ascendantes et descendantes. Des algorithmes simples et efficaces sont proposés pour calculer ces relations. La notion de bi-simulation composée est motivée par une tentative d'obtenir une équivalence qui peut procurer de meilleurs réductions par rapport aux approches à base de bi-simulation, mais qui n'est pas significativement plus difficile à calculer (et reste de là en dessous des ressources de calcul requis pour la simplification à base de simulation).

Toujours dans le domaine de simplification d'automates d'arbres ascendants non déterministes (Abdulla et al, 2008c) proposent une structure uniforme qui permet de combiner les relations d'équivalences de simulation et de bi-simulation ascendante et descendante dans le but de réduire la taille d'automates d'arbres non déterministes sans avoir le besoin de les déterminiser. La structure généralise et étend des travaux précédents et procure un large spectre de relations différentes offrant la possibilité d'un bon choix entre le degré de réduction et les ressources de calcul. Les relations combinées sont analysées théoriquement et par une série d'expérimentations.

4   Conclusion

Les arbres sont des objets fondamentaux en informatique. Donald Knuth décrit les arbres comme « les structures non linéaires les plus importantes ayant vu le jour dans les algorithmes informatiques » (Knuth, 1997).

Les automates d'arbres sont des modèles de représentation formels utilisés pour la représentation et la reconnaissance de structures arborescentes, ces méthodes sont une généralisation des automates de mots et conservent les propriétés essentielles de ceux-ci: ils ont donc de bonnes propriétés logiques et ensemblistes et une algorithmique efficace. Ces caractéristiques amènent à de nombreuses applications particulièrement pour le typage et l'analyse de programme. Mais manipuler des arbres et non des mots donne une expressivité supplémentaire: la structure de mot est unidimensionnelle ce qui n'est pas le cas des arbres.

Les automates d'arbres permettent aussi de définir les langages d'arbres réguliers avec une sémantique opérationnelle, forment un cadre général pour les langages de types XML, fournissent un environnement d'exécution pour la validation et servent comme outil de base pour l'analyse statique (preuves, procédures de décision en logique) (Genevès, 2007).

Dans le chapitre suivant, nous montrerons comment les automates d'arbres sont utilisés comme bases formelles pour la génération d'arbres de décision et de graphes d'induction tout en décrivant pas à pas les étapes de transcription dans le formalisme d'automate. Ceci permet d'atteindre trois objectifs :

Le premier objectif consiste à mettre ces méthodes dans un cadre formel de modélisation, ce qui permet d'atteindre le deuxième objectif et qui consiste à simplifier les modèles générés en utilisant les propriétés ou les algorithmes de simplification associés aux automates. Cette simplification (pruning) permet d'économiser en espace de stockage d'autant plus qu'elle est réalisée sur la structure même de l'automate donc on n'a pas besoin de données supplémentaires pour l'élagage.

Le dernier objectif concerne le temps de génération de règles de décision qui, utilisant un procédé de réécriture propre aux automates, devient moins couteux que le temps de génération basé sur un parcours de structures complexes représentées sous forme d'arbres ou de graphes.

CHAPITRE 3

AUTOMATES D'ARBRES POUR LA CLASSIFICATION

1   Introduction du chapitre

Dans ce chapitre, nous détaillons l'utilisation des automates d'arbres pour la génération d'arbres (Taleb et *al.*, 2008a) (Taleb et *al.*, 2008b) ou de graphes (Taleb et *al.*, 2008c). Les étapes de transformation sont illustrées par deux exemples : un extrait de l'application MONITDIAB présentée dans le chapitre 6 et l'exemple Retard (Bramer, 2007).

Le but de cette transformation est d'atteindre trois objectifs principaux : le premier consiste à mettre ces méthodes dans un cadre formel de représentation ;le second permet d'utiliser les propriétés des automates pour la simplification des modèles générés (Taleb et *al.*, 2013) ce qui permet d'éviter le recours à un échantillon supplémentaire pour la simplification qui pose souvent problème à cause de l'indisponibilité des données. Le troisième et dernier objectif consiste à utiliser les règles de réécriture pour la génération des règles de décision dont l'extraction se fait dans les structures d'arbres ou de graphes par un parcours de nœuds de la racine vers les feuilles. Ceci a pour corollaire la réduction du temps de génération de façon considérable (Taleb et *al.*, 2012) comme il sera montré dans le chapitre 6.

Nous introduisons le chapitre par la présentation des étapes de transcription d'un arbre de décision dans le formalisme d'automates d'arbres, suivie d'une description du procédé utilisé pour la génération des règles de décision qui repose sur la technique de réécriture propre aux automates. Les algorithmes de simplification reposant sur les propriétés de nettoyage de déterminisation sont présentés et illustrés par deux exemples.

2   Transcription d'un arbre de décision dans le formalisme d'automates d'arbres

Nous avons proposé et implémenté deux méthodes de transcodage d'arbres de décision dans le formalisme d'automates d'arbres (Taleb et *al.*, 2008a), et nous avons pu démontrer que les deux méthodes sont équivalentes mais l'une d'elles est plus optimale en terme de nombre d'états, et de règles de transition. Dans ce qui suit nous utilisant la méthode de transcodage la plus optimale.

Pour illustrer les étapes de transformation, on considère en premier un extrait de l'application de surveillance de diabétiques MONITDIAB. L'opération de base de construction d'un arbre de décision est l'éclatement, la construction de l'automate se fait de façon descendante (Up-Bottom). Pour illustrer de façon claire et détaillée l'approche adoptée, on divise les éclatements en un premier qui représente l'éclatement du nœud racine et un second qui correspond à l'éclatement d'un nœud intermédiaire.

2.1 Illustration 1, extrait de l'application MONITDIAB

On considère l'extrait de l'application MONIDIAB (Taleb et *al.*, 2013) présentée en détails au niveau du chapitre 6, l'extrait est composé de 20 instances (patients), 13 variables exogènes et 3 valeurs de classes.

2.1.1 Eclatement du nœud racine

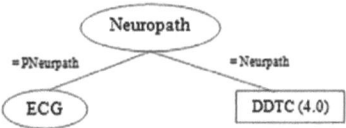

Fig 3.1 Deux premières partitions de l'arbre C4.5

L'automate d'arbre correspondant à l'éclatement du nœud initial noté A = (Q, V, Δ, Q_f) est composé de :

- $Q_f = \{q_0, q_1, q_2\}$; ces états correspondent aux valeurs de la classe q_0 (DDTC), q_1 (DDMC), q_2 (DENC);
- $Q = Q_f \cup \{q_3, q_4, q_5, q_6\}$.
- $V = V \cup \{$Neuropath (), PNeurpath, Neurpath$\}$,
- $\Delta = \{$PNeurpath$\rightarrow q_3$, Neurpath$\rightarrow q_4$, Neuropath$(q_3)\rightarrow q_5$, Neuropath$(q_4) \rightarrow q_6$, $q_6\rightarrow q_0\}$,

L'automate est représenté graphiquement sur la Figure 2 :

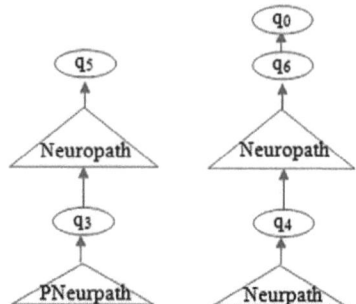

Fig 3.2 Automate d'arbres correspondant à l'arbre de la Figure 1

2.1.2 Eclatement d'un nœud intermédiaire

Fig 3.3 Eclatement d'un nœud intermédiaire arbre C4.5 (Fig 1.6)

Les ensembles Q, V, Δ, Q_f sont enrichis dans cette étape par les éléments suivants :

- $Q=Q \cup \{q_7, q_8, q_9, q_{10}, q_{11}, q_{12}\}$;

- $V=V \cup \{ECG (,), Normal, InsufCor, InsufCar\}$;

- $\Delta = \Delta \cup \{Normal \rightarrow q_7, InsufCor \rightarrow q_8, InsufCar \rightarrow q_9, ECG(q_7,q_5) \rightarrow q_{10}, ECG(q_8,q_5) \rightarrow q_{11}, ECG(q_9,q_5) \rightarrow q_{12}, q_{10} \rightarrow q_2, q_{11} \rightarrow q_1\}$,

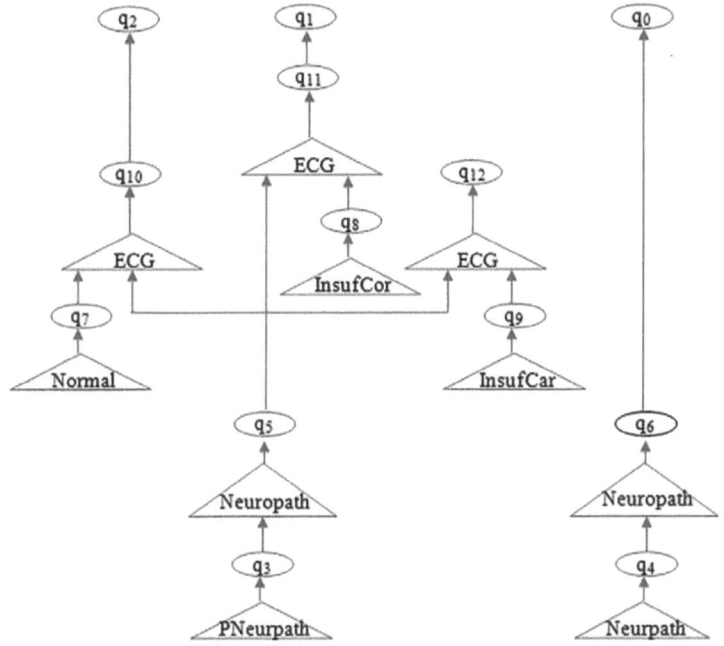

Fig 3.4 Automate d'arbres correspondant à l'arbre C4.5 complet

Pour cet automate brut, les cardinalités des ensembles Q et Δ, $|Q|=14$ et $|\Delta|=14$.

2.2 Illustration 2, exemple Retard (Bramer, 2007)

L'exemple est composé de 20 instances décrites par 4 variables exogènes : Jour, Saison, Vent, et Pluie. Les valeurs de classe sont : à Temps (T), en Retard (R), Très en Retard (TR), ne Vient Pas (VP).

Les variables exogènes prennent les valeurs suivantes :

- Jour : {Jour de Semaine (JS), Samedi (S), Dimanche (D), Vacances (V)} ;
- Saison : {Printemps (P), Hiver (H), Automne (A), Eté (E)} ;
- Vent : {Pas de Vent (PV), Elevé (EL), Normal (N)} ;
- Pluie : {Pas de Pluie (PP), Légère (L), Forte (F)}

L'échantillon est présenté sur le tableau ci-dessous :

Jour	Saison	Vent	Pluie	Classe	Suite des individus de l'échantillon d'apprentissage				
JS	P	PV	PP	T	S	H	N	PP	R
JS	H	PV	L	T	JS	E	EL	PP	T
JS	P	PV	L	T	JS	H	N	F	TR
JS	H	EL	F	R	S	A	EL	L	T
S	E	N	PP	T	JS	H	PV	F	T
JS	A	N	PP	TR	V	P	N	L	T
V	E	EL	L	T	JS	P	N	PP	T
D	E	N	PP	T	JS	P	N	L	T
JS	H	EL	F	TR	S	P	EL	F	VP
JS	E	PV	L	T					
JS	E	EL	L	T					

Tab 3.1 Echantillon d'apprentissage exemple Retard

L'arbre C4.5 (Quinlan, 1993) généré à partir de cet échantillon est schématisé sur la figure ci-dessous :

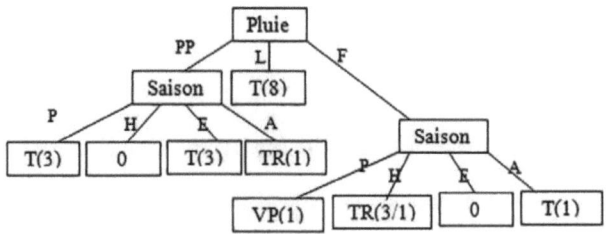

Fig 3.5 Arbre C4.5 de l'exemple Retard

A partir de l'arbre les règles générées sont au nombre de 9, la génération se fait par un parcours de l'arbre de la racine vers les feuilles.

L'automate d'arbres correspondant à l'arbre (figure 3.5) obtenu par application des règles de transcription (Taleb et *al.*, 2008b) est composé des éléments suivants :

- Q_f={q$_0$,q$_1$,q$_2$,q$_3$} ;
- V={Pluie( ),PP,L,F, Saison(,),P,E,A,H} ;

- $Q=\{q_0,...,q_{25}\}$, $\mid Q \mid =26$;

- $\Delta=\{T{\rightarrow}q_0,R{\rightarrow}q_1,TR{\rightarrow}q_2,VP{\rightarrow}q_3,PP{\rightarrow}q_4,L{\rightarrow}q_5,F{\rightarrow}q_6,\text{Pluie}(q_5){\rightarrow}q_8$,$\text{Pluie}(q_4){\rightarrow}q_7,\text{Pluie}(q_6){\rightarrow}q_9,E{\rightarrow}q_{12},E{\rightarrow}q_{20},H{\rightarrow}q_{13},H{\rightarrow}q_{21},P{\rightarrow}q_{10},P$ ${\rightarrow}q_{19},A{\rightarrow}q_{11},A{\rightarrow}q_{18},\text{Saison}(q_7,q_{12}){\rightarrow}q_{16},\text{Saison}(q_7,q_{13}){\rightarrow}q_{17},\text{Saison}($ $q_7,q_{10})$ ${\rightarrow}q_{14}$, $\text{Saison}(q_7,q_{11})$ ${\rightarrow}q_{15}$, $\text{Saison}(q_9,q_{20})$ ${\rightarrow}q_{24}$, $\text{Saison}(q_9,q_{21})$ ${\rightarrow}q_{25}$, $\text{Saison}(q_9,q_{18})$ ${\rightarrow}q_{22}$, $\text{Saison}(q_9,q_{19})$ ${\rightarrow}q_{23},q_8{\rightarrow}q_0$, $q_{16}{\rightarrow}q_0$, $q_{14}{\rightarrow}q_0$, $q_{22}{\rightarrow}q_0$, $q_{15}{\rightarrow}q_2$, $q_{25}{\rightarrow}q_2$, $q_{23}{\rightarrow}q_3\}$, $\mid \Delta \mid= 33$.

Pour les étapes de transformation d'un graphe d'induction dans le formalisme d'un automate d'arbre (Taleb et *al.*, 2008c) (Voir Annexe A).

3   Extraction des règles de décision

L'extraction des règles de décision ne se fait plus par un parcours de l'arbre de décision mais par l'utilisation de règles de réécriture, ce qui constitue un premier apport de cette contribution, illustrons les règles de réécriture détaillée dans (Taleb et *al.*, 2008c) pour la génération des règles de décision de l'arbre C4.5.

A partir de l'arbre C4.5 (Figure 3.6), on peut extraire 4 règles de décision générées en parcourant l'arbre de la racine jusqu'aux feuilles :

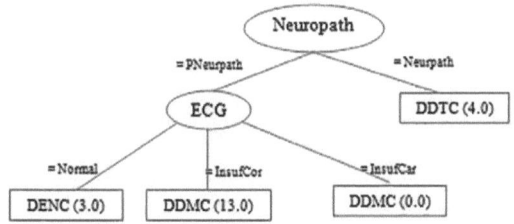

Fig 3.6 Arbre C4.5 de l'extrait de l'application MONITDIAB

- Si Neuropath = 'PNeurpath' Et ECG='Normal' Alors DENC ;

- Si Neuropath = 'PNeurpath' Et ECG='InsufCor' Alors DDMC ;

- Si Neuropath = 'PNeurpath' Et ECG=' InsufCar' Alors Null ;

- Si Neuropath = 'Neurpath' Alors DDTC ;

Les règles sont générées à partir de l'automate en utilisant la réécriture, dans l'ensemble des règles de transition Δ on considère le sous ensembles Δ_ε de règles-ε, $\Delta_\varepsilon = \{q_{10} \rightarrow q_2, q_{11} \rightarrow q_1, q_6 \rightarrow q_0\}$, chacune des règles-$\varepsilon$ permet de générer une règle de décision Si Alors :

- Règle 1 :

$q_{10} \rightarrow q_2 \Leftrightarrow ECG(q_7, q_5)$ $\rightarrow$ $q_2 \Leftrightarrow ECG(Normal, q_5)$ $\rightarrow$ $q_2 \Leftrightarrow ECG(Normal,$ Neuropath(q_3)) $\rightarrow$ $q_2 \Leftrightarrow ECG(Normal,$ Neuropath(PNeurpath)) $\rightarrow q_2 \Leftrightarrow ECG(Normal,$ Neuropath(PNeurpath)) $\rightarrow$ DENC $\Leftrightarrow$ Si ECG ='Normal' ET Neuropath = 'PNeurpath' ALORS DENC.

- Règle 2 :

$q_{11} \rightarrow q_1 \Leftrightarrow ECG(q_8, q_5)$ $\rightarrow$ $q_1 \Leftrightarrow ECG(InsufCor, q_5)$ $\rightarrow$ $q_1 \Leftrightarrow ECG(InsufCor,$ Neuropath(q_3)) $\rightarrow$ $q_1 \Leftrightarrow ECG(InsufCor,$ Neuropath(PNeurpath)) $\rightarrow q_1 \Leftrightarrow ECG(InsufCor,$ Neuropath(PNeurpath)) $\rightarrow$ DDMC$\Leftrightarrow$ Si ECG ='InsufCor' ET Neuropath = 'PNeurpath' ALORS DDMC.

- Règle 3 :

$q_6 \rightarrow q_0 \Leftrightarrow Neuropath(Neurpath)$ $\rightarrow$ DDTC$\Leftrightarrow$ Si Neuropath ='Neurpath' ALORS DDTC.

Algorithmiquement la réécriture peut être effectuée de la façon suivante :

Algorithme Réécriture

Entrée : Un ensemble de règles de transition Δ ;;

---

7. **Pour** i = 1 à | Δ_ε | **Faire**

8. **Sélectionner** $q_i \rightarrow q_j$;

9. **Pour** j = 1 à| $\Delta - \Delta_\varepsilon$ | **Faire**

10. **Si** $q_i \rightarrow q_j$ contient des états **Alors**

11. **Remplacer** q_i par $v()$ ou $v(,)$ **tel que** $v() \rightarrow q_i$ ou $v(,) \rightarrow q_i$;

12. **Fin Pour** ;

Sortie : Un ensemble de règles de décision de la forme : Si « Condition » Alors « Conclusion ».

Algorithme 3.1 Algorithme de réécriture

La réécriture permet de réduire le temps de génération des règles de décision (Taleb et *al.*, 2012) comme se sera démontré expérimentalement au niveau du dernier chapitre.

4 Utilisation des propriétés des automates d'arbres pour la simplification des modèles générés

Nous proposons d'utiliser deux propriétés des automates d'arbres pour la simplification des modèles générés. Un automate émondé ne contient que des états utiles ; qui mènent vers un état final chapitre 2 (§ 3.6) et un automate déterministe ne contient pas parmi ses règles de transition deux règles avec mêmes sources et qui transitent vers des états différents chapitre 2 (§ 3.7).

Nous présentons dans la section suivante deux algorithmes, un pour le nettoyage et l'autre pour la déterminisation de l'automate d'arbres (Taleb et *al.*, 2013). Le premier algorithme permet d'éliminer les états inutiles et par conséquent réduit la taille de l'automate (nombre de règles de transition et d'états) ainsi que la taille de la base de règles. Le deuxième algorithme permet essentiellement de réduire la taille de l'automate.

4.1 Déterminisation de l'automate

Il existe un algorithme permettant de « déterminiser » un automate initialement non déterministe (Comon et *al.*, 2008), l'algorithme conçu initialement pour les automates de séquences est généralisé pour les automates d'arbres. Son principe consiste à utiliser une construction de sous-ensembles d'états, sa complexité augmente en fonction du nombre d'états.

L'algorithme de déterminisation que nous proposons (Taleb et *al.*, 2013) est moins complexe que le précédent en terme de temps d'exécution, il est décrit par l'algorithme suivant :

Algorithme DETERMINISATION

Entrée : Automate A = (Q,V, Δ,Q_f) ;

---

1. **Pour** i = 1 à | Δ | **Faire**
2. **Pour** i = 2 à | Δ | **Faire**
3. **Si** Source (règle$_i$) = Source (règle$_j$) **Alors**

   $Q = Q - \{$Cible (règle$_j$)$\}$;

   Remplacer dans Δ Cible (règle$_j$) par

   Cible (règle$_i$) ;

   $\Delta = \Delta - \{$règle$_j\}$;

4. **Fin Pour** ;
5. **Fin Pour** ;

Sortie : Un automate déterministe A = (Q,V, Δ,Q_f) ;

Algorithme 3.2 Algorithme de déterminisation proposé (Taleb et *al.*, 20.13)

L'algorithme est essentiellement composé de deux boucles principales ; ces dernières permettent parcourir l'ensemble des règles de transition en testant s'il y a des règles qui causent le non déterminisme. Le non déterminisme est essentiellement causé par les symboles d'arité 0 (valeurs des variables exogènes).

4.2 Nettoyage de l'automate

Le nettoyage consiste à éliminer les états inutiles de l'automate ; un état inutile est un état qui n'est pas relié à un état final donc ne participe pas à une décision. Ce nettoyage a pour conséquences la réduction de la taille de l'automate ainsi que la taille de la base de règles avec une amélioration des performances en prédiction. Nous présentons l'algorithme permettant de nettoyer un automate déterministe en entrée :

Algorithme CLEANING ;

Entrée : Automate déterministe A = (Q, V, Δ, Q_f) ;

US = $|Q - Q_f|$;

1. **Pour** i=1 à US **Faire**

2. **Tant que** j ≤ |Δ| **Faire**

3. **Si** $q_i \in$ Source (règle$_j$) **Alors** US←US – q_i ;

4. **Fin Tant que** ;

5. **Fin Pour** ;

6. **Tant que** US ≠ Φ **Faire**

7. **Tant que** j ≤ |Δ| **Faire**

8. **Si** q_i=Cible (règle$_j$) **Alors**

   Supprimer règle$_j$ de Δ ;

   US←US – q_i ;

   Q←Q – q_i ;

9. **Fin tant que** ;

10.**Fin Pour** ;

US = $|Q – Q_f|$;

11.**Aller à1** ;

Sortie : Un automate déterministe émondé A = (Q, V, Δ, Q_f).

Algorithme 3.3 Algorithme de nettoyage proposé (Taleb et *al.*, 2013)

L'algorithme est composé de deux parties essentielles :

- Dans la première partie sont identifiés les états inutiles et les place dans l'ensemble US (Useless States). Un état est inutile s'il n'est source d'aucune règle de transition ;

- Dans la deuxième partie, on parcourt l'ensemble US construit au niveau des deux boucles précédentes ainsi que l'ensemble des règles de transition pour éliminer les états ainsi que les règles qui leur sont reliés ceci permet de réduire considérablement la taille des ensembles Q, V, et Δ.

4.3 Déroulement des algorithmes

4.3.1 Déroulement sur MONITDIAB

Etant donné l'automate correspondant à l'exemple 1 (extrait de la base MONITDIAB), les ensembles Q, V, Δ sont composés de :

- $Q=\{q_0, q_1, q_2, q_3, q_4, q_5, q_6, q_7, q_8, q_9, q_{10}, q_{11}, q_{12}\}$;
- $V=\{$Neuropath (), PNeurpath, Neurpath, ECG (,), Normal, InsufCor, InsufCar$\}$;
- $\Delta=$ {PNeurpath$\rightarrow q_3$, Neurpath$\rightarrow q_4$, Neuropath(q_3)$\rightarrow q_5$, Neuropath(q_4) $\rightarrow q_6$, q_6 $\rightarrow q_0$, Normal$\rightarrow q_7$, InsufCor$\rightarrow q_8$, InsufCar$\rightarrow q_9$, ECG(q_7,q_5) $\rightarrow q_{10}$, ECG(q_8,q_5) $\rightarrow q_{11}$, ECG(q_9,q_5) $\rightarrow q_{12}$, $q_{10}\rightarrow q_2$, $q_{11}\rightarrow q_1$}.

Le déroulement de l'algorithme de nettoyage permet d'obtenir les résultats suivants :

- Initialement US = $\{q_3, q_4, q_5, q_6, q_7, q_8, q_9, q_{10}, q_{11}, q_{12}\}$; $|Q|$ = 13 et $|\Delta|$ = 13

Partie 1 : L'ensemble des états inutiles US = $\{q_{12}\}$;

Partie 2 : q_{12} = Cible (ECG(q_9,q_5) $\rightarrow q_{12}$) ;

$\Delta = \Delta - \{ECG(q_9,q_5) \rightarrow q_{12}\}$;

US = US - $\{q_{12}\}$;

US = $\{q_3, q_4, q_5, q_6, q_7, q_8, q_9, q_{10}, q_{11}\}$;

<u>Partie 1</u> : L'ensemble des états inutiles US = $\{q_9\}$;

<u>Partie 2</u> : q_9 = Cible (InsufCar$\rightarrow q_9$) ;

$\Delta = \Delta - \{InsufCar \rightarrow q_9\}$;

US = US - $\{q_9\}$;

US = $\{q_3, q_4, q_{5,} q_6, q_7, q_8, q_{10}, q_{11}\}$;

<u>Partie 1</u> : L'ensemble des états inutiles US = Φ ;

Après exécution de l'algorithme les cardinalités deviennent $|Q| = 11$ et $|\Delta| = 11$ et après élimination des règles-ε on aura $|\Delta| = 9$.

4.3.2 Déroulement sur l'exemple Retard

Etant donné l'automate correspondant à l'exemple 2 (exemple Retard), les ensembles Q, V, Δ sont composés de :

- $Q = \{q_0,\ldots,q_{25}\}$;
- $V = \{Pluie( ),PP,L,F,Saison(,),P,E,A,H\}$;
- $\Delta = \{T \rightarrow q_0, R \rightarrow q_1, TR \rightarrow q_2, VP \rightarrow q_3, PP \rightarrow q_4, L \rightarrow q_5, F \rightarrow q_6, Pluie(q_5) \rightarrow q_8 ,Pluie(q_4) \rightarrow q_7, Pluie(q_6) \rightarrow q_9, E \rightarrow q_{12}, E \rightarrow q_{20}, H \rightarrow q_{13}, H \rightarrow q_{21}, P \rightarrow q_{10}, P \rightarrow q_{19}, A \rightarrow q_{11}, A \rightarrow q_{18}, Saison(q_7,q_{12}) \rightarrow q_{16}, Saison(q_7,q_{13}) \rightarrow q_{17}, Saison(q_7,q_{10}) \rightarrow q_{14}, Saison(q_7,q_{11}) \rightarrow q_{15}, Saison(q_9,q_{20}) \rightarrow q_{24}, Saison(q_9,q_{21}) \rightarrow q_{25}, Saison(q_9,q_{18}) \rightarrow q_{22}, Saison(q_9,q_{19}) \rightarrow q_{23}, q_8 \rightarrow q_0, q_{16} \rightarrow q_0, q_{14} \rightarrow q_0, q_{22} \rightarrow q_0, q_{15} \rightarrow q_2, q_{25} \rightarrow q_2, q_{23} \rightarrow q_3\}$.

Le déroulement de l'algorithme de nettoyage permet d'obtenir les résultats suivants :

- Initialement US = $\{q_4,\ldots,q_{25}\}$; $|Q| = 26$ et $|\Delta| = 33$

<u>Partie 1</u> : L'ensemble des états inutiles US = $\{q_{17},q_{24}\}$;

<u>Partie 2</u> : q_{17} = Cible (Saison$(q_7,q_{13}) \rightarrow q_{17}$) ;

q_{24} = Cible (Saison(q_9,q_{20}) →q_{24}) ;

$\Delta = \Delta$ − {Saison(q_7,q_{13}) →q_{17}, Saison(q_9,q_{20}) →q_{24}} ;

US = US − {q_{17},q_{24}};

US = {$q_4,\ldots,q_{25}$}-{q_{17},q_{24}};

Partie 1 : L'ensemble des états inutiles US = {q_{13},q_{20}} ;

Partie 2 : q_{13} = Cible (H→q_{13}) ;

q_{20} = Cible (E→q_{20}) ;

$\Delta = \Delta$ − {H→q_{13},E→q_{20}} ;

US = US − {q_{13},q_{20}};

US = {$q_4,\ldots,q_{25}$}-{q_{17},q_{24}, q_{13},q_{20}};

Partie 1 : L'ensemble des états inutiles US = Φ ;

Après exécution de l'algorithme les cardinalités deviennent $|Q|$ = 24 et $|\Delta|$ = 29. Et après élimination des règles-ε les ensembles Q et Δ sont encore plus réduits et deviennent de cardinalités respectives 17 et 22. Avec l'application de l'algorithme de déterminisation, les tailles des ensembles Q et Δ sont respectivement 15 et 20.

5 Conclusion

Dans ce chapitre, nous avons décrit une approche d'utilisation des automates d'arbres pour la génération et la simplification d'arbres de décision (Taleb et al., 2013). Nous avons présenté trois algorithmes : le premier algorithme décrit le processus de réécriture pour la génération de règles de décision ; le second a pour objet la déterminisation d'un automate ; enfin le troisième algorithme est dédié au nettoyage. Les deux derniers algorithmes permettent de réduire le nombre d'états et de règles de transition de l'automate et parfois même la taille de la base de règles de décision.

Nous avons montré comment l'utilisation des automates d'arbres pour la génération de modèles de classification à base d'arbres de décision permet de simplifier les modèles sans avoir recours à un échantillon pour l'élagage comme c'est le cas des méthodes usuelles d'élagage d'arbres ; l'échantillon d'élagage n'est généralement pas disponible. De plus, l'utilisation du procédé de réécriture pour la génération des règles de décision à partir de l'automate favorise la réduction du temps de génération qui s'opérait sur des structures complexes d'arbres ou de graphes avec un parcourt racine-feuille.

Les apports de cette approche sont concrétisés au travers des études expérimentales sur l'application MONITDIAB et des benchmarks de l'UCI Repository (Asuncion et *al.*, 2007) présentées dans le chapitre 6.

CHAPITRE 4

METHODES D'ENSEMBLES ET SIMPLIFICATION D'ENSEMBLES

1 Introduction

L'objectif d'une méthode d'induction d'arbres de décision est de construire un arbre simple avec de bonnes performances (le taux d'erreur de classification est minimal) pour des individus dans un échantillon d'apprentissage. Mais, un modèle très précis sur l'échantillon d'apprentissage n'est pas nécessairement généralisable à des objets inconnus surtout si l'échantillon d'apprentissage présente des données bruitées.

La précision d'un modèle peut être, en effet, influencée par deux sources d'erreurs exprimées sous forme de biais et de variance. (Geurts, 2002) montre dans son étude que la méthode à base d'arbres de décision souffre d'une variance importante qui pénalise sa précision. Il montre aussi que le choix des tests aux nœuds internes d'un arbre de décision peut fortement dépendre d'un échantillon à l'autre ; ce qui contribue également à la variance des modèles construits selon cette méthode où les auteurs parlent d'instabilité de classifieurs.

Le rôle des critères d'arrêt définis lors de la construction des arbres de décision ou de techniques de simplification (élagage) à posteriori est de trouver un bon compromis entre la complexité du modèle et sa fiabilité sur un échantillon indépendant appelé échantillon de test. Cependant, les critères d'arrêt ne permettent de réduire que la variance (erreur sur un échantillon de test).

Différentes techniques de réduction de variance de classifieurs instables ont été proposées dans la littérature, notamment les méthodes d'ensembles (Dietterich, 2000). Dans le cadre de ce livre, nous considérons plus particulièrement les méthodes d'ensembles d'arbres de décision. Le principe de ces méthodes est d'améliorer un algorithme d'apprentissage existant en combinant les prédictions de plusieurs modèles construits à l'aide de celui-ci à partir d'un échantillon d'apprentissage. La prédiction globale est réalisée en agrégeant les prédictions des différents modèles par une procédure de vote (cas de classification) ou de moyenne (cas de régression).

En générant beaucoup de prédicteurs, l'espace de solutions est largement exploré et l'agrégation permet de récupérer un prédicteur qui rend compte de toute cette exploration. Le succès de ces méthodes réside dans le fait que d'une part chaque prédicteur individuel doit être relativement bon (possède de bonnes performances en généralisation) et que les prédicteurs individuels doivent être différents les uns des autres (divers ou ne commettant pas les mêmes erreurs) d'autre part.

Les méthodes d'ensembles d'arbres de décision (la règle de base utilisée dans ce type de méthodes étant un algorithme d'induction d'arbre) décrites dans la littérature diffèrent dans leurs façons d'adapter l'algorithme d'induction d'arbre de base et/ou d'agréger les résultats. A partir d'un échantillon d'apprentissage donné, un algorithme déterministe d'induction d'arbres produira le même modèle. De manière à produire différents modèles et à simuler la variabilité des données réelles, les méthodes d'ensembles perturbent d'une certaine façon l'algorithme de base soit en modifiant les données soit en introduisant une composante aléatoire dans l'algorithme.

La section 2 fournit un état de l'art détaillé sur les méthodes d'ensembles. Une définition de la notion d'agrégation de modèles et la description des différentes techniques de diversification utilisées sont données dans la section 3. La section 4 présente les méthodes de simplification d'ensembles avec les catégories de simplification qui peuvent être basées sur des regroupements, ordonnancement ou optimisation. En conclusion de ce chapitre, nous mettons en relief l'apport de ces méthodes dans le domaine de sélection d'ensembles d'arbres de décision qui sera détaillée dans le chapitre suivant.

2   Les méthodes d'ensembles

Plusieurs méthodes d'ensemble d'arbres de décision ont vu le jour, elles ont été appliquées avec succès à diverses applications, les premiers travaux abordant des problèmes liés à la synthèse des résultats d'arbres multiples (Shlien, 1990) (Shlien, 1992) démontre qu'une grande amélioration de la précision peut être obtenue en utilisant le même échantillon d'apprentissage pour générer une combinaison d'arbres de décision binaires (générées par des critères de sélection de variables différents) et les combinant en utilisant le modèle de Dempster et Shafer (Buchanan, 1984) (Bogler, 1987), Shlien (1992) applique son approche dans le domaine de reconnaissance de caractères.

(Kwok et al., 1990) proposent la génération d'arbres multiples en changeant les paramètres d'apprentissage, la génération de comités d'arbres de décision par une sélection stochastique d'attributs a été proposée dans (Dietterich et al., 1995) (Ali, 1996) (Zheng et al., 1998).

Tin Kam Ho propose dans (Ho, 1994) (Ho, 1995) (Ho, 1998)de créer un ensemble d'apprentissage composé d'un ensemble d'arbres de décision « decision forest » construits de façon systématique en sélectionnant pseudo aléatoirement des composants du vecteur des variables, de cette façon les arbres sont construits dans des sous espaces choisit aléatoirement.

Le tirage aléatoire de variables pour découper un nœud avait aussi été utilisé par (Amit et al., 1997) dans des problèmes de reconnaissance d'image pour les random feature selection ou random trees. Pour leur problème, les auteurs introduisent une perturbation non pas au niveau de l'échantillon d'apprentissage, mais directement dans le choix des partitions internes, en instaurant à chaque nœud une présélection aléatoire préalable au choix de la partition optimale.

Freund et Schapire (Freund et al., 1995) introduisent un nouvel algorithme de boosting appelé « Adaboost » qui, théoriquement, est capable de réduire significativement l'erreur d'un algorithme engendrée par un classifieur qui possède une performance pas significative par rapport à un classifieur construit de façon aléatoire, ils introduisent aussi la notion de « pseudo-perte » qui force un algorithme d'apprentissage à se concentrer sur les étiquettes les plus difficiles à discriminer.

En 1996, (Breiman, 1996) propose le bagging appelé aussi le bootstrap (Efron et *al.*, 1993) **Agg**regat**ing** ; c'est une méthode pour laquelle des sous ensembles de l'échantillon d'apprentissage sont sélectionnés de façon indépendante et aléatoire, avec remplacement, selon une distribution de probabilité uniforme. Le Bagging est une méthode pour la génération de versions multiples d'un prédicteur pour ensuite les combiner et obtenir un prédicteur agrégé, il permet un gain de précision dans le cas où le classifieur de base est instable. Théoriquement et expérimentalement, le bagging permet de mener une bonne mais une instable procédure vers une étape significative (optimalité). Par contre, il réduit la performance des procédures stables de façon non significative. Le bagging est une technique relativement aisée pour améliorer une méthode existante mais ce qu'on perd en utilisant les arbres comme classifieurs de base est une structure simple et interprétable alors qu'on obtient un gain de précision.

Dans (Freund et *al.*, 1996) des expérimentations sont menées pour évaluer la qualité d'apprentissage avec Adaboost avec et sans la « pseudo-perte »sur des problèmes d'apprentissage réels. Les auteurs ont réalisé deux types d'expérimentations, la première consiste à comparer le boosting et le bagging en utilisant un ensemble de benchmarks, la deuxième consiste à étudier en détails les performances du boosting en utilisant le classifieur plus proche voisin. Les mêmes auteurs font une analyse théorique du boosting et sa capacité à éviter le problème du sur apprentissage.

(Quinlan, 1996) propose de comparer bagging et boosting en utilisant comme règle de base la méthode C4.5 (Quinlan, 1993), il remarque que pour le boosting il y a une grande dégradation de performance pour quelques ensemble de données alors il propose une heuristique au niveau de la manière de combinaison des votes des classifieurs qui permet d'augmenter les performances sur toutes les données utilisées.

Breiman introduit les algorithmes arcing (adaptively resample and combine) dans (Breiman, 1998) pour désigner les algorithmes adaptatifs proposés par Freund et Schapire (Freund et al., 1995) (Freund et al., 1996), l'objet de l'article est de faire une étude comparative entre deux algorithmes arcing et le bagging, il en résulte que les algorithmes arcing réussissent à réduire l'erreur de test mieux que le bagging et l'utilisation du bagging ou du arcing pour les classifieurs instables réduit de façon significative l'erreur due à la variance.

(Breiman, 2000) prouve sur les plans théoriques et empiriques que la perturbation aléatoire des étiquettes de classes de l'échantillon d'apprentissage –l'ajout de bruit – conduit à l'obtention d'un ensemble d'estimateurs dont la synthèse présente également une erreur en généralisation considérablement réduite.

Les recherches présentées dans (Breiman, 1999) (Breiman, 2001a) explorent les possibilités de réduire et le biais et la variance en utilisant du bagging adaptatif ou du bagging itératif. La procédure du bagging itératif fonctionne en étapes ; la première étape est le bagging et en se basant sur les résultats de la première étape les valeurs de sortie sont modifiées et une deuxième étape du bagging est réalisée avec des valeurs de sortie altérées. Le processus est itéré jusqu'à ce qu'une règle simple l'arrête. La méthode est testée en utilisant les méthodes de régression d'arbres ou des plus proches voisins. La précision sur des benchmarks est comparable aux meilleurs résultats obtenus avec les supports vector machine (SVM) en régression.

L'idée de la construction de classifieurs multiples à base de bagging et de boosting est originaire de la méthode cross validation, telle que des sous ensembles aléatoires sont sélectionnées à partir de l'ensemble d'apprentissage, et un classifieur est appris en utilisant chaque sous ensemble. Ces méthodes permettent d'éviter le sur apprentissage.

(Bauer et *al.*, 1999) (Dietterich, 2000) confirment dans leurs études respectives les gains de performances liés à l'utilisation des techniques d'agréation d'arbres.

Les méthodes de bagging permettent essentiellement une réduction de la variance des estimateurs, tandis que l'amélioration apportée par les algorithmes de boosting s'étend également à une diminution du biais, ce qui leur confère des performances supérieures si on se limite toutefois aux données peu bruitées. Dans le cas contraire, les techniques de bagging se montrent les plus robustes et les plus performantes.

(Zheng, 1998) propose un nouvel algorithme d'ensemble d'apprentissage, appelé SascBag, qui combine Sasc et bagging. Sasc est le type de méthodes d'ensembles qui permet de réduire de façon significative le taux d'erreur des arbres de décision, elle permet de générer un comité de classifieurs en modifiant de façon aléatoire l'ensemble des variables mais en gardant l'ensemble d'apprentissage inchangé. SacsBag permet de créer des classifieurs différents en variant de façon stochastique, l'ensemble des variables et la distribution de l'échantillon d'apprentissage. Des résultats expérimentaux sur une collection de domaines naturels montrent, qu'en utilisant comme règle de base les arbres de décision, le nouvel algorithme est en moyenne plus précis que le Boosting, Bagging et Sasc.

Le travail présenté dans (Ghattas, 1999) permet de générer un ensemble de classifieurs utilisant la méthode instable CART comme règle de base, l'ensemble des arbres est construit par rééchantillonnage de type bootstrap dans le domaine de prévisions quotidiennes de pic de pollution en ozone sur l'aire métropolitaine Marseillaise.

(Skurichina et *al.*, 2001) étudient les performances du bagging et randomsubspace (Ho, 1998) en présence de variables redondantes.

(Dieterich, 1999) réalise une étude comparative de l'efficacité du Boosting, Bagging et randomisation (Breiman, 2000) pour améliorer les performances de l'algorithme C4.5 (Quinlan, 1993), l'expérimentation montre qu'en absence de bruit, la randomisation est compétitive avec (ou parfois légèrement supérieure) au Bagging mais pas aussi précise que le Boosting. Mais dans des situations où le bruit est important, le Bagging est mieux que le Boosting et parfois mieux que la randomisation.

Les méthodes d'ensembles présentent l'inconvénient de la perte d'interprétabilité. Dans sa thèse (Ruey, 2001) traite le problème de l'instabilité des règles et précise que les méthodes d'ensemble ou d'agrégation comme le bagging ou le boosting améliorent la précision mais présentent l'inconvénient de la perte d'interprêtabilité, ce qui rend difficile de tracer comment une décision est prise et souligne le fait que ces méthodes traitent le problème de l'instabilité de prédiction des classes mais pas de l'instabilité des règles et traiter le problème de l'instabilité des règles permet d'avoir des règles consistantes, stables et précises dans le but d'améliorer le processus de prise de décision.

(Breiman, 2001b) présente Random Forest (RF) étant très influencé par (Amit et *al.*, 1997). Depuis qu'elles ont été introduites en 2001, les RF ont beaucoup été étudiées, d'un point de vue théorique comme d'un point de vue expérimental (Bernard et *al.*, 2007) (Boinee et *al.*, 2005) (Breiman, 2004) (Cutler et *al.*, 2001) (Geurts et *al.*, 2006) (Latinne et *al.*, 2001) (Rodriguez et *al.*, 2006) (Robnik-sikonja, 2004). Dans la plupart de ces travaux, il a été montré que ces méthodes étaient particulièrement compétitives avec l'un des principes d'apprentissage les plus efficaces, *i.e.* le boosting (Breiman, 2001a) (Cutler et *al.*, 2001) (Rodriguez et *al.*, 2006).

3 Agrégation de modèles

Contrairement à la sélection, l'agrégation permet de combiner plusieurs modèles pour créer un modèle agrégé ('ensemble' ou 'comité' de modèles).L'efficacité d'un classifieur « instable » repose sur la combinaison de classifieurs Complémentaires/Diverses, la diversité qualifie pour un ensemble de classifieurs leur capacité à s'accorder en plus grand nombre sur les bonnes prédictions de classes, et à être en désaccord sur les erreurs en classification.

Le problème d'instabilité de modèles de classification, par exemple ceux à base d'arbres de décision (Breiman, 1996), se traduit par le fait que des changements non significatifs au niveau de l'échantillon d'apprentissage, peuvent causer de grands changements dans les règles de classification générées.

Nous présentons dans cette section, un exemple présenté dans (Ruey, 2001) afin d'illustrer de façon claire et simple cette instabilité. La Figure 4.1 (a) présente un exemple dans lequel les clients d'une compagnie d'assurance, sont décrits par le nombre d'années (expérience) de conduite, et le type du véhicule assuré qui peut être soit une voiture de sport ou pas afin de déterminer le risque de commettre un accident.

Nombre d'années (NA)	Voiture de sport (VS)	Risque
1	Oui	Elevé
2	Non	Elevé
2	Oui	Elevé
4	Non	Faible
8	Non	faible

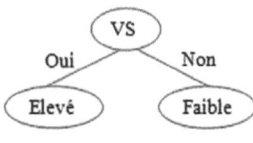

(a) L'échantillon original avec l'arbre correspondant

Nombre d'années (NA)	Voiture de sport (VS)	Risque
1	Oui	Elevé
2	Non	Elevé
2	Oui	Elevé
4	Non	Faible
8	Non	faible

(b) L'échantillon perturbé avec l'arbre correspondant

Fig 4.1 Modèles différents à partir d'un échantillon perturbé

Différents modèles ou hypothèses (H) sont construits à partir d'échantillons 'presque' similaires ceci engendre une complication du processus de prise de décision. La qualité théorique d'une hypothèse H peut être calculée en mesurant l'écart, pour chaque exemple ω de Ω_a, entre le résultat de H(ω) noté ŷ et la classe réelle de ω notée y.

Un ensemble agrégé contient différents modèles obtenus par des perturbations de l'échantillon initial. L'erreur d'un ensemble agrégé est inférieure à l'erreur de chaque modèle individuel s'il respecte les deux conditions suivantes :

- Les différents modèles ont des erreurs non corrélées, la corrélation d'erreur entre deux modèles h_1 et h_2 est la probabilité qu'ils fassent la même erreur, sachant que l'un d'eux fait une erreur.

$$C_{err}(h_1, h_2) = P(h_1(x_i) = h_2(x_i) | h_1(x_i) \neq y_i \lor h_2(x_i) \neq y_i)$$

$$= \sum_{i=1}^{n} \frac{I(h_1(x_i) = h_2(x_i))}{I(h_1(x_i) \neq y_i \lor h_2(x_i) \neq y_i)}$$

- Les modèles sont suffisamment bons, des modèles pour lesquels l'erreur de prédiction est inférieure à 0.5.

Les prédicteurs individuels doivent être différents les uns des autres : la majorité ne doit pas se tromper pour un même ω en plus il faut que les prédicteurs individuels soient relativement bons (là où un prédicteur se trompe, les autres ne doivent pas se tromper).

L'agrégation de modèles passe par deux étapes, une étape de diversification, qui permet de choisir des modèles diverses pour minimiser la corrélation d'erreur. La diversification a pour conséquence de couvrir des régions différentes dans l'espace d'instances. Une étape d'intégration permet de combiner les différents modèles pour avoir un maximum de cas couverts, cette intégration peut être statique (vote ou moyenne des prédictions de base) ou dynamique (utiliser un processus adaptatif pour intégrer les prédictions de base (méta-apprentissage)).

3.1 Techniques de diversification

3.1.1 Diversification par rééchantillonnage

Il s'agit de varier les échantillons utilisés pour entraîner un algorithme, parmi les techniques :

3.1.1.1 Bagging

Bagging **B**ootstrap **Agg**regat**ing**, une méthode de rééchantillonnage introduite par Breiman en 1996 (Breiman, 1996).

Etant donné un échantillon d'apprentissage Ω_a et une méthode de prédiction appelée règle de base, qui construit sur Ω_a un prédicteur $\hat{h}(.,\Omega_a)$.Le principe du bagging consiste à tirer avec remise plusieurs échantillons bootstrap $(\Omega_a^{\theta 1}, ..., \Omega_a^{\theta q})$, sur chacun d'eux appliquer la règle de base (arbre de décision) pour générer une collection de prédicteurs $(\hat{h}(.,\Omega_a^{e1}),...,\hat{h}(.,\Omega_a^{e1}))$, et enfin combiner (agréger) ces prédicteurs de base. Un échantillon bootstrap Ω_a^l est obtenu en tirant aléatoirement n observations avec remise dans l'échantillon Ω_a, chaque observation possède une probabilité de $\frac{1}{n}$ d'être tirée. La variable aléatoire Θ_l représente ce tirage aléatoire. Initialement, le Bagging a été introduit avec comme règle de base, un arbre de décision. Mais le schéma est général et peut s'appliquer à d'autres règles de base. Le Bagging transforme un algorithme instable en une règle aux très bonnes propriétés (consistance et vitesse optimale de convergence) (Biau, 2010a) (Biau, 2010b).

Diversification : Créer des réplicats bootstrap de D

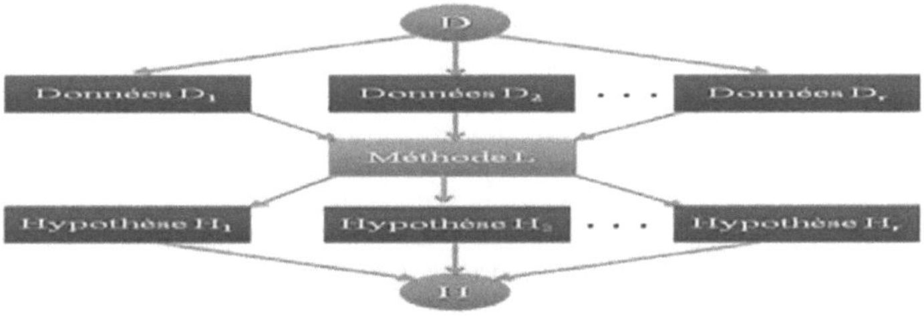

Intégration: Hypothèse finale $H = f(h_1, h_2, ..., h_r)$

Fig 4.2 Schéma représentatif du Bagging

3.1.1.2 Boosting

Freund et Schapire (Freund et *al.*, 1995) introduisent le boosting qui, théoriquement, est capable de réduire significativement l'erreur d'un algorithme qui génère un classifieur qui possède une performance pas significative par rapport à un classifieur construit de façon aléatoire, ils introduisent aussi la notion de « pseudo-perte » qui force un algorithme d'apprentissage à se concentrer sur les étiquettes les plus difficiles à discriminer.

Étant donné un échantillon d'apprentissage Ω_a et une méthode de prédiction (règle de base), qui construit sur Ω_a un prédicteur $\hat{h}(.,\Omega_a)$. Le principe du Boosting est de tirer un premier échantillon boostrap $\Omega_a^{\ominus 1}$, où chaque observation a une probabilité $\frac{1}{n}$ d'être tirée, puis d'appliquer la règle de base pour obtenir un premier prédicteur $\hat{h}(.,\Omega_a^{\ominus 1})$. Ensuite, l'erreur de $\hat{h}(.,\Omega_a^{\ominus 1})$ sur l'échantillon d'apprentissage Ω_a est calculée. Un deuxième échantillon boostrap $\Omega_a^{\ominus 2}$est alors tiré mais la loi du tirage des observations n'est maintenant plus uniforme. La probabilité pour une observation d'être tirée dépend de la prédiction de $\hat{h}(.,\Omega_a^{\ominus 1})$ sur cette observation. Le principe est d'augmenter la probabilité de tirer une observation mal prédite, et de diminuer celle de tirer une observation bien prédite. Une fois le nouvel échantillon $\Omega_a^{\ominus 2}$ obtenu, on applique à nouveau la règle de base $\hat{h}(.,\Omega_a^{\ominus 2})$. On tire alors un troisième échantillon $\Omega_a^{\ominus 3}$, qui dépend des prédictions de $\hat{h}(.,\Omega_a^{\ominus 2})$ sur Ω_a et ainsi de suite. La collection de prédicteurs obtenus est alors agrégée en faisant une moyenne pondérée.

Le Boosting est donc une méthode séquentielle, chaque échantillon étant tiré en fonction des performances de la règle de base sur l'échantillon précédent. En cela, le Boosting diffère de façon importante du Bagging, où les échantillons sont tirés indépendamment les uns des autres, et peuvent être obtenus en parallèle.

Diversification par pondération $\rightarrow x_i \in$ TRN ~ distribution D_t

Intégration: Hypothèse finale $H = f(h_1, h_2, \dots, h_r)$

Fig4.3 Schéma représentatif du Bosting

Le boosting permet de réduire la variance tout comme le bagging et il réduit le biais en se concentrant sur les cas difficiles, mais il est sensible au bruit car les apprenants de base classent mal les exemples bruités pour lesquels les poids augmentent à chaque itération ce qui cause le risque de sur ajustement aux exemples bruités.

3.1.1.3   Randomizing outputs

(Breiman, 2000) introduit la méthode Randomizing Outputs, qui est une méthode d'ensemble de nature différente. Le principe est, ici, de construire des échantillons indépendants dans lesquels on modifie les sorties de l'échantillon d'apprentissage. Les modifications que subissent les sorties sont obtenues en rajoutant une variable de bruit à chaque Y_i de Ω_a. On obtient alors une collection d'échantillons " à sorties randomisées ", puis on applique une règle de base sur chacun et on agrège enfin l'ensemble des prédicteurs obtenus.

3.1.1.4   Random subspace

(Ho, 1998) introduit un autre type de méthode d'ensemble. Il n'est ici plus question de perturber l'échantillon, mais plutôt de jouer sur l'ensemble des variables considérées. Le principe de la méthode Random Subspace est de tirer aléatoirement un sous-ensemble de variables et d'appliquer une règle de base sur Ω_a qui ne prend en compte que les variables sélectionnées. On génère alors une collection de prédicteurs chacun construit en utilisant des variables différentes, puis on agrège ces prédicteurs. Les sous-ensembles de variables sont tirés indépendamment pour chaque prédicteur. L'idée de cette méthode est de construire plusieurs prédicteurs chacun étant bon dans un sous-espace de X particulier, pour ensuite en déduire un prédicteur sur l'espace d'entrée tout entier.

Pour les quatre méthodes présentées, il s'agit de partir d'une règle de prédiction de base, puis de la perturber pour construire des prédicteurs différents, enfin on agrège l'ensemble des prédicteurs obtenus. Les perturbations peuvent porter sur l'échantillon (rééchantillonnage, sorties randomisées) ou le sous espace d'entrée dans lequel on construit le prédicteur. Les différentes perturbations sont générées indépendamment les unes des autres, ou non. Des résultats expérimentaux ont montré que le prédicteur agrégé final fait mieux (en termes d'erreur de généralisation) que la règle de base.

3.1.2 Diversification par Hybridation

Pour cette technique de diversification, il s'agit de varier les algorithmes d'apprentissage :

3.1.2.1 Stacking "stacked generalization" (Wolpert, 1992) ou généralisation par empilement

Elle s'effectue en deux niveaux, dans le premier niveau (niveau 0) une diversification par variation des méthodes d'apprentissage, le deuxième niveau (niveau 1) est une phase d'intégration par méta-apprentissage, une application (Wang et *al.*, 2006).

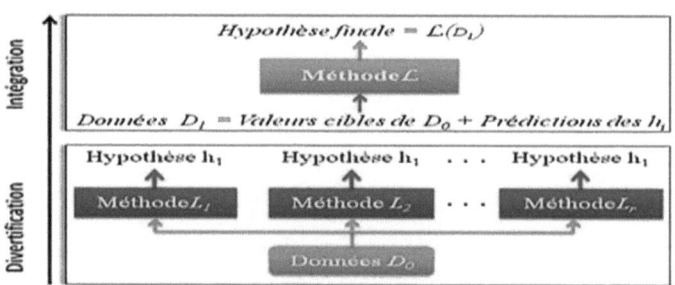

Fig 4.4 Schéma représentatif du stacking

3.1.2.2   Méthodes multi-stratégies

• Diversification :

  - Entraîner *M* algorithmes d'apprentissage sur un data set de base et mesurer leurs performances sur un ensemble de test.

  - Sélectionner *J* modèles ayant une corrélation d'erreur minimum

• Intégration :

  - Statique (prédictions continues : calcul de la moyenne, médiane, combinaison linéaire, etc.) ou (prédictions discrètes : votes uniformes ou continus).

  - Dynamique : par méta apprentissage.

4   Pruning d'ensembles

4.1   Pourquoi le pruning d'ensemble ?

Avec l'augmentation du nombre de classifieurs inclus dans l'ensemble, il y a accroissement linéaire du temps d'apprentissage, des ressources de stockage et du temps de prédiction (Margineantu et *al.*, 1997). Un grand nombre crée une diversité au niveau des prédictions mais il existe un nombre au-delà duquel la précision de prédiction reste inchangée ou peut même décroître.

Combien choisir d'arbres dans un ensemble ? Dans les expérimentations menées dans (Breiman, 1996), 50 échantillons bootstrap sont utilisés pour la classification et 25 pour la régression. Le nombre de modèles peut être augmenté sans risque de sur apprentissage (Breiman, 2001a). Les modèles sont ajoutés de façon arbitraire à l'ensemble sans aucune garantie qu'ils vont bien coopérer, on se pose alors la question est-ce qu'on peut avoir une amélioration des performances en éliminant certains modèles ?

La simplification d'ensemble de classifieurs, appelée ensemble pruning ou ensemble selection, permet de réduire la taille d'un ensemble avant d'entamer la phase d'intégration. La simplification de méthodes d'ensembles est importante pour deux raisons principales : *efficacité* et *performance en prédiction*. Moins l'ensemble est constitué de modèles plus on réduit le temps d'exécution et l'espace mémoire occupé. Les modèles avec des performances réduites affectent négativement les performances de l'ensemble en plus les modèles similaires réduisent la diversité de l'ensemble, éliminer des modèles avec des performances réduites tout en maintenant une grande diversité au sein des modèles restants permet d'avoir de bonnes performances en prédiction (Partalas et *al.*, 2010).

4.2 Méthodes de pruning d'ensembles

Il existe plusieurs méthodes d'élagage d'un ensemble de classifieurs, leurs rôles est de réduire l'espace de stockage et accélérer le processus de classification en essayant de maintenir ou, si possible, améliorer le niveau de précision de l'ensemble de départ. La plupart des méthodes d'élagage remplacent l'ensemble d'origine par un sous ensemble représentatif de prédicteurs.

(Tsoumakas et *al.*, 2009) proposent une taxonomie des méthodes d'élagage d'ensemble de classifieurs dans laquelle il présente les catégories principales de méthodes, selon les auteurs de l'article, les méthodes de pruning d'ensemble peuvent être regroupées en 3 catégories de base :

- *Ranking Based Methods* : L'ordre dans lequel les classifieurs sont agrégés dans les méthodes d'ensemble peut être un outil important pour l'identification de sous ensembles de classifieurs, qui combinés, donnent de meilleurs résultats que l'ensemble tout entier. Les ranking based methods sont des méthodes pour lesquelles la conception est simple.

Dans une première étape, elles ordonnent les modèles de l'ensemble en se basant sur une fonction d'évaluation et sélectionne les modèles dans cet ordre fixe. Les méthodes de cette catégorie diffèrent par la mesure d'évaluation utilisée pour ordonner les modèles

La deuxième étape consiste à choisir le nombre final de modèles sur la base du classement de la première étape. Une approche consiste à utiliser une quantité spécifiée par l'utilisateur ou un pourcentage de modèles, si le but du pruning est d'améliorer l'efficacité alors cette approche peut être utilisée dans le but d'obtenir une quantité désirée de modèles qui est limitée par des contraintes d'espace de stockage et de temps d'exécution dans l'environnement de l'application. Une seconde approche consiste à choisir de façon dynamique en se basant sur la mesure d'évaluation ou la performance de prédiction des ensembles de différentes tailles.

- *Clustering Based Methods* : Appelées méthodes à base de regroupements, ces méthodes comprennent deux étapes. Dans une première étape, elles emploient un algorithme de regroupement dans l'objectif de découvrir des groupes de modèles qui font des prédictions similaires. Dans une seconde étape, tout cluster est simplifié séparément dans le but d'augmenter la diversité de l'ensemble. Le premier objectif de ces méthodes est de chercher des algorithmes de regroupements qui sont basés sur la notion de distance, l'objectif est de choisir une mesure de distance adéquate.

- *Optimization Based Methods* : Pour ces méthodes la simplification d'ensemble est transformée en un problème d'optimisation. Son principe consiste à trouver un sous ensemble de l'ensemble original qui optimise une mesure indicative de sa performance en généralisation (précision sur un ensemble de validation). Une recherche exhaustive de l'espace des sous ensemble est non faisable pour un ensemble de taille modérée. La simplification est présentée selon trois approches d'optimisation : Les algorithmes génétiques utilisation de Gasen-b par (Zhou et al, 2003), la programmation semi définie (Zhang et *al.*, 2006), hill climbing (Partalas et *al.*, 2012).

4.2.1 Pruning d'ensemble, état de l'art

Giacento et Roli (Giacento et *al.*, 2001) proposent de sélectionner à partir d'un grand nombre de classifieurs un sous ensemble optimal de classifieurs diverses et précis de différents types (réseaux de neurones ou des classifieurs statistiques), ils construisent des sous ensembles de classifieurs similaires (pour lesquelles les mêmes erreurs sont commises) ensuite ils choisissent les plus précis parmi tous les sous ensembles.

(Fan et *al.*, 2002) élaguent un ensemble de classifieurs en utilisant la sélection Forward des modèles de classification, comme dans (Margineantu et *al.*, 1997). Comme heuristique, ils utilisent le bénéfice obtenu en évaluant la combinaison des classifieurs sélectionnés avec la méthode de vote. Leurs résultats montrent que la simplification augmente la performance en prédiction et accélère le temps d'exécution d'un ensemble d'arbres C4.5 (Quinlan, 1993).

Des méthodes de sélection à partir d'ensemble basées sur une recherche gourmande de l'espace de tous les sous ensembles possibles d'un ensemble de classifieurs ont été proposées (Banfield et *al.*, 2005) (Caruana et *al.*, 2004) (Martínez-Muñoz et *al.*, 2004), ces méthodes sont rapides et commencent à partir d'un ensemble initial (vide ou complet) en étendant ou en contractant itérativement l'ensemble initial par un seul modèle. La recherche est guidée par la performance en prédiction ou la diversité des sous ensembles obtenus.

(Martínez-Muñoz et *al.*, 2004) produisent un ensemble initial de modèles par Bagging. Ensuite utilise une sélection Forward, ils ajoutent à l'ensemble le classifieur qui est le plus en désaccord avec l'ensemble courant. Le processus s'arrête lorsqu'une taille prédéfinie pour l'ensemble final élagué est atteinte.

(Caruana et *al.*, 2004) présentent une méthode de construction de sous ensembles de modèles à partir de librairies de milliers de modèles. Les librairies de modèles sont générées en utilisant différents algorithmes d'apprentissage. La sélection Forward Stepwise est utilisée pour ajouter à l'ensemble les modèles qui maximisent sa performance. Des expérimentations avec sept problèmes de test et dix métriques ont montré les bénéfices de la sélection d'ensembles utilisée.

(Banfield et *al.*, 2003) (Banfield et *al.*, 2005) considèrent le concept de diversité pour éliminer les classifieurs les moins utiles (élimination Backward). L'obtention d'un ensemble de votes diverses pour un exemple mène à simplifier l'ensemble de classifieurs en éliminant les composants qui causent les classements erronés.

(Tsoumakas et *al.*, 2005) élaguent un ensemble de classifieurs hétérogènes en utilisant des procédures statistiques qui déterminent si les différences en performance prédictive parmi les classifieurs de l'ensemble est significative. Seuls les classifieurs avec des performances significativement supérieures que le reste, sont retenus et combinés par les méthodes de votes.

(Partalas et *al.*, 2006) étudient le problème de simplification d'un ensemble de classifieur, hétérogènes, du point de vu de l'apprentissage par renforcement. Dans leur approche de modélisation, un agent essaye d'apprendre la meilleure politique pour sélectionner des classifieurs en exploitant un espace d'états. L'approche comparée à d'autres méthodes de simplification et à un état de l'art de méthodes de combinaison donne des résultats très prometteurs. L'approche proposée est un algorithme « any time », c'est-à-dire, que la solution peut être obtenue à n'importe quel point.

(Martínez-Muñoz et *al.*, 2006) proposent une méthode effective et efficace pour la simplification ; ordonnancement par orientation (orientation ordering). Chaque classifieur h_t possède un vecteur de signature, un vecteur de dimension N qui prend valeur 1 si $h_t(x_i)=y_i$ et -1 si $h_t(x_i)<>y_i$, Le vecteur de signature moyen de tous les classifieurs est appelé vecteur signature d'ensemble. Un vecteur de référence est un vecteur perpendiculaire au vecteur signature d'ensemble. Orientation ordering ordonne les classifieurs en augmentant la valeur de l'angle entre leurs vecteurs de signature et le vecteur de référence. Cet ordre donne préférence aux modèles qui classifient correctement les exemples qui sont classifiés par erreur par l'ensemble complet.

(Martínez-Muñoz et *al.*, 2007a) utilisent le boosting pour déterminer l'ordre suivant lequel les classifieurs construits par bagging sont agrégés. Pouvoir stopper l'agrégation pour un certain nombre de modèles dans un ensemble de bagging ordonné permet l'identification de sous ensembles qui nécessitent moins d'espace mémoire pour le stockage, permet une classification rapide. En plus, la simplification d'ensembles ne dégrade pas la performance du bagging en présence du bruit.

(Martínez-Muñoz et al, 2007b) présentent une étude de différentes techniques de simplification d'ensembles appliquées aux ensembles construits par Bagging et composés de décision stumps (des arbres à deux niveaux). Six différentes méthodes de simplification d'ensembles sont testées. Les quatre premières appartiennent aux stratégies d'exploration basée sur un réordonnancement des éléments de l'ensemble en respectant une règle qui prend en compte la complémentarité des prédicteurs en respect avec la tâche de classification. Des sous ensembles de tailles croissantes sont construits en incorporant les classifieurs ordonnés un à un. Un critère d'arrêt stoppe le processus d'agrégation avant d'atteindre le nombre total de classifieurs. Les deux autres approches sont des techniques de sélection qui tentent d'identifier des sous ensembles optimaux utilisant les algorithmes génétiques ou la programmation semi définie. Des expérimentations réalisées sur 24 benchmarks pour des taches de classification montrent que la sélection d'un petit sous ensemble ($\approx$ 10%-15%) de l'ensemble original de stumps générés par Bagging peut accroître de façon significative la précision et réduit la complexité de l'ensemble.

(Partalas et *al.*, 2008) (Partalas et *al.*, 2010) proposent une méthode basée sur une mesure de diversité qui représente la force de décision d'un ensemble. Des études comparatives de la méthode proposée avec un état de l'art de méthodes de sélection de sous ensembles montrent que la méthode permet d'obtenir des ensembles de plus petites tailles avec des performances de prédiction élevées.

(Martínez-Muñoz et *al.*, 2009) présentent dans leur article une analyse des techniques de pruning d'ensemble avec agrégation ordonnée, ils montrent que le kappa pruning (Margineantu et *al.*, 1997) est non compétitif pour simplifier des ensembles de classifieurs construits par bagging. Les performances de prédictions de la méthode présentée dans (Martínez-Muñoz et *al.*, 2006) n'est significativement pas très mauvaise comparée aux méthodes de simplification d'ensemble de classifieurs construits par bagging.

En plus des méthodes présentées précédemment, il existe des méthodes de simplification d'ensembles qui ne rentrent dans aucunes des catégories de méthodes présentées, parmi lesquelles l'approche de (Latinne et *al.*, 2001) consiste à utiliser un test de comparaison direct et non paramétrique, le teste de McNemar (Salzberg, 1997) qui permet de décider d'inclure un arbre dans un ensemble ou pas. La procédure détermine systématiquement un nombre minimum de modèles à combiner pour une base données, elle ne sélectionne pas de meilleurs classifieurs par rapport à d'autres en utilisant un certain critère comme proposé dans (Giacento et *al.*, 2001). Le fait de connaître la taille minimale de l'ensemble donnant la meilleure précision permet un gain de temps et d'espace mémoire spécialement pour les données de grandes tailles et les applications temps réel. Les résultats expérimentaux montrent qu'il est possible de limiter de façon significative le nombre d'arbres et la méthode peut être étendue à des règles de base autre que des arbres.

La prédiction globale d'un ensemble de classifieurs homogènes est analysée dans un cadre bayésien. En supposant que le vote majoritaire est utilisé, c'est possible d'estimer avec un niveau de confiance donné, la prédiction de l'ensemble complet en interrogeant juste un sous ensemble de classifieurs. Pour une instance particulière qui a besoin d'être classée, le vote de l'ensemble des classifieurs peut être stoppé quand la probabilité de la classe prédite ne change pas si en prenant en compte les votes restants on se trouve au dessus du niveau de confiance spécifié.

Dans ce cadre (hernández-Lobato et *al.*, 2009) proposent une méthode d'élagage dynamique appelée élagage à base d'instance (Instance Based Pruning ou IB Pruning) dans le but de réduire le temps requis pour la prédiction utilisant un ensemble parallèle comme le bagging et les forêts aléatoires. Des expérimentations sur une collection de benchmarks démontrent l'efficacité de la méthode proposée.

(Markatopoulou et *al.*, 2010) s'intéressent à la simplification d'ensembles par des approches à base d'instances, où un sous ensemble différent de l'ensemble peut être utilisé pour chaque instance mal classée. Il est proposé de modéliser cette tache comme un problème d'apprentissage multi étiquettes dans le but de prendre les avantages des avancées récentes dans ce domaine pour la construction de méthodes de simplification d'ensembles effectives. Les résultats comparant l'approche proposée à une variété d'approches de simplification d'ensembles à base d'instances sur une variété de données utilisant un ensemble hétérogène de 200 classifieurs, montrent une amélioration de précision.

(Soto, 2010) propose un algorithme double pruning ou double élagage qui peut être utilisé pour réduire l'espace de stockage. L'algorithme accélère le processus de classement et améliore les performances d'ensembles parallèles. Un élément clé pour la conception de l'algorithme est l'estimation de l'étiquette de la classe que l'ensemble affecte à une instance de test en utilisant seulement le vote d'une fraction de ses classifieurs. Au lieu d'appliquer cette forme d'élagage dynamique (à base d'instances) à l'ensemble d'origine, il est proposé de l'appliquer sur un sous ensemble de classifieurs sélectionné en utilisant des techniques standards d'élagage d'ensembles. Le sous ensemble élagué est construit d'abord en modifiant l'ordre dans lequel les classifieurs sont agrégés dans l'ensemble pour ensuite sélectionner le premier classifieur dans la séquence ordonnée. Des expérimentations sur des problèmes illustrent les améliorations obtenues avec cette technique comparée au bagging.

En plus du besoin de réduire l'espace de stockage et de faire des prédictions rapides, les sous ensembles élagués peuvent maintenant surpasser les ensembles originaux à partir desquels ils sont construits (Zhou et al., 2002) (Martínez-Muñoz et al., 2004) (Caruana et al., 2004) (Banfield et al., 2005) (Martínez-Muñoz et al., 2009) (Martínez-Muñoz et al., 2007b).

(Zhou et al., 2003) réalisent une recherche stochastique dans l'espace des sous ensembles de modèles en utilisant les algorithmes génétiques Gasen-b. L'ensemble est représenté comme une chaîne de bits utilisant un bit pour chaque modèle, les modèles sont inclus ou exclus de l'ensemble selon la valeur du bit correspondant. Gassen-b performe des opérations génétiques standards mutation et croisement et utilise des valeurs par défaut pour les paramètres de l'algorithme génétique. La fonction de fitness S pour un individu de H (ensemble de modèles) est la précision de S sur un échantillon de validation séparé. (Zhang et al., 2006) formulent le problème de sélection de sous ensembles en un problème mathématique et applique les techniques de la programmation semi définie. Leur algorithme exige de retenir le nombre de classifieurs comme paramètre et est réalisé en un temps polynomial.

4.2.2 Méthodes Hill Climbing

Les méthodes hill climbing permettent de remplacer un ensemble initial de modèles par un sous ensemble en utilisant une procédure de recherche gloutonne. Un exemple de parcours hill climbing pour un ensemble initial contenant 4 modèles {M₁,M₂,M₃,M₄} (Figure 4.5).Le parcourt consiste à sélectionner l'état suivant à visiter à partir du voisinage de l'état courant, les états sont les différents sous ensembles de modèles. Pour un ensemble de classifieurs M={M₁,M₂,M₃,M₄}, le voisinage d'un sous ensemble S={M₁,M₂} est l'ensemble {{M₁},{M₂},{M₁,M₂,M₃},{M₁,M₂,M₄}}.

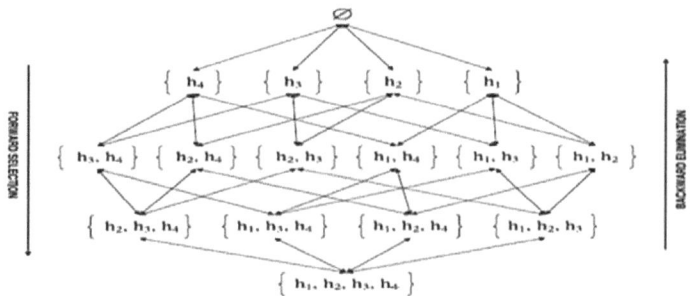

Fig 4.5 Un exemple de l'espace de recherche des méthodes DHCEP pour un ensemble de 4 modèles (Partalas et *al.*, 2012).

4.2.2.1 Direction de recherche

Le parcourt peut se faire selon deux directions Forward Selection (FS) ou en Backward Elimination (BE) nécessite l'évaluation de T(T-1)/2 sous ensembles (T le nombre de modèles).

Dans une sélection forward, le sous ensemble de départ est initialisé à l'ensemble vide. L'algorithme progresse en ajoutant à S un modèle $m_t \in$ M\S qui optimise une certaine fonction d'évaluation $f_{FS}(S,M_t,D)$ où S représente le sous ensemble courant, m_t le modèle à ajouter, D ensemble d'évaluation ou de pruning. Ci-dessous est présenté un pseudo code d'une forward selection.

Algorithme Forward Selection

Entrée : Ensemble de classifieurs M, une fonction d'évaluation f_{FS}, ensemble d'évaluation D ;

5. S←Φ ;

6. Tant que S≠M Faire ;

7. $m_t = \underset{f_{FS}}{\operatorname{argmax}}(S, m, D)$; $m \in$ M\S;

8. S=S U {m_t};

9. Fin Tantque.

Sortie : Un sous ensemble S qui optimise la fonction f_{FS}.

Algorithme 4.1 Algorithme de recherche hill climbing en Forward Selection

Dans une backward elimination, le sous ensemble courant S est initialisé à l'ensemble complet M et l'algorithme continu en éliminant itérativement de S le modèle m_t qui optimise la fonction d'évaluation f_{BE}(S,M_t,D).

Algorithme Backward Elimination

Entrée : Ensemble de classifieurs M, une fonction d'évaluation f_{BE}, ensemble d'évaluation D ;

1. S←M ;

2. Tant que S≠ Φ Faire ;

3. $m_t = \underset{f_{BE}}{\operatorname{argmax}}(S, m, D)$; $m \in$ M\S;

4. S=S \ {m_t};

5. Fin Tant que.

Sortie : Un sous ensemble S qui optimise la fonction f_{BE}.

Algorithme 4.2 Algorithme de recherche hill climbing en Backward Elimination

4.2.2.2 Fonction d'évaluation

Pendant une recherche hill climbing, une fonction d'évaluation permet de juger de la pertinence d'un sous ensemble. Etant un sous ensemble S et un modèle *m* ; une telle fonction permet d'estimer la possibilité d'insérer (éliminer) *m* à (de) S.

Ces fonctions peuvent être de deux types, à base de performance ou à base de diversité, (Margineantu et *al.*, 1997) utilisent une mesure de diversité pour l'évaluation, qui classe toutes les paires de classifieurs dans un ensemble sur la base de l'accord k statistique calculé sur l'ensemble apprentissage, sa complexité est de $O(T^2 n)$. (T est le nombre total de modèles dans l'ensemble et *n* est la taille de l'échantillon de validation ou de pruning).

Nous nous intéressons plus particulièrement à 4 fonctions d'évaluation à base de diversité, ces fonctions seront utilisées pour une étude comparative avec notre proposition dans le domaine. Les quatre fonctions considèrent des évènements de base pour la construction des sous ensembles :En considérant S le sous ensemble courant, et h_t le modèle à ajouter à l'instant t, les quatre cas de figures considérés sont les suivants:

$e_{tf}(h_t, S, x_i, y_i)$: $y_i = h_t(x_i)$ et $y_i \neq S(x_i)$,

$e_{ft}(h_t, S, x_i, y_i)$: $y_i \neq h_t(x_i)$ et $y_i = S(x_i)$,

$e_{tt}(h_t, S, x_i, y_i)$: $y_i = h_t(x_i)$ et $y_i = S(x_i)$,

$e_{ff}(h_t, S, x_i, y_i)$: $y_i \neq h_t(x_i)$ et $y_i \neq S(x_i)$,

(Martínez-Muñoz et *al.*, 2004) utilisent la diversité avec un processus de recherche hill climbing en forward selection, la mesure de diversité nommée *Complementariness* est définie comme étant la complémentarité d'un modèle h_k par respect à un sous ensemble S et un ensemble d'instances de l'échantillon d'évaluation Eval = $\{(x_i, y_i)\}$ tel que |Eval|=*n*.

Le principe de la mesure consiste à ajouter au sous ensemble le modèle qui lui permet de classer correctement les exemples qu'il n'arrive pas à classer en cas de forward selection ou d'éliminer le modèle qui induit le sous ensemble à l'erreur en cas de backward elimination.

$COM_{Eval}(h_k,S) = \sum_{i=1}^{n} I(y_i = h_k(x_i) ET y_i \neq S(x_i))$ Où I(True) = 1, I(False) = 0.

(Banfield et *al.*, 2005) utilisent une mesure de diversité qu'ils appellent *concurrency*, son principe est similaire à celui de la mesure proposée par (Martínez-Muñoz et *al.*, 2004) mais permet d'ajouter les cas où les instances de l'ensemble Eval sont bien classées et par le modèle h_k et par le sous ensemble S ainsi que les cas où les instances sont mal classées par le sous ensemble et par le modèle.

$CONC_{Eval}(h_k,S) = \sum_{i=1}^{n} \big(-2 * I(y_i \neq h_k(x_i) ET y_i \neq S(x_i)) + 2 *$

$\big(y_i = h_k(x_i) ET y_i \neq S(x_i)\big) + I\big(y_i = h_k(x_i) ET y_i = S(x_i)\big)\big)$.

(Martínez-Muñoz et *al.*, 2006) proposent la minimisation de la distance marginale « The margin distance minimization » qui permet de calculer la diversité en associant à chaque classifieur h_t un vecteur c_t dont la dimension est égale au nombre d'individus de l'échantillon d'évaluation, un élément $c_t(i)$ prend la valeur 1 si h_t classe correctement l'individu i et -1 dans le cas contraire. Un vecteur moyen C_S, associé à un sous ensemble S, est calculé, $C_S = \frac{1}{|S|} \sum_{t=1}^{|S|} c_t$. L'objectif étant de réduire la distance euclidienne $d(o,C_S)$ où o est un vecteur prédéfini. La mesure qui représente la marge s'écrit :

$MAR_{Eval}(h_k,S) = d \left(o, \frac{1}{|S|+1} (c_k + C_S) \right)$.

(Partalas et *al.*, 2012) proposent une mesure de diversité qui prend en considération tous les cas de figures (des evenements e_{ij}) qui peuvent exister lors de l'ajout d'un certain modèle h_t à un sous ensemble. La mesure baptisée UWA pour Uncertainty Weighted Accuracy et utilise des pondérations pour favoriser certains cas à d'autres.

$$\text{UWA}_{\text{Eval}}(h_k,S) = \sum_{i=1}^{|Eval|} \Big(\alpha * I\big(y_i = h_k(x_i) ET y_i \neq S(x_i)\big) - \beta *$$
$$I\big(y_i \neq h_k(x_i) ET y_i = S(x_i)\big) + \beta * I\big(y_i = h_k(x_i) ET y_i = S(x_i)\big) - \alpha *$$
$$I\big(y_i \neq h_k(x_i) ET y_i \neq S(x_i)\big) \Big)$$

Où les facteurs α, β représentent respectivement le nombre de modèles dans le sous ensemble S classant correctement l'instance (x_i, y_i) et le nombre de modèles classant incorrectement la même instance.

Toutes les méthodes présentées ont été comparées à l'ensemble initial et pour tous les cas étudiés le pruning permet d'obtenir des sous ensembles de tailles réduites avec des performances supérieures à celle de l'ensemble de départ.

4.2.2.3 Ensemble de validation

Beaucoup de travaux utilisent l'ensemble d'apprentissage pour la validation (pruning) parmi lesquels (Martínez-Muñoz et al., 2004). Cette technique offre l'avantage de disposer d'une grande masse de données et pour l'apprentissage et pour le puning mais présente le risque de sur-apprentissage.

Une autre approche adoptée dans (Caruana et al., 2004) (Banfield et al., 2005) consiste à utiliser un échantillon séparé pour l'évaluation ce qui permet d'éviter le risque de sur-apprentissage mais réduit la quantité de données utilisée pour l'apprentissage et le pruning. Cette méthode est préférable à la première lorsqu'on possède des échantillons de grandes tailles.

Une autre approche utilisée dans (Caruana et *al.*, 2006) est basée sur la validation croisée. Selon les résultats présentés dans (Partalas et *al.*, 2012), dans le cas d'ensembles homogènes de modèles, l'échantillon d'apprentissage est utilisé pour la génération le pruning et dans le cas d'ensembles hétérogènes l'évaluation se fait obligatoirement sur un échantillon séparé.

5 Conclusion

Parmi les méthodes d'apprentissage symbolique les plus populaires, nous retrouvons les arbres de décision. Ces méthodes plus performantes sont préférées à d'autres méthodes d'apprentissage en raison de leur simplicité ou leur intelligibilité en plus des bons résultats en classification et en généralisation qu'elles permettent d'obtenir. Cependant, ces méthodes présentent l'inconvénient d'instabilité pour lequel plusieurs solutions ont été proposées dont celle représentée par les méthodes d'ensembles qui a marqué la dernière décennie.

Les méthodes d'ensembles permettent, en effet, une réduction de variance comparées à des arbres seuls (aléatoires ou non). Cette remarque est très importante et est quasiment reconnue par tous les travaux qui s'intéressent aux méthodes d'ensemble de type arbres de décision. Une étude par simulation menée par (Geurts et *al.*, 2006) illustre très bien ce phénomène de réduction de variance. Cette réduction apparaît systématique et est très souvent spectaculaire.

"Perturber puis agréger" améliore les performances d'une méthode de prédiction donnée à condition que la règle de base soit instable pour favoriser la génération de prédicteurs différents. Mais, ces méthodes présentent l'inconvénient de la perte de lisibilité du modèle fourni dans le cas d'un classifieur intelligible. De plus, si le nombre de modèles est très important, le temps de prédiction réalisé par l'interrogation de la totalité des modèles augmente parallellement que l'espace de stockage.

Pour remédier à ces problèmes, des méthodes de simplification d'ensembles ont été proposées en quête de gains en prédiction et en espace de stockage. Ces méthodes ont permis même d'avoir des sous-ensembles plus performants que l'ensemble initial.

Dans le chapitre suivant, nous développons une approche de sélection d'ensemble qui consiste à exploiter une fonction multi objectifs mettant en relation diversité et performance pour la réduction de la taille d'un ensemble homogène d'arbres de décision pour un besoin de prédiction efficace et de performante.

CHAPITRE 5

FONCTION MULTI OBJECTIFS ET MESURE DE SEGMENTATION POUR LA CLASSIFICATION

1   Introduction

Nous présentons dans ce chapitre deux mesures de sélection : la première, appelée NIM « New Information Measure », permet de sélectionner les variables pour la construction d'arbres de décision. Cette mesure est moins complexe comparée aux mesures usuelles, permet de générer des arbres de tailles moins importantes comparée à des mesures de génération classiques (Gain ratio de C4.5) et donne de bonnes performances pour la majorité des cas étudiés. La seconde mesure permet de faire de la sélection (simplification) dans un comité d'arbres (ensemble d'arbres) et consiste non plus à simplifier un arbre singulier mais un ensemble d'arbres. La mesure développée est une fonction multi objectifs pour la simplification d'un ensemble d'arbres de décision. Elle permet de simplifier des ensembles homogènes composés d'arbres de décision C4.5 (Quinlan, 1993) en sélectionnant les sous ensembles réalisant le meilleur compromis entre diversité maximale et taux d'erreur minimal.

Le chapitre est organisé comme suit : Dans la deuxième section, nous présentons la mesure de sélection de variables pour la génération d'arbres de décision. Nous décrivons son principe et les fonctions de calcul utilisées. Un algorithme de construction glouton baptisé IDT_NIM « Induction of Decision Tree using New Information Measure » est donné et déroulé sur un extrait de l'application MONITDIAB. La section 3 décrit la mesure de sélection dans un ensemble d'arbres et l'algorithme de sélection PEDA « Pruning Ensemble using Diversity and Accuracy ».

2   Mesure de segmentation pour la sélection des variables

2.1 Exploitation d'une mesure de calcul de qualité de partition « NIM »

Les arbres de décision présentent l'avantage d'être aisément interprétables du fait de leur représentation graphique et présentent de bonnes performances en prédiction et en généralisation. En se référant à l'étude réalisée en 2001 par Piatetsky-Shapiro sur son site dédié au marché industriel de l'extraction de connaissances à partir de données, les arbres de décision sont utilisés par plus de 50% de la population interrogée. Dans l'étude réalisée en 2007 et en réponse à la question « *Quels sont les outils de data mining les plus utilisés dans les 12 derniers mois ?* » posée sur le site http://www.kdnuggets.com/polls/2007/data_mining_methods.htm, 62.2% des personnes citent les arbres de décision.

Ces études statistiques confirment l'importance de ces méthodes, essentiellement, grâce à leur facilité d'utilisation et leur interprétabilité ; ces propriétés rendent ces méthodes très sollicitées dans des domaines qui nécessitent une justification de la prise de décision comme dans le domaine médical.

L'élément le plus important de construction d'un classifieur arbre de décision, comme précisé au niveau du premier chapitre, est la mesure utilisée d'évaluation de la qualité d'une partition ; ces mesures appartiennent à deux grandes catégories celles basées sur l'entropie et celles basées sur la notion de distance. Nous présentons une mesure de calcul de qualité de partition appelée NIM « New Information Measure », une étude comparative au niveau du chapitre 6 montre l'intérêt de la mesure en l'opposant aux mesures entropie de Shannon utilisée avec la méthode ID3 (Quinlan, 1986a) et le gain ratio utilisé avec la méthode C4.5 (Quinlan, 1993).

2.2 Principe de la mesure NIM

Pour expliquer le principe de la nouvelle mesure, on considère les deux premières partitions de l'arbre ID3:

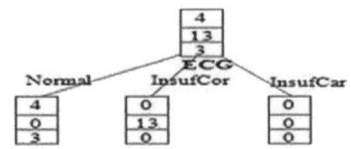

Fig 5.1 Deux premières partitions de l'arbre

On utilise pour le calcul deux fonctions : f et *Imp*, pour l'exemple de la figure, on a f (ECG)= *Imp*(ECG='Normal') + *Imp*(ECG='InsufCor') + *Imp*(ECG='InsufCar').

La fonction *Imp* est associée à la modalité d'une variable :

- Prend son maximum, qui est l'effectif total du sommet, lorsque tous les individus appartiennent à une même classe. Par exemple *Imp*(ECG='InsufCor') = |0-13/3|+|13-13/3| + |0-13/3|= 8.66+4.34=13,

- Prend son minimum : lorsque les individus sont equi-répartis
  - Le minimum prend la valeur 1, lorsque l'effectif total du sommet considéré est impair.
  - Le minimum prend la valeur 0, lorsque l'effectif total du sommet considéré est pair.

Pour l'extrait de l'échantillon MONITDIAB (chapitre 1), et en utilisant la nouvelle mesure, l'étiquette du nœud racine est la variable prédictive ECG du fait que f(ECG) est le maximum parmi toutes les variables prédictives ceci implique qu'on cherche le maximum de la somme des importances des modalités de la variable ECG. Maximiser la fonction *Imp*, pour chacune des modalités, revient à essayer d'avoir des groupes d'individus les plus homogènes possible au niveau de chaque sous population d'individus.

Autrement dit, pour le cas d'une classification binaire, maximiser la fonction *Imp* au niveau d'un sommet dont les effectifs *eff1* et *eff2* associés respectivement aux modalités c_1 et c_2 de la classe revient à maximiser la quantité numérique : |*eff1* - (*eff1*+*eff2*) / 2 | + |*eff2* - (*eff1*+*eff2*) / 2 | ce qui revient à maximiser les distances entre les effectifs associés aux modalités de la classe et la moyenne de l'effectif total associé au sommet en question.

2.3 Présentation détaillée de la mesure

Les notations suivantes sont utilisées :

n: Le nombre total des individus de l'échantillon d'apprentissage Ω_a ;

$n_{i.}$: Le nombre d'individus de classe i ;

e_{sj} : Modalité s de la variable X_j,

n_{sj}: Nombre d'individus associés à la modalité s de la variable X_j,

n_{isj} : Nombre d'individus de classe i associés à la modalité s de la variable X_j,

m : Le nombre de modalités de la classe,

La nouvelle mesure utilise deux fonctions :

- La fonction importance, notée *Imp*, et qui a comme paramètre une modalité de variable. Soit e_{sj} la modalité s de la variable X_j alors $Imp(X_j=e_s)=Imp(e_{sj}) = \sum_{i=1,m}|n_{isj} - (n_{sj}/m)|$,

- La fonction f :

* Permet de calculer la quantité $f(\Omega_a)= \sum_{i=1,m}|n_i - (n/m)|$ associée à l'échantillon Ω_a,

* Permet de calculer la quantité $f(X_j)$, X_j est une variable exogène de modalités $e_{1j},\ldots,e_{sj}$, $f(X_j) = [\sum_s Imp(e_{sj})] + \sigma$ *Nombre_Feuilles ; σ est un paramètre qu'on détermine de façon empirique il favorise les variables qui engendrent le plus de feuilles pour la partition suivante.

2.4 Critiques des méthodes arborescentes

2.4.1 Insensibilité à l'effectif

Fig 5.2 Exemple sensibilité à l'effectif

154

Un bon critère doit être sensible à l'effectif donc la valeur de ce dernier dans la situation (a) est meilleure que dans la situation (b).

Pour le critère que nous proposons les valeurs sont :

- Pour la situation (a) : $f(\Omega_a) = |15\text{-}40/2| + |25\text{-}40/2| = 10$,

   $f(X) = 40$,

- Pour la situation (b) : $f(\Omega_a) = |3\text{-}8/2| + |5\text{-}8/2| = 2$,

   $f(X) = 8$.

On voit bien que la valeur du critère $f(X)$ dans la situation (a) est plus importante que dans la situation (b) donc le critère est sensible à l'effectif.

2.4.2 Non décroissance du critère

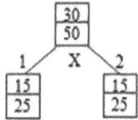

Fig 5.3 Exemple non décroissance du critère

Le calcul du gain par un critère classique, tel que l'entropie de Shannon (Shannon, 1984), par exemple, conduit à un résultat nul, ce qui signifie que les deux partitions sont équivalentes, et par conséquent, la variable X n'apporte aucune information. Un bon critère doit écarter la deuxième partition : il doit aboutir à une valeur négative quand on segmente par X. Pour le critère que nous proposons, on fait les calculs suivants:

- $f(\Omega_a) = |30\text{-}80/2| + |50\text{-}80/2| = 10+10 = 20$,

   $f(X) = 20$,

   $f(\Omega_a) = f(X) = 20$.

On obtient le même résultat que les méthodes précédentes, le critère ne vérifie pas la propriété de décroissance.

2.4.3 Préférence à la complexité

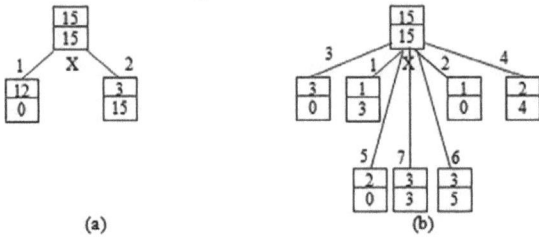

Fig 5.4 Exemple préférence à la complexité

En observant les deux situations, on tente à préférer la moins complexe (a). Des mesures comme l'indice de GINI, par exemple, privilégie la situation avec plus d'alternatives et sommets purs (b), qui est, par contre, plus complexe.

- Pour la situation (a) : $f(\Omega_a) = |15\text{-}30/2| + |15\text{-}30/2| = 0$,

$$f(X) = 24,$$

- Pour la situation (b) : $f(\Omega_a) = |15\text{-}30/2| + |15\text{-}30/2| = 0$,

$$f(X) = 15,$$

On remarque que la mesure que nous utilisons favorise la situation la moins complexe c'est-à-dire la situation (a).

2.5 Etapes de génération d'un arbre

Pour générer un arbre en utilisant la nouvelle mesure à partir de l'échantillon d'apprentissage, on effectue les étapes suivantes :

Etape1 :

- On calcule pour l'échantillon Ω_a la quantité $f(\Omega_a) = \sum_{i=1,m} |n_i - (n/m)|$, on teste par la suite si les individus appartiennent à la même classe : si $|f(\Omega_a)\text{-}n| \neq 0$ alors les individus n'appartiennent pas à la même classe, on passe à l'étape 2,

<u>Etape 2 :</u>

- Pour étiqueter le nœud initial, on calcul pour chaque variable descriptive X_j ayant pour modalités $e_{1j}, e_{2j}, \ldots e_{nj}$, les quantités suivantes : $Imp(e_{sj}) = \sum_{i=1,m} |n_{isj} - (n_{sj}/m)|$

- On calcul $f(X_j) = [\sum_s Imp(e_{sj})] + \sigma*Nombre\_Feuilles$, pour chacune des variables X_j candidates à la segmentation.

- On choisit la variable qui maximise la quantité $f(X_j)$.

<u>Etape3 :</u>

- Pour la variable X_j choisie et pour chacune de ses modalités $e_{1j}, e_{2j}, \ldots, e_{nj}$, si $|Imp(e_{sj}) - n_{sj}| = 0$ alors la branche associée à la modalité aboutit à une feuille,

- Si $|Imp(e_{sj}) - n_{sj}| \neq 0$ alors on réitère l'étape 1 en considérant les variables restantes et ne considérant que la sous population associée à la branche étiquetée par la modalité e_{sj}.

<u>Etape4 :</u>

- Terminer le processus lorsque tous les nœuds sont des feuilles « pures ».

Algorithme IDT_NIM ;

Entrée : X (Variables exogènes), Y (Classe), Ω_a (Echantillon d'apprentissage);

---

1. Calculer $f(\Omega_a)$;

2. Si $|f(\Omega_a)-n|=0$ Alors « l'arbre est le nœud racine »;

3. D←argmax$_{Xj}f(X, \Omega_a)$, X_j dans X;

4. $\{e_{dj(d=1...k)}\}$ ensemble de k modalités;

5. $\{\Omega_{aj(j=1...k)}\}$ sous ensembles de Ω_a associés à la valeur e_{dj} de X_j ;

6. Si $|Imp(e_{dj})-\Omega_{aj}| \neq 0$ Alors à partir de D générer le sous arbre IDT_NIM(X-D,Y, Ω_{aj}) associé à la modalité e_{dj} de X_j ;

7. Sinon à partir de D générer une feuille associée à la modalité e_{dj} de X_j et dont l'effectif est Ω_{aj}.

Sortie Un arbre IDT_NIM.

Algorithme 5.1 Algorithme IDT_NIM

2.6 Génération d'un arbre pour l'application de surveillance des diabétiques

Pour illustration on considère l'exemple (chapitre 1, § 4.5), on affecte à σ la valeur 0:

Etape 1 : Au début de l'apprentissage, l'échantillon d'apprentissage Ω_a possède la configuration initiale suivante :

Instances	DDTC	DDMC	DENC
20	4	13	3

Tab 5.1 Répartition initiale des individus selon les modalités de la classe

$f(\Omega_a)=|4-20/3|+|13-20/2|+|3-14/2|= 2.66+6.34+3.66=12.66$, la valeur $|f(\Omega_a)-20|= |12.66-20|<>0$ alors on déduit que le nœud en question n'est pas terminal donc on passe à l'étape 2.

Etape 2 : On essaye d'étiqueter le nœud initial par l'une des 13 variables exogènes :

1. Pour la variable TD dont les modalités sont Type I et Type II :
   Imp(TypeI)=|4-9/3|+|5-9/3|+|0-9/3|=1+2+3=6,Imp(TypeII)=|0-11/3|+|8-11/3|+|3-11/3|= 3.66+4.34+0.66=8.66 Alors f(TD)= 6+8.66=14.66,

2. Pour la variable Var dont les modalités sont FE et Adulte :
   Imp(FE)=|1-1/3|+|0-1/3|+|0-1/3| = 0.67+0.33+0.33=1.33, Imp(Adult)=|3-19/3|+|13-19/3|+|3-19/3| = |3-6.33|+|13-6.33|+|3-6.33|=3.33+6.67+3.33=13.33, alors f(Var) =1.33+13.33=14.66,

3. Pour la variable IMC avec les modalités SP, M, ObsG2 :
   Imp(SP)=|2-13/3|+|8-13/3|+|3-13/3|=2.33+3.67+1.33=7.33,Imp(M)=|2-2/3|+|0-2/3|+|0-2/3|= 1.33+0.66+0.66=2.65, Imp(ObsG2)=|0-5/3|+|5-5/3|+|0-5/3| = 1.66+3.33+1.66=6.65 , alors f(IMC) = 7.33+2.65+6.65=16.63,

4. Pour la variable Glyc avec les modalités HyperG, Normal :
   Imp(HyperG)=|4-12/3|+|8-12/3|+|0-12/3| = 4+4=8, Imp(Normal)=|0-8/3|+|5-8/3|+|3-8/3| = 2.66+2.33+0.33=2.66, alors f(Glyc) = 8+2.66=10.66,

5. Pour la variable HBANC avec les modalités D, E : Imp(D)=|4-12/3|+|8-12/3|+|0-12/3| = 4+4=8, Imp(E)=|0-8/3|+|5-8/3|+|3-8/3| = 2.66+2.34+0.34=5.34 , alors f(HBANC) = 8+5.34=13.34,

6. Pour la variable EFO avec les modalités R, PR : Imp(R)=|4-5/3|+|1-5/3|+|0-5/3| = 2.33+0.66+1.66=4.65, Imp(PR)=|0-15/3|+|12-15/3|+|3-15/3| = 5+7+2=14, alors f(EFO) = 4.65+14=18.65,

7. Pour la variable Crea avec les modalités Normal, Anormal :
   Imp(Normal)=|4-11/3|+|4-11/3|+|3-11/3| = 0.33+0.33+0.66=1.32, Imp(Anormal)=|0-9/3|+|9-9/3|+|0-9/3| = 3+6+3=12, alors f(Crea) = 1.32+12=13.32,

8. Pour la variable Urée avec les modalités Normal, Anormal :

Imp(Normal)=|4-15/3|+|8-15/3|+|3-15/3|=1+3+2=6, Imp(Anormal)=|0-5/3|+|5-5/3|+|0-5/3|= 1.66+3.34+1.66=6.66, alors f(Urée) = 6+6.66=12.66,

9. Pour la variable McrAlb avec les modalités Normal, Anormal :

Imp(NDS3A)=|1-5/3|+|4-5/3|+|0-5/3| = 0.66+2.33+1.66=4.65, Imp(NDS3B)=|1-2/3|+|1-2/3|+|0-2/3|

=0.33+0.33+0.66=1.32, Imp(Normal)=|2-13/3|+|8-13/3|+|3-13/3|= 2.33+3.66+1.33=7.32, alors f(McrAlb) = 4.65+1.32+7.32=13.29,

10. Pour la variable Cc avec les modalités Normal, IRL :

Imp(Normal)=|4-12/3|+|5-12/3|+|3-12/3| =0+1+1=2, Imp(IRL)=|0-8/3|+|8-8/3|+|0-8/3| = 2.66+5.34+2.66=10.66, alors f(Cc) = 12.66,

11. Pour la variable Neuropath avec les modalités Neurpath, PNeurpath :

Imp(Neurpath)=|4-4/3|+|0-4/3|+|0-4/3| = 2.66+1.33+1.33=5.32, Imp(PNeurpath)=|0-16/3|+|13-16/3|+|3-16/3| = 5.33+7.66+2.33=15.32, alors f(Neuropath) = 5.32+15.32=20.64,

12. Pour la variable ECG avec les modalités Normal, InsufCor, InsufCar:

Imp(Normal)=|4-7/3|+|0-7/3|+|3-7/3| = 1.66+2.33+0.66=4.65 , Imp(InsufCor)=|0-13/3|+|13-13/3|+|0-13/3| = 4.33+8.66+4.33=17.32, Imp(InsufCar)=0, alors f(ECG) =4.65+17.32+0=21.97 ,

13. Pour la variable DA avec les modalités PArt, Art : Imp(PArt)=|1-13/3|+|9-13/3|+|3-13/3|= 3.33+4.66+1.33=9.32, Imp(Art)=|3-7/3|+|4-7/3|+|0-7/3| = 0.66+1.66+2.33=4.65, alors f(DA) = 9.32+4.65=13.97,

On choisit la variable qui maximise la fonction f donc la variable ECG est choisie pour l'éclatement du nœud racine.

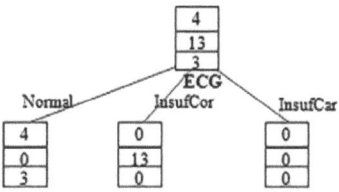

Fig 5.5 Deux premières partitions de l'arbre IDT_NIM.

L'algorithme proposé effectue un partitionnement récursif comme celui adopté par la méthode ID3. Les partitionnements des nœuds fils générés sont réalisés de la même façon que le partitionnement du nœud racine. Le processus s'arrête lorsque tous les nœuds obtenus sont des feuilles homogènes.

3   Fonction multi objectifs pour la sélection d'ensembles

3.1 Motivations

Les arbres de décision sont des méthodes de classification permettant de générer des règles de décision mutuellement exclusives structurées en arbres qui doivent être simples avec une fiabilité maximale sur l'échantillon d'apprentissage. Ces méthodes ont l'avantage de générer des règles intelligibles mais elles présentent l'inconvénient d'être moins performantes que les méthodes concurrentes, à cause d'une variance importante liée à l'instabilité des arbres (Breiman et *al.*, 1984) qui augmente leur taux d'erreur en généralisation (Geurts, 2002).

Le problème d'instabilité est entièrement résolu par la proposition de méthodes d'ensemble. Les méthodes d'ensemble sont rapides, résistent au bruit, ne souffrent pas de sur-apprentissage. Les méthodes d'ensemble d'arbres de décision (Shlien, 1990) (Shlien, 1992), (Buchanan, 1984) (Bogler, 1987) (Kwok et *al.*, 1990) (Ho, 1994) (Ho, 1995) (Ho, 1998)(Amit et *al.*, 1997) sont des méthodes d'ensemble homogènes pour lesquelles le modèle de base utilisé est un algorithme d'induction d'arbres.

Ces méthodes présentent l'inconvénient de contenir un nombre important de modèles, ce qui peut avoir comme conséquences, l'augmentation du temps d'apprentissage, des ressources de stockage (Margineantu et *al.*, 1997) et du temps de prédiction associé à l'interrogation de tous les modèles de l'ensemble.

Les méthodes d'élagage d'ensemble ont été proposées avec pour objectif d'améliorer à la fois l'efficacité (temps de prédiction) et les performances de prédiction (Partalas et *al.*, 2008) d'un ensemble. Un nombre important de modèles ne fait qu'augmenter la complexité de calcul mais garantit une grande diversité au niveau de l'ensemble, cette diversité est représentée par des modèles avec de bonnes ou mauvaises performances en prédiction.

La fonction développée permet de faire une recherche DHCEP (Directed Hill Climbing Ensemble Pruning) (Partalas et *al.*, 2012) dans un ensemble homogène composé d'arbres C4.5 (Quinlan, 1993), le sous ensemble sélectionné doit réaliser un compromis entre diversité maximale et taux d'erreur minimal.

La motivation derrière l'utilisation conjointe des deux critères est qu'il y a un lien entre la performance individuelle des classifieurs et leur diversité. Plus les classifieurs sont précis, moins ils sont en désaccord. L'utilisation de l'une des deux propriétés n'est pas suffisante pour trouver le sous-ensemble le plus performant.

La nouvelle fonction multi objectifs proposée repose sur ce compromis entre performance individuelle des arbres et diversité de ceux-ci. Un nombre réduit d'arbres permet un gain de l'espace mémoire et du temps de calcul qui peut être très significatif pour les échantillons de grandes tailles et les applications temps réel.

Nous présentons une méthode pour simplifier les ensembles homogènes composés d'arbres de décision C4.5 (Quinlan, 1993). Cette méthode est fondée sur une stratégie de recherche DHCEP (Directed Hill Climbing Ensemble Pruning) avec une fonction multi-objectifs pour l'évaluation de la pertinence d'un sous-ensemble d'arbres. La fonction, qui est utilisée dans un processus Hill Climbing en Forward Selection (FS), permet de sélectionner les sous-ensembles diverses avec un taux d'erreur minimal.

Une étude comparative avec les méthodes *Uncertainty Weighted Accuracy*(UWA) (Partalas et *al.*, 2010), *Complementariness* (Comp) (Martínez-Muñoz et *al.*, 2004), *Concurrency* (Concur) (Banfield et *al.*, 2005), et *Margin Distance Minimisation* (MARGIN) (Martínez-Muñoz et *al.*, 2006) montre que la méthode proposée permet de générer des sous-ensembles tout à la fois de tailles plus réduites et plus performants, pour la majorité des cas, à celles des méthodes précédemment citées.

3.2 Présentation détaillée de la fonction multi objectifs

Notre but est de construire la distribution du nombre d'erreurs associé à chaque cas et de calculer la diversité de cette distribution. Notre but est de minimiser la diversité tout en maintenant une bonne performance pour chaque classifieur.

On dispose d'un échantillon d'apprentissage composé de n individus, noté Ω_a avec $|\Omega_a| = n$, un ensemble d'arbres construits par Bagging $B_{C4.5} = \{A_1, A_2, ..., A_K\}$ composé de K arbres C4.5 (Quinlan, 1993) est généré. $B_{C4.5}$ est associée une matrice de signature $n \times k, n$ le nombre d'individus et k le nombre d'arbres :

	A_1	A_2	......	A_j	......	A_k	Somme i	Θ_i
Individu 1	x_{11}	x_{12}	....	x_{1j}	....	x_{1k}	x_{1+}	$\frac{x_{1+}}{x}$
...	....	....	....	....	....	....	....	....
Individu i	x_{i1}	x_{i2}	....	$x_{ij}=1$ ou $x_{ij}=0$	....	x_{ik}	X_{i+}	$\frac{x_{i+}}{x}$
...	....	....	....	....	....	....	....	....
Individu n	x_{n1}	x_{n2}	....	x_{nj}	....	x_{nk}	x_{n+}	$\frac{x_{n+}}{x}$
Somme j	x_{+1}	x_{+2}	....	x_{+j}	....	x_{+k}	x	
Taux_erreur	e_1	e_2	....	$e_j = \frac{x_{+j}}{n}$	....	$e_{.k}$		

Tab 5.2 Matrice de signature associée à un ensemble d'arbres $\{A_1, ..., A_k\}$

- x_{ij}: Résultat de classement de l'individu i par l'arbre j, $x_{ij} = 1$ si l'individu i est mal classé par l'arbre A_j et $x_{ij} = 0$ sinon,

- $x_{i+} = \sum_{j=1}^{K} x_{ij}$ le nombre total d'erreurs commises pour l'individu i,

- $x = \sum_{i=1}^{n}\sum_{j=1}^{K} x_{ij}$ le nombre total d'erreurs commises par l'ensemble,

- $\Theta_i = \frac{x_{i+}}{x}$ i=1,...,n, (Θ_i, x_{i+}) est la distribution relative des fréquences d'erreurs associées aux différents cas,

- $x_{+j} = \sum_{i=1}^{n} x_{ij}$ le nombre d'erreurs commises par le classifieur A_j sur l'ensemble des individus,

- $e_j = \frac{x_{+j}}{n}$ le taux d'erreur associé à l'arbre A_j.

164

La procédure de sélection revient à minimiser la fonction, notée S, qui met en relation les θ_i et les e_j :

$$S = C + E \text{ avec } C = \sum_{i=1}^{n} \theta_i^2 \text{ et } E = \sum_{j=1}^{K} e_j^2 .$$

La composante $C = \sum_{i=1}^{n} \theta_i^2$ est un index de concentration de la distribution des erreurs qui est dérivée de l'entropie quadratique (ou index de Gini). La plus petite valeur de C est 1/n, où tous les x_{i+} possèdent la même valeur. Cette situation est la meilleure conditionnée par la valeur de x. La minimisation de C+E permet d'avoir un bon compromis entre la diversité des arbres et la performance moyenne des arbres.

3.2.1 Normalisation des composantes C et E de S

a)- Intervalle de variation de C : $C = \sum_{i=1}^{n} \theta_i^2$ représente la diversité de l'ensemble, déduite de l'entropie quadratique, lorsqu'elle est minimale la diversité est maximale et lorsqu'elle est maximale la diversité est minimale. Pour définir son intervalle il s'agit de calculer sa valeur maximale et minimale :

a1) – Concentration minimale : dans ce cas les erreurs sont uniformément distribuées $\forall i = 1,2,...,n$ $x_{i+} = \dfrac{x}{n} \Rightarrow \theta_i = \dfrac{x_i}{x} = \dfrac{1}{n} \Rightarrow C_{min} = n\dfrac{1}{n^2} = \dfrac{1}{n}$,

a2)- Concentration maximale : $\dfrac{x}{k}$ Individus avec k erreurs,

$x_{i+} = k \Rightarrow \theta_i = \dfrac{k}{x}$

$$n - \dfrac{x}{k}$$ Individus avec 0 erreurs =>

$\theta_i = 0$;

$$C_{max} = \sum_{i=1}^{n} \theta_i^2 = \frac{x}{k}\left(\frac{k^2}{x^2}\right) + \left(n - \frac{x}{k}\right)*0 = \frac{k}{x} \; ;$$

Donc on a $\dfrac{1}{n} \le C \le \dfrac{k}{x}$

C* représente le coefficient normalisé => $C* = \dfrac{C - \dfrac{1}{n}}{\dfrac{k}{x} - \dfrac{1}{n}}$ => $C* = \dfrac{nxC - x}{nk - x}$

b)- *Intervalle de variation de E* : $E = \sum_{j=1}^{k} e_j^2$ où $e_j = \dfrac{x_{+j}}{n} = \dfrac{x}{n} \times \dfrac{x_{+j}}{n}$ => $E =$

$\dfrac{x^2}{n^2} \sum_{i=1}^{k} \dfrac{x_{+j}}{x}$

b1)- Concentration minimale : $\forall j, x_{+j} = \dfrac{x}{k}, e_j = \dfrac{x_{+j}}{n} = \dfrac{x}{kn}$ => $E_{min} =$

$\sum_{j=1}^{k} e_j^2 = \dfrac{x^2}{kn^2}$,

b2)- Concentration maximale : On a $\dfrac{x}{n}$ arbres qui ont n erreurs, $x_{+j} = n$,

$e_j = \dfrac{x_{+j}}{n} = 1$,

$k - \dfrac{x}{n}$ arbres avec 0 erreurs, $x_{+j} = 0 \Rightarrow e_j = 0$ => $E_{max} = \dfrac{x}{n}$ Donc on a

$\dfrac{x^2}{kn^2} \le E \le \dfrac{x}{n}$

E* représente le coefficient normalisé => $E* = \dfrac{E - \dfrac{x^2}{kn^2}}{\dfrac{x}{n} - \dfrac{x^2}{kn^2}}$ si on met E*kn^2 on

aura :

$E* = \dfrac{kn^2 E - x^2}{xkn - x}$

$S = C* + E*$

Pour les expérimentations que nous allons mener, on utilise la fonction S = C*+αE*, la valeur du α est trouvée de façon empirique.

3.2.2 Algorithme de simplification

Les étapes de pruning d'un ensemble peuvent être résumées par le pseudo code suivant :

Algorithme PEDA

Entrée : B = {A$_1$,...,A$_k$}

Eval: échantillon de validation ou d'élagage (pruning);

Voisinage (φ_j) : fonction qui retourne les sous ensembles de modèles obtenus à

partir de φ_j en ajoutant un modèle (arbre);

1. Initialiser (φ_0) ;
2. Calculer S(φ_0, Eval) ;
3. Si $\exists \varphi_j$ tel que S(φ_0, Eval) < S(φ_j, Eval) où $\varphi_j \in$ Voisinage (φ_0) alors φ_0=argminφ_j(S(φ_j, Eval));
4. Aller à 3 ;

Sortie : Un sous ensemble φ_0,$\varphi_0 \subseteq$ B.

Algorithme 5.2 Algorithme de sélection d'ensembles PEDA

La complexité de l'algorithme consiste à calculer la complexité de la méthode de parcours de type hill climbing qui est de l'ordre de $O(k^2)$ où k est le nombre de classifieurs de l'ensemble. La fonction S est calculée à partir d'une matrice composée de n lignes (nombre d'individus de l'ensemble de validation) sa complexité est de l'ordre de $O(n)$. La complexité de la méthode proposée est de l'ordre de $O(n*k^2)$.

3.2.3 Initialisation et parcours

La stratégie de parcours utilisée par notre méthode est une stratégie hill climbing dont le principe est simple (Tsoumakas et *al.*, 2009), il consiste à réduire le nombre de sous-ensembles générés dans le cas d'un parcours exhaustif dans lequel 2^k de sous ensembles sont explorés où k est le nombre de classifieurs.

Le hill climbing permet d'obtenir une solution sous optimale en parcourant $\frac{k(k+1)}{2}$ sous ensembles, il considère un ensemble d'états et sélectionne l'état suivant à visiter à partir du voisinage de l'état courant. Les états dans ce cas sont les différents sous-ensembles de modèles et le voisinage d'un sous ensemble Sub de B (ensemble de toutes les hypothèses) est composé des sous-ensembles construits en ajoutant (forward selection) ou supprimant (backward elimination) un modèle de Sub. La méthode parcourt l'espace de recherche (tous les sous-ensembles de modèles) d'une extrémité à l'autre, l'une des deux extrémités est composée de l'ensemble vide et l'autre de l'ensemble de tous les modèles.

Pour notre cas, on parcourt l'ensemble en forward selection et pour l'initialisation on choisit un arbre qui n'est pas très bon et pas très mauvais. Le fait de ne pas choisir l'arbre le plus précis, comme c'est le cas pour beaucoup de méthodes qui adoptent un procédé hill climbing pour la sélection dans un ensemble, est dû au fait que dans certains cas l'arbre le plus précis peut être parfait (ne commet aucune erreur) sur l'échantillon d'évaluation ce qui donne la valeur 0 pour la fonction d'évaluation S qui est la plus petite valeur qu'on pourra pas améliorer, on produit par conséquent un sous ensemble avec un seul arbre (l'arbre d'initialisation) qui peut être très mauvais au moment de la généralisation.

La solution consiste à choisir un arbre avec des performances « moyennes » sur l'échantillon d'évaluation, on classe les k arbres de l'ensemble initial B par ordre croissant ou décroissant des performances sur l'échantillon d'évaluation, on décompose l'ensemble B ordonné en 3 sous-ensembles B1, B2, et B3 et on choisit aléatoirement l'arbre d'initialisation à partir du sous ensemble B2.

4 Conclusion

Nous avons présenté dans ce chapitre deux mesures de sélection ainsi que leurs algorithmes associés. La première mesure NIM permet de sélectionner des variables pour la segmentation et la construction d'un arbre de décision. La mesure est utilisée dans un algorithme glouton IDT_NIM qui effectue plusieurs segmentations jusqu'à l'obtention de la partition la plus fine.

La seconde mesure permet de faire de la sélection dans un ensemble homogène composé d'arbres C4.5 (Quinlan, 1993). La mesure est une fonction multi objectifs effectuant une sélection de modèles divers avec des taux d'erreur minimaux.

Une étude expérimentale sur des benchmarks de l'UCI Repository (Asuncion et al., 2007) montre que ces mesures affichent de bons résultats comparées à d'autres mesures développées dans les mêmes domaines (voir chapitre suivant) et permet ainsi de juger de l'efficacité de ces deux mesures de sélection.

Le chapitre suivant est consacré à la présentations d'études de cas traitant du domaine d'application MONITDIAB pour la surveillance des diabétiques (Taleb et al., 2013).

CHAPITRE 6

ETUDE DE CAS : SURVEILLANCE DES SUJETS DIABETIQUES

1   Introduction

Le diabète se caractérise par un trouble de l'assimilation, de l'utilisation et du stockage des sucres apportés par l'alimentation et est causé, soit par une insuffisance de sécrétion d'insuline par les cellules du pancréas (diabète de type 1, insulino dépendant), soit par une action perturbée de l'insuline (diabète de type 2, non insulino-dépendant).

L'Organisation Mondiale de la Santé (OMS) annonçait dans les années 2000 un doublement du nombre de sujets diabétiques dans le monde, de 200 à 400 millions pour les années 2020.Cette épidémie ne se limite pas par toucher les pays riches et suralimentés mais frappe encore plus durement les pays pauvres.

La maladie touche 12% de la population du Maghreb ; en Algérie il y aurait 4 millions de personnes souffrant de cette maladie. L'étude nationale des indications multiples menée par le Ministère de la Santé, de la Population et de la Réforme hospitalière en collaboration avec l'Office National des Statistiques et des représentations des Nations unies à Alger classe la pathologie du diabète en deuxième position, derrière l'hypertension artérielle. Le taux de personnes atteintes de diabète est en progression ; il est passé à 0,3% chez les sujets âgés de moins de 35 ans, à 4,1% chez les 35-59 ans et à 12,5% chez les plus de 60 ans. La région du Centre du pays vient en tête concernant le nombre de sujets diabétiques (2,3%) suivie de la région Ouest (2,1%).

Le diabète est la quatrième cause de mortalité dans le monde, car cette maladie s'accompagne de nombreuses complications. Pour ce qui est des complications entrainées par cette maladie, le Ministère de la Santé, de la Population et de la Réforme hospitalière a révélé, en 2010, que 14% des dialysés sont diabétiques, 21,8% des rétinopathies sont d'origine diabétique, 33% des neuropathies sont également des diabétiques et 25 % des amputations sont des artériopathies oblitérantes des membres inférieurs d'origine diabétique. En moyenne, les amputations pour cause de diabète pratiquées annuellement dans le pays sont entre 8000 et 13 000. Le coût global d'une amputation pèse lourd sur le budget de la santé publique. La prise en charge d'une amputation du pied diabétique est en effet estimée à 9 millions de dinars. De plus, 70% des efforts du personnel médical au niveau des structures spécialisées sont dirigés vers la prise en charge du pied diabétique. Le motif d'hospitalisation au service de diabétologie pour cause d'atteinte au pied est estimé entre 10 et 20%. Selon des statistiques récentes, 50% des amputés sont des diabétiques, 50% des amputés diabétiques meurent dans les 5 ans qui suivent l'opération chirurgicale et 15% des amputés développent un ulcère du pied.

Dans ce domaine, le recours aux techniques informatiques est très opportun. En effet, l'informatique médicale (application des techniques issues de l'informatique au domaine médical) vise à proposer sa contribution pour la compréhension des mécanismes d'interprétation et de raisonnement médical, d'abstraction et d'élaboration des connaissances et de mémorisation et d'apprentissage. Il s'agit de développer un modèle de décision informatique simplifié pour assister le médecin pendant la consultation afin de déterminer si le patient diabétique présente des complications ou non et déterminer en particulier le type de complication associée.

Dans la première partie de ce chapitre, nous donnons une présentation générale sur la maladie du diabète ainsi que ses types 1 et 2 est donnée, la notion de complication qui peut être engendrée par la maladie et qui est détectée par le diabétologue dans un examen clinique périodique afin de surveiller le patient et éviter ainsi l'apparition de complications et une description du modèle de classification élaboré pour la surveillance de patients diabétiques.

Dans la deuxième partie de ce chapitre, nous présentons différentes études expérimentales et comparatives valorisant et concrétisant les apports des méthodes développés dans les chapitres précédents en les testant sur l'application MONITDIAB ainsi que ensembles de données de l'UCI Repository (Asuncion et *al.*, 2007).

L'utilisation des automates d'arbres pour la génération de modèles d'arbres de décision (Taleb et *al.*, 2013) a fait l'objet de trois études expérimentales :

- La première est une confrontation entre un automate d'arbre brut (non simplifié) et un automate simplifié. La comparaison porte sur les tailles des automates générés (nombre d'états, nombre de règles de transition) et le taux d'erreur.
- La deuxième consiste à comparer l'algorithme de post-élagage associé à la méthode C4.5 (Quinlan, 1993) et les algorithmes de simplification que nous proposons.
- La troisième expérimentation consiste à utiliser les principes de la mesure NIM (Taleb et *al.*, 2010) pour la génération d'automates d'arbres (Taleb et *al.*, 2012). L'accent est mis sur le temps de génération des règles réalisé par réécriture au lieu d'un parcours coûteux de l'arbre.

L'exploitation de la mesure baptisée NIM « New Information Measure »permettant de sélectionner les attributs pertinents pour la génération de partitions dans un arbre développée dans le chapitre 5 et l'algorithme glouton contenant la mesure IDT_NIM « Induction of Decision Tree New Information Measure » intégré dans la plate-forme Weka (Witten et *al.*, 2005) ont fait l'objet de deux études comparatives avec les entropies de Shannon et le Gain Ratio, implémentées respectivement au niveau des algorithmes ID3 (Quinlan, 1986) et C4.5 (Quinlan, 1993) et disponibles au niveau de la plate-forme Weka :

- La première étude consiste à comparer les méthodes suscitées en utilisant comme critères le taux de succès et le temps de génération des arbres.

- La deuxième étude consiste à comparer les méthodes en utilisant les tailles des arbres générés (exprimées en nombre de nœuds et en nombre de partitions). Pour cette étude la taille d'un arbre C4.5 est calculée avant et après élagage.

Enfin, l'application d'une fonction multi-objective pour la simplification non plus d'un arbre singulier mais plutôt d'un ensemble d'arbres de décision C4.5 alliant diversité et performance a fait l'objet d'une ultime étude expérimentale permettant de juger de l'efficacité de la fonction en l'opposant à un panorama de mesures de sélection d'ensembles usuelles à base de diversité.

Nous terminons ce chapitre par une synthèse des résultats obtenus. Les illustrations des différentes contributions sont réalisées en utilisant l'application réelle de surveillance des diabétiques MONITDIAB (Taleb et *al.*, 2013).

2 Le domaine d'application : Le diabète

Le diabète est une hyperglycémie chronique ; elle représente un excès de la concentration de glucose dans le sang, dû à une insuffisance ou un ralentissement de la sécrétion d'insuline par le pancréas.

Le diabète sucré est caractérisé par une hyperglycémie chronique résultant d'un défaut de sécrétion d'insuline. Il est associé aux complications aigües, mais aussi aux complications long terme touchant les yeux, les reins, les nerfs, le cœur et les vaisseaux sanguins.

2.1 Types du diabète

Il existe deux types du diabète :

2.1.1 Diabète Type 1 (insulino-dépendant)

Plus généralement connu sous le nom de diabète de Type 1, ou encore diabète maigre, c'est une forme caractérisée par une disparition parfois complète de la sécrétion d'insuline par le pancréas, ayant pour conséquence immédiate une hyperglycémie, le traitement par insuline, permet au malade de mener une vie presque normale.

Appelé aussi diabète juvénile, c'est une maladie auto-immune. Cela signifie que cette maladie est provoquée par les propres défenses immunitaires de l'organisme : tout se passe comme si l'organisme détruisait lui-même les cellules de son pancréas qui sécrètent l'insuline.

2.1.2 Diabète Type 2 (non insulino-dépendant)

La forme la plus fréquente du diabète sucré (70 à 80% des cas) connu aussi sous le nom de diabète de Type 2, représente une infection hétérogène au triple plan pathogénique[1], clinique[2] et biologique[3].

Le diabète de Type 2 se définit par une glycémie supérieure à 1,26 g/l (7 mmol/l) après un jeûne de 8 heures lors de deux examens différents ou supérieure à 2 g/l (ou 11,1 mmol/l) deux heures après l'ingestion contrôlée de sucre. Les spécialistes prévoient que le nombre de cas augmentera fortement dans les prochaines décennies dans la mesure où cette maladie est intimement liée à l'obésité. Ce diabète est, en effet, associé à une obésité mais aussi à un manque d'activité physique, à des antécédents familiaux et à des signes d'insulino résistance.

---

[1] Mécanisme par lequel une cause pas très importante produit une maladie.
[2] Ensemble des renseignements que le médecin peut recueillir au lit du malade, par l'analyse des symptômes, que précisent l'interrogation ou l'observation directe du patient.
[3] Désigne la chimie médicale et les diverses techniques de laboratoire utilisées dans une intention diagnostique.

	Diabète de Type 1	Diabète de Type 2
Apparition	Généralement subite	Habituellement plus lente.
Symptômes lors de l'apparition	Aigus : Soif intense ; Envie fréquente d'uriner ; Fatigue, Somnolence ; Faim démesurée ; Perte de poids involontaire.	Moins aigus, quelques fois absents : Somnolence, Fatigue ; Soif ; Vision embrouillée ; Infections (organes génitaux et vessie) ; Plaies qui guérissent mal.
Age	Chez l'enfant en période de puberté et chez les jeunes adultes.	Généralement après 40 ans.
Causes	Cessation de la sécrétion d'insuline.	Résistance à l'insuline et/ou diminution de la sécrétion d'insuline.
Traitement	Alimentation ; Activités physiques ; Injections d'insuline.	Alimentation ; Activité physique ; Médicaments antidiabétiques oraux et/ou injection d'insuline au besoin.

Tableau 6.1 Comparaison Diabète Type 1 et Type 2

2.2 Complications du diabète : qu'est-ce que c'est?

Le diabète représente une hyperglycémie chronique qui est toxique pour les organes lorsqu'elle n'est pas corrigée et que la glycémie reste élevée le jour et la nuit. Avec le temps, celle-ci endommage les vaisseaux sanguins et les nerfs de tout l'organisme. C'est pourquoi le diabète est à l'origine de diverses complications affectant tous les organes du corps humain.

On retrouve donc des atteintes au niveau des vaisseaux, les macro-angiopathies pour les vaisseaux de gros diamètres et les micro-angiopathies pour les plus petits, au niveau des yeux (rétinopathie diabétique), au niveau des reins (néphropathie), au niveau des nerfs (neuropathie diabétique) et au niveau de la peau ainsi que des complications infectieuses.

Toutes ces complications peuvent mener à un décès prématuré et engendrer de graves traumatismes comme les amputations de jambes ou la perte de la vue (cécité). Les diabétiques doivent donc pratiquer une auto-surveillance glycémique et consulter régulièrement le médecin généraliste ou les spécialistes (diabétologue, ophtalmologue, cardiologue, podologue..). Plus la glycémie sera stabilisée, plus les risques liés à la maladie sont évités. Certaines complications aiguës du diabète qui peuvent mener au coma et, rarement, au décès en l'absence de traitement adapté.

2.3 La surveillance du Diabète

La surveillance du diabète permet de vérifier si un patient diabétique insulinodépendant ou pas présente des complications. Les *complications* associées au diabète touchent une proportion importante des diabétiques : environ 4 sur 10 en souffrent. Un taux de glycémie trop élevé, même de façon périodique, peut causer avec le temps de graves problèmes de santé.

Plus le diabète apparaît tôt dans la vie, plus le risque de complications augmente mais il est tout à fait possible de retarder la majorité des complications par un contrôle de la glycémie. Un diabète non diagnostiqué ou mal contrôlé peut aussi entraîner de *graves complications aiguës*, qui sont des urgences médicales.

Concevoir une application dédiée à la surveillance de diabétiques, pour notre cas, revient à dire si un patient diabétique Type 1 ou Type 2, après un contrôle par le médecin, présente des complications ou pas.

La surveillance réalisée par le diabétologue est réalisée une fois tous les ans, dans le cas de présence de complications, elle est réalisée tous les semestres. Le médecin demande au patient un bilan à partir duquel il va diagnostiquer une présence de complication ou pas.

Le médecin demande périodiquement des examens qui le renseignent sur :

- L'équilibre métabolique du diabète ;

- L'existence de troubles associés présentant un risque d'aggravation du risque vasculaire ;
- L'existence, la gravité et l'évolutivité des complications dégénératives.

La surveillance de la tension artérielle (TA) est fondamentale. Par exemple TA>140/80 signifie un risque accru de souffrances oculaires et rénales. Sa constatation conduit le médecin à prescrire des mesures hygiéno-diététiques (telles que la correction du poids et la suppression de l'alcool) et des médicaments antihypertenseurs (inhibiteurs de l'enzyme de conversion).

Des marqueurs biologiques de l'équilibre métabolique sont disponibles :

L'hémoglobine glyquée (HBNC) renseigne sur l'équilibre glycémique au cours des 120 derniers jours (3 mois). Le résultat normal est inférieur à 6 % d'hémoglobine. En cas de traitement insuffisant, le résultat est supérieur à 7,5% et peut aller jusqu'à 12% ;

La fructosamine renseigne sur l'équilibre glycémique au cours des deux semaines précédentes.

Le bilan lipidique fait partie intégrante de la surveillance du diabétique:
- Le diabète mal équilibré favorise l'hyperlipidémie (cholestérol et triglycérides) ;
- L'hypercholestérolémie est un facteur de risque vasculaire dont les effets associés à ceux de l'hyperglycémie et de l'hypertension artérielle favorisent l'apparition de maladies cardiovasculaires ;
- Toute réduction du taux de cholestérol sanguin entraîne une diminution de la morbidité vasculaire et même la régression des plaques d'athérome ;
- Le cholestérol total doit être inférieur à 2 g/l (surtout le LDL-Cholestérol). Si sa valeur est légèrement supérieure au seuil (entre 2

et 2,60 g/l), le risque athérogène est mieux apprécié par le dosage de l'apolipoprotéine B que par le dosage de l'HDL-cholestérol. Toute hyperlipidémie doit être traitée par médicaments hypolipémiant et grâce aux conseils alimentaires.

- La recherche de traces d'albumine (microalbuminurie) est essentielle car la mise en évidence de ce dernier témoigne d'un risque évolutif certain. Non seulement la microalbuminurie représente le premier signe de la néphropathie diabétique (atteinte rénale) mais la mortalité cardiovasculaire est aussi très augmentée en cas de protéinurie. La microalbuminurie témoigne d'une élimination urinaire d'albumine comprise entre 20 et 200 µg/ml. Cette anomalie est réversible avec l'amélioration de l'équilibre glycémique.

La surveillance peut être résumée de la façon suivante :

- Tous les 3 mois, prise de la tension artérielle, glycémie, hémoglobine glyquée ou fructosamine, cholestérol total, triglycérides (apolipoprotéine B ou HDL-cholestérol), microalbuminurie et uroculture ;
- Tous les ans, électrocardiogramme, radiographie du thorax, examen ophtalmologique ;
- A intervalle espacé et selon les besoins, angiofluorographie rétinienne, électrocardiogramme d'effort, scintigraphie du myocarde, Doppler des membres inférieurs et écho Doppler des carotides, etc.

3   Elaboration d'un modèle de classification (Taleb et *al.*, 2013)

L'application MONITDIAB a été réalisée après de multiples interviews avec les diabétologues et des consultations d'archives de patients dans l'hôpital Ben Zerdjeb dans la wilaya AIN TEMOUCHENT en ALGERIE.

L'objectif du travail consiste à collecter toutes les données permettant de dire si un patient présente des complications ou pas. L'avis des médecins a servi pour déterminer les symptômes indiquant des complications. La consultation des archives a permis de collecter des cas réels déjà traités au niveau de l'hôpital. Par ailleurs, il était possible d'assister à des auscultations des patients par les médecins in vivo.

Pour élaborer le modèle de classification, comme expliqué au niveau de la section 3.2, des données en entrée ou variables exogènes étaient nécessaires ; elles sont extraites à partir des bilans des patients. La variable ou la classe à prédire est de savoir selon le bilan ou les variables descriptives si le patient présente des complications ou non.

L'application MONITDIAB comprend 353 patients ; ces derniers sont décrits par 13 variables exogènes permettant de dissocier 5 modalités de classe différentes.

3.1 Les variables exogènes

Les variables exogènes extraites des bilans peuvent être résumées comme suit :

- Le Type du Diabète

La variable est notée TD et prend deux valeurs :

  ✓ Type 1 : (DID)

  ✓ Type 2 : (DNID)

- Var : Détermine les cas où le patient est :
  ✓ Une femme enceinte (FE) ;
  ✓ Un adulte (Adulte), Si âge ≤70 ;
  ✓ Une personne âgée (VP), Si âge>70.

- IMC : Indice de Masse Corporelle, $IMC = \frac{Poids}{Taille^2}$
    - ✓ 18 < IMC < 20 =>Maigre (M) ;
    - ✓ 20 < IMC < 25 => Normale ;
    - ✓ 25 < IMC < 30 => Surcharge Pondérale (SP) ;
    - ✓ 30 < IMC < 35 =>ObsG1 ;
    - ✓ 35 < IMC < 40 =>ObsG2 ;
    - ✓ IMC > 40 => ObsG3

- La glycémie : (Glyc)

Prise tous les 3 mois, elle dépend du sexe et de l'âge du patient et sa valeur est en équilibre si elle est :

- ✓ Egale à 1 G (à jeun) et 1.20 G (en post prondial) pour la femme enceinte.

- ✓ Egale à 1.60 G (à jeun) et 2 G (en post prondial) pour un homme vieux.

- ✓ Egale à 1 G (à jeun) et 1.40 G (en post prondial) pour un sujet jeune ou adulte.

Les valeurs prises par la variable Glyc sont les suivantes :

- ✓ Si 0.70G ≤ Glyc< 1.80G =>Normale ;
- ✓ SiGlyc<0.70G => Hypoglycémie (HypoG);
- ✓ Si 1.80G ≤ Glyc≤ 6G =>Hyperglycémie (HyperG).

- Le HBNC : Reflète l'équilibre glycémique dès trois mois, il commence à 6% et peut aller jusqu'à 15% les valeurs sont différentes pour chaque laboratoire, les valeurs prises par le HBNC :

✓ 6.5 < HBNC < 7 pour un diabétique de Type 1, il est bien équilibré;

✓ 7 < HBNC < 7.5 pour un diabétique de Type 2, il est bien équilibré;

✓ 8 < HBNC < 10 il est mal équilibré;

✓ HBNC > 10 très mal équilibré;

Les valeurs prises par la variable HBNC sont les suivantes :

✓ Equilibré (E) ;

✓ Déséquilibré (D) ;

✓ Très Déséquilibré (TD).

- Examen du fond d'œil (EFO) prend les valeurs:

✓ Rétinopathie (R) ;

✓ Pas de Rétinopathie (PR).

- Créatinine (Crea) :

La *créatinine* est une substance issue de la dégradation de la créatine au niveau des cellules musculaires. C'est un déchet organique, qui doit normalement être évacué par voie urinaire après passage par les reins. Elle est néanmoins très utile en médecine pour évaluer la fonction d'élimination effectuée par les glomérules rénaux.

✓ Si 6 G/L ≤ Crea ≤ 13 G/L AlorsCrea = Normale;

✓ Crea> 13 G/L AlorsCrea = Anormale.

- Urée (Urée):

L'*urée* constitue la majeure partie azotée de l'urine. Elle provient de la décomposition des protéines.

✓ Si 0.30 G/L≤ Urée ≤0.50 G/L Alors Urée = Normale ;

✓ Si Urée > 0.50 G/L Alors Urée =Anormale (insuffisance rénale).

- Microalbuminurie : (McrAlb)

L'*albumine* est la protéine la plus importante en quantité dans le sérum humain (60 % des protéines). Elle est fabriquée par le foie et sert à transporter un nombre important de substances dans le sang (électrolytes, hormones, facteurs de la coagulation…). L'albumine permet aussi d'assurer le passage de l'eau du sang vers les cellules (pression oncotique).

La *microalbuminurie* est définie comme la présence d'une quantité faible mais anormale d'albumine dans les urines, comprise entre 30 à 300 mg par 24 heures. C'est un facteur important dans la surveillance de la fonction rénale du patient diabétique.

L'analyse de permet de savoir si les reins ne laissent pas échapper des protéines de façon anormale. Cela signifie que les parties filtrantes du rein, les néphrons, sont abîmées. L'arrivée de cette anomalie signe également une infection urinaire.

✓ Si McrAlb = 20mg/24h Alors McrAlb= Normale ;

✓ Si 30 <McrAlb< 100 Alors Néphropathie Diabétique Stade 3A (NDS3A) ;

✓ Si 100 <McrAlb< 300 Alors Néphropathie Diabétique Stade 3B (NDS3B) ;

✓ Si McrAlb> 300 Alors Néphropathie Diabétique Stade 4 (NDS4) ;

✓ Si McrAlb> 300 Et Urée élevée Et Crea élevée Alors Insuffisance Rénale Stade 5 (IRS5).

- Clairance de la créatinine : (Cc)

La *clairance de la créatinine* est calculée en fonction du taux de créatinine dans le sang (créatininémie), mais aussi de l'âge et du poids de l'individu. La clairance de la créatinine permet ainsi d'identifier une insuffisance rénale.

La valeur Cc est calculée en utilisant la formule $Cc= \dfrac{140-(age*poids)}{Créatine}$ et peut prendre les valeurs suivantes :

- ✓ 70 < Cc < 100 Insuffisance Rénale Légère (IRL) ;
- ✓ 40 < Cc < 70 Insuffisance Rénale Modérée (IRM) ;
- ✓ 10 < Cc < 30 Insuffisance Rénale Sévère (IRS) ;
- ✓ Cc < 10 Insuffisance Rénale Très Sévère (IRTS) ;

- Neuropathie : (Neuropath)

La neuropathie désigne une pathologie d'un nerf. Le terme de neuropathie est employé habituellement pour désigner la neuropathie périphérique c'est-à-dire l'atteinte des nerfs formant le système nerveux périphérique, composé des nombreux nerfs parcourant notre corps. Le système nerveux périphérique s'oppose au système nerveux central, qui comprend des neurones situés dans le cerveau et la moelle épinière. Il existe un très grand nombre de neuropathies, pouvant concerner un à plusieurs nerfs.

Peut apparaître 5 ans après la découverte du diabète, prend les valeurs suivantes :
- ✓ Existence de Neuropathie (Neurpath) ;
- ✓ Pas d'Existence de Neuropathie (PNeurpath).

- ECG :

L'*ElectroCardioGramme (ECG)* est un examen indolore pratiqué dans le cadre du dépistage ou du diagnostic de différentes cardiopathies.

✓ Normal ;

✓ Insuffisance Coronaire (InsufCor) ;

✓ Insuffisance Cardiaque (InsufCar).

• Doppler Artériel : (DA)

Le *doppler artériel* consiste à étudier la circulation du sang dans les artères au moyen d'un appareil à ultrasons utilisant l'effet doppler.

✓ Existence d'Artériopathie (Art) ;

✓ Pas d'Artériopathie (PArt).

3.2 Les valeurs de la classe

On a pu extraire 10 valeurs pour la classe à partir des dossiers consultés :

- Diabète Type I Déséquilibré légèrement compliqué (1) ;

- Diabète Type I Déséquilibré modérément compliqué (2) ;

- Diabète Type I Déséquilibré très compliqué (3) ;

- Diabète Type II Déséquilibré légèrement compliqué (4) ;

- Diabète Type II Déséquilibré modérément compliqué (5) ;

- Diabète Type II Déséquilibré très compliqué (6) ;

- Diabète Type II Déséquilibré non compliqué (7) ;

- Diabète Type II Equilibré non compliqué (8) ;

- Diabète Type I Equilibré non compliqué (9) ;

- Diabète Type I Déséquilibré non compliqué (10) ;

La classe "Complications" prend les valeurs suivantes :

(1) et (4) représente un Diabète Déséquilibré Légèrement Compliqué (DDLC) ;

(2) et (5) représente un Diabète Déséquilibré Modérément Compliqué (DDMC) ;

(3) et (6) représente un Diabète Déséquilibré Très Compliqué (DDTC) ;

(7) et (10) représente un Diabète Déséquilibré Non Compliqué (DDNC) ;

(8) et (9) représente un Diabète Equilibré Non Compliqué (DENC).

4   Description des bases d'apprentissage

Les bases d'apprentissage (Asuncion et *al.*, 2007) utilisées pour les expérimentations sont décrites sur le Tableau 6.2. Les éléments de description sont :

- NI : Nombre d'Instances ;
- ND : Nombre de Descripteurs ;
- NMC : Nombre de Modalités de la Classe.

	NI	ND	NMC
MONITDIAB	353	13	5
audiology	226	69	24
breast-cancer	286	9	2
breast w	699	9	2
cmc	1473	9	3
dermatology	366	34	6
ecoli	336	7	8
kr-vs-kp	3196	36	2
glass	214	9	6
heart-h	294	13	5
hepatitis	155	19	2
ionosphere	351	34	2
lymph	148	18	4
diabetes	768	8	2
credit-a	690	15	2
credit-g	1000	20	2
heart-statlog	270	13	2
anneal	798	38	6
balance-scale	625	4	3
colic	368	22	2
haberman	306	3	2
titanic	390	13	2
primarytumor	339	17	2
sonar	195	60	2
soybean	683	35	19
tic-tac-toe	958	9	2
vehicle	946	18	4
vote	435	16	2

vowel	990	13	11
autos	205	25	6

Tableau 6.2 Description des échantillons d'apprentissage

5 Expérimentations

Les différentes méthodes développées ont été implémentées dans un système dont l'architecture est la suivante :

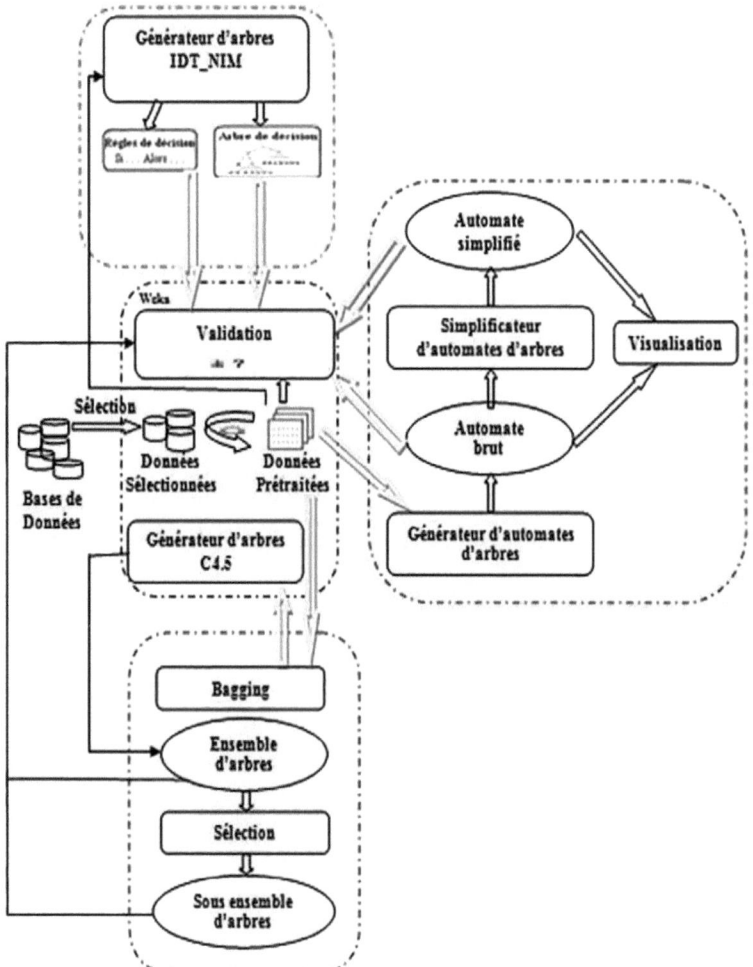

Figure 6.1 Architecture générale de l'application

La plate-forme Weka est au centre des trois contributions. Elle est sollicitée pour le prétraitement des données et la validation des modèles générés. Elle s'articule autour de deux modules principaux :

- Module de prétraitement : permet le traitement des données manquantes ou erronées.
- Module de validation : permet de valider les modèles générés. Il intègre plusieurs méthodes de validation implémentées :
  - ✓ Validation croisée (10-folds par défaut),
  - ✓ Validation par échantillon test (chargé dans un fichier séparé),
  - ✓ Utilisation de l'échantillon d'apprentissage (calcul de l'erreur apparente),
  - ✓ Division de l'échantillon initial en échantillon d'apprentissage et de test selon des pourcentages.
- Le module de génération d'arbres C4.5 est utilisé seulement pour l'application de la fonction multi objectifs.

5.1 Automates d'arbres pour la classification

Sur la Figure 6.1 sont représentés les différents modules utilisés pour accomplir la tâche de transcription et de simplification des arbres de décision par les automates d'arbres.

a) Les modules :

- Module de génération d'automates d'arbres : Un module qui permet de générer un automate d'arbre en utilisant les principes d'arbres de décision ID3 ou C4.5.
- Module de simplification d'automate d'arbres : Permet de simplifier l'automate généré par le module précédent en utilisant les algorithmes présentés dans (Chapitre 3 § 4).

- Module de visualisation : Permet de visualiser les différents modèles obtenus : automate brut et simplifié sous forme graphique et/ou textuelle.

b) Les étapes de génération

- Les données sont chargées au format (*.arff*) via l'interface de Weka ;
- Une phase de prétraitement est requise pour prendre en compte les données manquantes ou aberrantes ;
- L'automate d'arbres brut est généré en utilisant le module de génération d'automate d'arbres ;
- L'automate est validé en utilisant la validation croisée (10-folds) ;
- L'automate est simplifié en utilisant le module de simplification de l'automate ;
- Le modèle simplifié est aussi validé pour pouvoir être comparé par rapport à la première validation ;
- Les automates peuvent être visualisés sous forme graphique ou textuelle.

5.1.1 Démarche des expérimentations

L'intégration de la méthode de transcodage ainsi que l'implémentation des algorithmes de nettoyage et de déterminisation ont été réalisées dans la plate-forme Weka. Les éléments essentiels concernant les expérimentations sont:

1- **Données :** L'application MONITDIAB et des ensembles de données de l'UCI Repository (Asuncion et *al.*, 2007) ;
2- **Outil de développement :** JAVA imposé par l'intégration des différents outils au niveau de la plate-forme Weka ;
3- **Méthode de validation :** La validation croisée (10-folds) est utilisée pour valider les modèles générés.

Les expérimentations se déroulent en plusieurs étapes :

Etape 1 : Choix de la base d'apprentissage et génération de l'automate brut.

Au niveau de cette étape, l'automate est généré de deux façons différentes : sous une forme textuelle (Figure 6.2) ou sous une forme graphique (Figure 6.3).

```
V = ( R ,Exeye(,) ,NR ,TypeI ,DT(,) ,TypeII ,
      Normal ,Urea(,) ,Anormal ,Crea(,) ,HyperG ,Glyc(,) ,
      HypoG ,Neurpath ,Neuropathy(,) ,No_Neurpath ,Cc(,) ,SRI ,
      SVRI ,MRI ,VSVRI )

Q = ( q0 ,q1 ,q2 ,q3 ,q4 ,q5 ,q6 ,q7 ,q8 ,q9 ,q10 ,q11 ,q12 ,q13 ,q14
      q20 ,q21 ,q22 ,q23 ,q24 ,q25 ,q26 ,q27 ,q28 ,q29 ,q30 ,q31 ,q32
      q40 ,q41 ,q42 ,q43 ,q44 ,q45 ,q46 ,q47 ,q48 ,q49 ,q50 ,q51 ,q52
      q60 ,q61 ,q62 )

Delta = ( R(q4)--> q5, Exeye(q5)--> q6, NR(q6)--> q7,
          Exeye(q7)--> q8, TypeI--> q9, TypeII(q10,q6)--> q11, q12--> q0,
          Normal(q12,q6)--> q13, Anormal(q14,q8)--> q15, Normal(q16,q8)--
          Anormal(q18,q10)--> q19, q20--> q0, HyperG(q20,q10)--> q21,
          HypoG(q22,q14)--> q23, Normal(q24,q14)--> q25, TypeI(q26,q14)--
          q28--> q1, TypeII(q28,q16)--> q29, q30--> q0, Neurpath(q30,q16)
          No_Neurpath(q32,q18)--> q33, q34--> q4, Normal(q34,q18)--> q35,
```

Figure 6.2 Automate d'arbre brut sous forme textuelle correspondant à la base
MONITDIAB

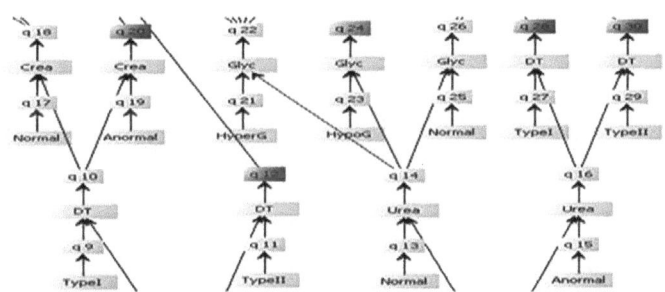

Figure 6.3 Automate d'arbre brut sous forme graphique correspondant à la base
MONITDIAB

L'automate d'arbres brut de l'application MONITBIAB compte $|Q|$= 63et $|\Delta|$=75.

Les règles sont générées par réécriture. Une partie des règles générées est présentée sur la Figure 6.4.

```
- If DT = TypeII And Exeye = R Then Complications = UDVC .
- If Crea = Anormal And DT = TypeI And Exeye = R Then Complications = UDVC .
- If Glyc = HypoG And Urea = Normal And Exeye = NR Then Complications = null .
- If DT = TypeI And Urea = Anormal And Exeye = NR Then Complications = UDHC .
- If DT = TypeII And Urea = Anormal And Exeye = NR Then Complications = UDVC .
```

Figure 6.4 Les règles de décision

Dans cette même étape, l'automate est validé en utilisant la validation croisée (10-folds) disponible au niveau de la plate-forme.

```
Correctly Classified Instances        344          97.4504 %
Incorrectly Classified Instances        9           2.5496 %
Kappa statistic                       0.9528
Mean absolute error                   0.0128
Root mean squared error               0.099
Relative absolute error               5.8055 %
Root relative squared error          29.9460 %
Total Number of Instances             353
```

Figure 6.5 Résultats de validation de l'automate brut

Par la suite, l'automate simplifié est généré à partir de l'automate initial en utilisant les algorithmes présentés précédemment (Chapitre 3 $ 4).

5.1.2 Etudes comparative et résultats

5.1.2.1   Première étude comparative

La première étude présentée au niveau Tableau 6.3 consiste à comparer un automate brut généré en utilisant les principes de la méthode C4.5 et un automate simplifié obtenu à partir du précédent en appliquant le nettoyage et la déterminisation. La comparaison est réalisée en utilisant comme critères le type de l'automate (TA) qui peut être Brut (B) ou Simplifié (S), le nombre d'états (NE), le nombre de règles de transition (NRT), le nombre de règles de décision (NRD) et le taux d'erreur (TE).

	TA	NE	NRT	NRD	TE
MONITDIAB	B	63	75	19	02.55%
	S	37	37	12	02.55%
Balance-Scale	B	207	259	52	30.24%
	S	110	110	49	30.24%

Breast-Cancer	B	12	16	4	24.48%
	S	12	12	4	24.48%
Car	B	336	497	131	07.64%
	S	196	196	131	07.64%
Credit	B	32	42	11	21.73%
	S	26	26	10	21.21%
Diabetes	B	32	41	11	0.34%
	S	24	24	09	0.34%
Flags	B	144	176	50	40.68%
	S	58	58	25	38.63%
Kr-Ks-Vp	B	118	149	31	0.57%
	S	65	65	31	0.57%
Monks-Problem1	B	36	47	12	17.75%
	S	20	20	10	17.05%
Solare-flare	B	70	92	23	27.88%
	S	47	47	21	27.52%

Tableau 6.3 Etude comparative entre automate brut et automate simplifié

5.1.2.2   Deuxième étude comparative

Une deuxième étude consiste à comparer en utilisant 5 benchmarks de l'UCI Repository :

- AAP (Automate d'Arbres Pruning) : Un arbre C4.5 transcrit dans le formalisme d'automates d'arbres et élagué avec les algorithmes de nettoyage et de déterminisation ;

- C4.5 Pruning : Un arbre C4.5 simplifié en utilisant l'algorithme de post élagage basé sur l'estimation de l'erreur du pruning (Error Based Pruning) en utilisant deux critères : Le nombre de règles de décision (NRD), et le taux d'erreur (TE).

	AAP		C4.5 Pruning	
	NRD	TE	NRD	TE
Autos	30	18.04%	49	18.11%
Bridges-V1	08	36.36%	09	44%

Lymphography	18	21.71%	21	23.04%
Mfeat-pixel	296	16.39%	708	21.34%
Splice	124	5.61%	184	5.92%

Tableau 6.4 Etude comparative entre le pruning de l'automate AAP et le pruning de C4.5

5.1.2.3 Troisième étude comparative

Dans (Taleb et *al.*, 2012), nous avons montré l'intérêt du processus de réécriture pour la génération des règles de décision ; le processus réduit considérablement le temps comparé à une génération classique par parcours de l'arbre. Cette troisième comparaison est la méthode IDT_NIM basée sur la mesure NIM, la méthode C4.5, et la méthode DMTA « Distance Measure Tree Automata » qui utilise la mesure NIM pour générer un automate d'arbres. La comparaison est effectuée par rapport au taux de succès (TS) et au temps de génération des règles (TGR).

L'intérêt de l'étude est double : premièrement, comparée au gain ratio sur les 5 benchmarks, nous avons pu montrer que la mesure NIM est plus performante sur 2 benchmarks {breast-cancer et kr-vs-kp}, donne les mêmes performances pour 2 {Iris et Balance scale} et le gain ratio l'emporte sur NIM pour le benchmark Breast-w. Deuxièmement, l'expérimentation permet essentiellement de tester l'intérêt de la réécriture par rapport au parcours pour la génération des règles de décision. Nous remarquons que pour tous les cas le temps est réduit de façon considérable.

	Méthodes					
	IDT_NIM		**C4.5**		**DMTA**	
Data sets	TS	TGR	TS	TGR	TS	TGR
breast-cancer	**75.81 %**	$2.15\,E^{-3}$	75.52 %	$3.71E^{-2}$	**75.81%**	$5.70\,E^{-4}$
kr-vs-kp	**99.53%**	$2.66\,E^{-2}$	99.43%	$1.52\,E^{-1}$	**99.35%**	$6.49\,E^{-4}$
Iris	94%	$1.82\,E^{-3}$	94%	$1.44\,E^{-2}$	94%	$3.03\,E^{-5}$
breast-w	95.31%	$9.78\,E^{-3}$	95.75%	$6.75\,E^{-2}$	95.31%	$3.87\,E^{-4}$

| balance scale | 69.76% | 5.70 E^{-3} | 69.76% | 9.40 E^{-3} | 69.76% | **2.43 E^{-4}** |

Tableau 6.5 Calcul du temps de génération des règles de décision

5.1.3 Analyse des résultats

L'utilisation des automates d'arbres pour la génération des arbres de décision permet d'obtenir plusieurs avantages comme précédemment évoqué et l'étude expérimentale réalisée nous a permis de les confirmer.

Nous avons effectué trois expérimentations : dans la première, il était question de transcrire un arbre de décision dans le formalisme d'automates d'arbre ensuite le simplifier en utilisant les algorithmes de post-élagage basés sur les propriétés des automates. Nous avons atteint deux objectifs avec cette transcription :1) ces méthodes ont été mises dans un cadre formel ; 2) l'efficacité des algorithmes a été testée pour la réduction de la taille de l'automate et même de la base de règles et cela sans détériorer les performances.

La deuxième étude expérimentale nous a permis de comparer deux algorithmes de post-élagage, celui de C4.5 basé sur la mesure à base d'erreur (EBP) et celui des automates d'arbres que nous appelons Automates d'Arbres Pruning (AAP). Les résultats montrent bien la supériorité de AAP par rapport à EBP dans tous les cas testés avec une réduction de la taille de la base de règles et une réduction du taux d'erreur.

Certains algorithmes de post-élagage d'arbres de décision (Breiman et *al*., 1984) nécessitent un échantillon supplémentaire pour faire le pruning en plus des échantillons de génération et de test qui n'est pas toujours possible avec l'indisponibilité des données. AAP réalise l'élagage sur la structure même de l'automate et ne nécessite par un échantillon supplémentaire pour l'élagage.

Dans la dernière étude, l'intérêt de la réécriture pour la génération des règles de décision par rapport au parcours est montré. Nous avons remarqué que pour tous les cas une réduction importante du temps de génération a été mesurée.

5.2 Mesure de segmentation pour la sélection de variables

Sur la Figure 6.1 sont représentés les différents modules utilisés pour générer un arbre IDT_NIM sous forme graphique (arbre) ou textuelle (règles de décision).

a) Les modules

- Module de génération d'arbres de décision : module que nous avons intégré. Il permet de générer un arbre de décision en utilisant l'algorithme glouton IDT_NIM basé sur la mesure NIM.
- Module de génération de règles de décision : permet de générer les règles de décision à partir de l'arbre IDT_NIM généré par le module de génération d'arbres.
- Module de visualisation : permet de visualiser l'arbre de décision sous forme graphique.

b) Les étapes de génération

- Les données sont chargées au format (*.arff*) via l'interface de la plate-forme Weka ;
- Une phase de prétraitement est requise pour prendre en compte les données manquantes ou erronées ;
- L'arbre IDT_NIM est généré en utilisant le module de génération d'arbres ;
- L'arbre est validé en utilisant la validation croisée (10-folds) ;

- Les règles de décision sont générées en utilisant le module de génération de règles ;
- L'arbre peut éventuellement être visualisé graphiquement.

5.2.1 Démarches des expérimentations

Nous avons réalisé nos expérimentations sur la base MONITDIAB. Les expérimentations consistent à générer un arbre en utilisant la mesure NIM proposée. L'application de la méthode, implémentée dans la plate-forme WEKA, permet d'obtenir l'arbre représenté sur la Figure 6.6 :

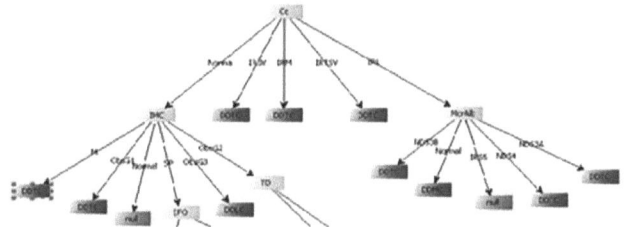

Figure 6.6 Extrait de l'arbre pour la base MONITDIAB généré dans la plate-forme WEKA

Les règles extraites de l'arbre pour la base MONITDIAB sont au nombre de 25 ; elles sont affichées dans un éditeur de WEKA comme dans la figure ci-dessous :

```
- Si McrAlb = NDS4 et Cc = IRL Alors Complications = DDTC .

- Si McrAlb = NDS3A et Cc = IRL Alors Complications = DDTC .

- Si TD = TypeI et IMC = ObsG2 et Cc = Normal Alors Complications = DDMC .

- Si TD = TypeII et IMC = ObsG2 et Cc = Normal Alors Complications = DDTC .

- Si TD = TypeII et EFO = R et IMC = SP
  et Cc = Normal Alors Complications = DDTC .
```

Figure 6.7 Un extrait de la base de règles

Les résultats de validation obtenus sont présentés sur la Figure 6.8, nous remarquons que la méthode a pu classer l'échantillon avec un taux de succès de 96.31%.

```
=== Stratified cross-validation ===
=== Summary ===

Correctly Classified Instances      340           96.3173 %
Incorrectly Classified Instances     11            3.1161 %
Kappa statistic                   0.9419
Mean absolute error               0.0117
```

Figure 6.8 Résultats de validation

5.2.2 Etudes comparatives et résultats

5.2.2.1   Première étude comparative

Le tableau ci-dessous regroupe les résultats expérimentaux obtenus avec la base MONITDIAB ainsi que des exemples disponibles au niveau de l'UCI Machine Learning Repository. Sur la base des exemples choisis, Nous avons comparé IDT_NIM aux méthodes à base d'arbres de décision ID3 et C4.5 dans le but de nous positionner par rapport à ces dernières. L'étude comparative est réalisée en se basant sur deux paramètres :

- Le taux de succès (TS) ou le pourcentage des exemples bien classés ;

- Le temps d'exécution (TE) dont l'unité est la milli seconde. TE ne prend aucune valeur si la taille de l'échantillon n'est pas très importante.

Data set	ID3		IDT_NIM		C4.5	
	TS	TE	TS	TE	TS	TE
MONITDIAB	96.32%	31	96.32%	**15**	**97.45%**	31
Audiology	80.97%	/	**83.18%**	/	75.22%	/
Car	89.35%	78	**92.47%**	**31 ms**	92.36%	63
Condition-	77.27%	/	**81.81%**	/	68.18%	/
Dermatology	90.98%	62	90.71%	**47 ms**	**93.71%**	63
Monks-Problem-1	79.03%	/	**87.90%**	/	82.25%	/
Nursery	98.18%	875	**98.68%**	734	97.05%	934
Retard	**65%**	/	**65%**	/	**65%**	/
Sonare-Flare	76.41%	/	77.35%	/	**81.13%**	/
Spect	70%	/	**73.75%**	/	68.75%	/
Weather	**85.71%**	/	**85.71%**	/	50%	/

Tableau 6.6 Etude comparative entre les méthodes ID3, C4.5 et la méthode IDT_NIM

5.2.2.1.1 Analyse des résultats de la première étude comparative

La méthode IDT_NIM donne de meilleurs taux de succès pour 6 ensembles de données parmi les 11 ; en moyenne elle dépasse ID3 de 3.83% et C4.5 de 4.83%. La méthode C4.5 fait mieux que la méthode IDT_NIM pour 3 ensembles de données.

Nous remarquons que le temps de génération, lorsqu'il y a possibilité de le calculer pour les benchmarks de grandes tailles, est toujours en faveur de la méthode IDT_NIM. Le temps est réduit considérablement pour les ensembles de données MONITDIAB, Car, Dermatology, et Nursery, il y a une réduction du temps de calcul moyen de 66 millisecondes par rapport à la méthode C4.5.

5.2.2.2 Deuxième étude comparative

La deuxième étude consiste à comparer les tailles des arbres générés par les trois méthodes précédentes ID3, IDT_NIM, et C4.5 sans et avec élagage. Pour la comparaison, nous utilisons deux critères :

- Le Nombre de Nœuds (NN) ;
- Le Nombre de NiVeaux ou le nombre de partitions (NNV).

Data sets	ID3		IDT_NIM		C4.5 Non élagué		C4.5 élagué	
	NN	NNV	NN	NNV	NN	NNV	NN	NNV
Monks-Problem-1	85	6	**29**	**4**	43	6	18	3
Breast-Cancer	440	7	**15**	**4**	188	8	06	2
heart-statlog	139	10	61	10	**43**	**8**	15	5
Ionosphere	90	8	85	8	**57**	**6**	27	4
Haberman	27	3	**15**	**3**	15	**3**	15	3
Sonar	89	12	**23**	**5**	49	11	31	7
Tic	5218	10	**85**	**7**	2340	15	341	10
Credit-g	922	11	**79**	**7**	526	12	98	8
Breast-W	110	7	**19**	**4**	54	6	26	3
Kr-vs-kp	96	17	**17**	**5**	82	14	59	12
Molecular_Biolog	41	4	**33**	**4**	37	5	25	3
Spam_Base	1255	24	**362**	**12**	670	24	214	19

Adult	3246	11	47	5	1403	13	29	3

Tableau 6.7 Comparaison des tailles des arbres ID3, C4.5, et IDT_NIM

5.2.2.2.1 Analyse des résultats de la deuxième étude comparative

Nous remarquons que pour les trois méthodes ID3, IDT_NIM, et C4.5 non élaguée, la méthode IDT_NIM permet de générer des arbres de taille réduite pour 10 cas sur les 13 ensembles de données. La méthode C4.5 non élaguée génère un arbre de même taille que la méthode IDT_NIM pour le benchmarks Haberman et génère des arbres de taille plus petite que ceux générés par la méthode IDT_NIM pour les ensembles de données Heart-statlog et Ionosphere.

Nous remarquons pour tous les cas que la méthode C4.5 élaguée fait mieux que toutes les autres méthodes au profit d'un temps supplémentaire pour l'élagage de l'arbre.

5.3 Fonction multi objectifs pour la sélection d'ensembles

Les expérimentations consistent à construire des ensembles homogènes par ré-échantillonnage de l'échantillon de départ en utilisant comme règle de base l'algorithme de génération d'arbres de décision C4.5 (Quinlan, 1993). La plate-forme Weka est utilisée comme source pour l'algorithme d'apprentissage C4.5 ainsi que pour la validation (Voir Figure 6.1). Les ensembles construits sont par la suite élagués en utilisant la fonction multi objectifs présentée au niveau du chapitre 5.

La fonction que nous avons proposée réunit les critères de performance et de diversité pour la simplification d'un ensemble homogène d'arbres C4.5 ; elle est intégrée dans un algorithme baptisé PEDA « Pruning

Ensemble using Diversity and Accuracy ». La méthode PEDA est comparée à un ensemble de méthodes de pruning d'ensembles basées sur la diversité Uncertainty Weighted Accuracy (UWA) (Partalas et *al.*, 2010), *Complementariness* (Comp) (Martínez-Muñoz et *al.*, 2004), *Concurrency* (Conc) (Banfield et *al.*, 2005) et *Margin Distance Minimization* (MARGIN) (Martínez-Muñoz et *al.*, 2006) présentées en détail au niveau du chapitre 4 et dont le code source est disponible à l'adresse http://mlkd.csd.auth.gr/ensemblepruning.html. Pour toutes ces méthodes, nous avons utilisé le vote majoritaire pour la combinaison des modèles et le calcul des performances.

Les méthodes utilisent une stratégie de parcours en forward selectionou backward elimination dans un schéma hill climbing. Le critère d'arrêt pour les méthodes usuelles est la performance sur l'échantillon d'évaluation, ce qui donne des sous-ensembles de tailles réduites comparées aux critères d'arrêt usuellement utilisés qui consistaient à utiliser un nombre fixe de modèles (Partalas et *al.*, 2008). Pour notre cas, nous avons utilisé la même fonction et pour le parcours et pour l'arrêt.

Pour la décomposition de l'échantillon initial, nous nous sommes basés sur les résultats présentés dans (Partalas et *al.*, 2012) qui préconisent que, pour le cas de simplification d'ensemble homogènes, effectuer le pruning sur le même échantillon d'apprentissage permet d'obtenir de meilleurs résultats que d'utiliser un échantillon séparé ; ce qui constitue aussi un avantage dans le cas d'indisponibilité de grandes quantités de données. Pour notre étude, l'échantillon de départ est décomposé en deux sous-échantillons : le premier est composé de 80% des individus et sert pour l'apprentissage (génération des modèles) et l'évaluation (le pruning) ; quant au second, il représente les 20% restants qui sert pour le test.

5.3.1 Démarche des expérimentations

Pour chaque ensemble de données i, nous réalisons k bagging (la valeur affectée à k est 100 pour ces cas d'études). Ensuite, k arbres C4.5 sont générés en utilisant le générateur d'arbres disponible au niveau de plate-forme Weka. Enfin, des méthodes de sélection sont appliquées sur l'ensemble des k arbres générés par bagging.

Pour chaque ensemble de données i, le processus bagging, génération et sélection est réitéré 10 fois. A la fin des 10 itérations, les taux de succès moyens et les tailles moyennes des sous-ensembles obtenus sont calculés. Les résultats obtenus au niveau des 10 itérations sont détaillés au niveau de l'annexe B pour chacune des méthodes de sélection utilisées pour la comparaison.

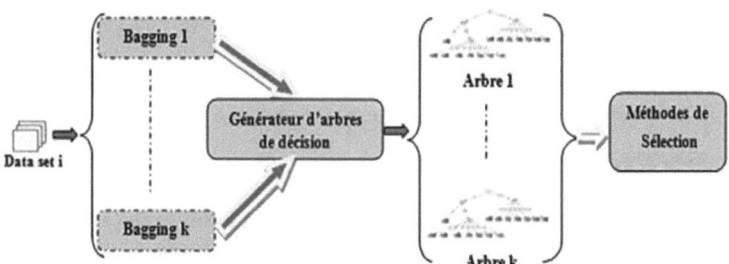

Figure 6.9 Démarche des expérimentations

5.3.2 Etudes comparatives

5.3.2.1 Comparaison des taux de succès

Un premier critère de comparaison des différentes méthodes d'élagage est la performance des sous-ensembles obtenus. Les expérimentations montrent que la méthode PEDA proposée permet de générer des sous-ensembles plus performants pour la majorité des cas, comparés à ceux générés parles méthodes précédemment citées (la méthode All représente l'ensemble de tous les modèles sur lequel nous n'appliquons aucune sélection).

	PEDA	UWA	COM	CONC	MARGIN	All
			Taux de succès			
audiology	**0,85432**	0,81773	0,80661	0,81107	0,81108	0,78884
breast-cancer	**0,83618**	0,72977	0,72631	0,71576	0,72205	0,63833
breast-w	**0,97459**	0,95032	0,95248	0,94168	0,9496	0,95282
cmc	**0,8059**	0,52617	0,52515	0,52006	0,52651	0,49287
dermatology	0,94861	0,96712	0,96164	0,95616	**0,96849**	0,91369
ecoli	**0,91912**	0,84326	0,8343	0,84625	0,84772	0,83429
kr-vs-kp	0,98622	0,99433	**0,99466**	0,9934	0,99403	0,9962
glass	**0,84882**	0,7619	0,77284	0,72618	0,77047	0,76509
hearth-h	**0,89651**	0,79652	0,80858	0,80343	0,80687	0,79658
hepatitis	**0,91613**	0,80965	0,81934	0,8161	0,82579	0,81932
ionosphere	**0,9535**	0,90856	0,90142	0,90999	0,91998	0,93425
lymph	**0,87331**	0,81376	0,83789	0,80343	0,82411	0,76997
diabetes	**0,87519**	0,76469	0,76727	0,76338	0,76524	0,77466
credit-a	**0,89329**	0,86085	0,86882	0,86519	0,86156	0,82534
credit-g	**0,86186**	0,73	0,7365	0,7325	0,729	0,7395
heart-statlog	**0,87218**	0,81848	0,82034	0,81479	0,81478	0,77589
anneal	**0,99651**	0,9916	0,99048	0,99328	0,99104	0,99608
balance-scale	**0,9156**	0,8144	0,8264	0,8152	0,8208	0,8016
colic	**0,91598**	0,84245	0,83423	0,84793	0,83012	0,84591
haberman	**0,83913**	0,73118	0,7131	0,71474	0,72131	0,66226
titanic	**0,85509**	0,72176	0,73075	0,71792	0,73331	0,68331
primarytumor	**0,65732**	0,41787	0,41587	0,40444	0,42685	0,37938
sonar	**0,89043**	0,78048	0,77803	0,79795	0,77071	0,84997
soybean	0,9037	0,93676	**0,94705**	0,93601	0,93897	0,87517
tic-tac-toe	0,94205	**0,95338**	0,94396	0,94554	0,94813	0,9333
vehicle	**0,88626**	0,74612	0,74198	0,74139	0,74553	0,75147
vote	**0,97571**	0,954	0,9517	0,9517	0,9586	0,954
vowel	0,89749	0,92016	0,91058	**0,92119**	0,91866	0,903
autos	**0,85362**	0,81703	0,80483	0,81703	0,80972	0,79021
Moyenne	**0,89119**	0,81794	0,81803	0,81461	0,81900	0,80149

Tableau 6.8 Comparaison des taux de succès moyens de la méthode PEDA avec les méthodes UWA, COM, CONC, et MARGIN

Sur les 29 benchmarks, la méthode PEDA donne de meilleurs performances pour la plupart des cas qui sont au nombre de 24, suivie par la méthode COM avec 2 victoires et enfin les méthodes CONC et MARGIN avec une victoire chacune. Pour le taux de succès moyen sur tous ensembles de données, PEDA est classée en première position avec un taux de 0,8912 dépassant ainsi les autres méthodes avec un taux d'au moins 7%. Selon les valeurs des taux de succès moyens, nous avons associé un rang à chaque méthode au niveau de chaque benchmark. De cette façon, les différentes méthodes sont comparées en fonction de leurs rangs moyens, ce qui constitue un critère approprié de comparaison (Demsar, 2006). Les rangs et les rangs moyens des méthodes sont représentés au niveau du Tableau 6.9.

	PEDA	UWA	COM	CONC	MARGIN
audiology	1	2	5	4	3
breast-cancer	1	2	3	5	4
breast-w	1	3	2	5	4
cmc	1	3	4	5	2
dermatology	5	2	3	4	1
ecoli	1	4	5	3	2
kr-vs-kp	5	2	1	4	3
glass	1	4	2	5	3
hearth-h	1	5	2	4	3
hepatitis	1	5	3	4	2
ionosphere	1	4	5	3	2
lymph	1	4	2	5	3
diabetes	1	4	2	5	3
credit-a	1	5	2	3	4
credit-g	1	4	2	3	5
heart-statlog	1	3	2	4	5
anneal	1	3	5	2	4
balance-scale	1	5	2	4	3
colic	1	3	4	2	5
haberman	1	2	5	4	3
titanic	1	4	3	5	2
primarytumor	1	3	4	5	2
sonar	1	3	4	2	5
soybean	5	3	1	4	2
tic-tac-toe	5	1	4	3	2
vehicle	1	2	4	5	3
vote	1	3	4	4	2
vowel	5	2	4	1	3
autos	1	2	5	2	4
Moyenne	**1,71428571**	3,21428571	3,17857143	3,82142857	3,03571429

Tableau 6.9 Classement des méthodes sur la base des taux de succès moyens

Nous remarquons que la méthode proposée possède le meilleur rang moyen (minimal) avec 1.71, suivie des autres méthodes avec approximativement les mêmes rangs dépassant la valeur 3.

5.3.2.2 Comparaison des tailles des sous-ensembles

Un deuxième critère de comparaison est la taille du sous-ensemble obtenu pour chacun des benchmarks. Sur 10 tirages, nous avons calculé la moyenne des tailles des sous-ensembles obtenus, ensuite des rangs moyens sont calculés comme pour la comparaison des taux de succès.

	PEDA	UWA	COM	CONC	MARGIN
audiology	**10,2**	14,6	14	14,9	21,7
breast-	**11,2**	11,4	11,3	**11,2**	15,5
breast-w	9,8	11,7	13,1	**6,7**	14,3
cmc	**18**	48,7	38,2	36,3	42,1
dermatology	10	8,7	9,2	**7,7**	11,5
Ecoli	12,1	**11,5**	15,3	17,4	19,9
Kr-vs-kp	7,5	6,2	**6**	8,2	16,8
Glass	**13**	15,9	20,6	16,3	16,2
hearth-h	13,2	15,7	17,2	**13**	19,7
hepatisis	10,1	13	**9**	11,1	15,3
ionosphere	10,6	**6,7**	7,9	8,8	12,7
lymph	10,9	**10,6**	15,3	11,1	21,5
diabetes	**14,2**	20,4	26,3	19,6	36,3
credit-a	**13,3**	16,1	18,7	14,8	18
credit-g	**16,9**	23,2	25,7	30,8	33,2
heart-statlog	**12,7**	14,7	17,9	15,7	18,7
anneal	**2,6**	3,4	2,9	2,8	13,8
balance-	**14,7**	26,9	22,4	20	21,8
colic	12,2	8,2	**4,7**	5,5	7
haberman	12,5	13,5	15,6	**10,1**	24,1
titanic	**15,2**	22,4	24	16,8	34,1
primarytumo	**13**	53	37,2	33,4	33,6
sonar	10,7	**7**	8,8	**7**	15
soybean	**12,2**	**12,2**	19,3	17,1	23,5
tic-tac-toe	**15,9**	23,1	18	23,4	42,9
vehicle	**13,4**	31,6	33,8	28,2	37,7
vote	10,8	**4,6**	9,4	8	11
vowel	**12,4**	18,8	13,1	17,6	22,7
autos	**11,00**	17	14,5	14,5	20
Moyenne	**12,0793103**	16,9241379	16,8758620	15,4482758	22,0896551

Tableau 6.10 Les résultats de 10 tirages (taille moyenne) réalisés pour 29 benchmarks

La méthode PEDA permet d'obtenir des sous-ensembles de tailles réduites par rapport aux autres méthodes pour 17 cas, soit pour 70% des cas, la méthode CONC et UWA arrivent en deuxième position avec 6 victoires, COM en troisième position avec 3 victoires et enfin la méthode MARGIN qui ne comptabilise aucune victoire.

	PEDA	UWA	COM	CONC	MARGIN
audiology	1	3	2	4	5
breast-cancer	1	4	3	1	5
breast-w	2	3	4	1	5
cmc	1	5	3	2	4
dermatology	4	2	3	1	5
Ecoli	2	1	3	4	5
Kr-vs-kp	3	2	1	4	5
Glass	1	2	5	4	3
hearth-h	2	3	4	1	5
hepatisis	2	4	1	3	5
ionosphere	4	1	2	3	5
lymph	2	1	4	3	5
diabetes	1	3	4	2	5
credit-a	1	3	5	2	4
credit-g	1	2	3	4	5
heart-statlog	1	2	4	3	5
anneal	1	4	3	2	5
balance-scale	1	5	4	2	3
colic	5	4	1	2	3
haberman	2	3	4	1	5
titanic	1	3	4	2	5
primarytumor	1	5	4	2	3
sonar	4	1	3	1	5
soybean	1	1	4	3	5
tic-tac-toe	1	3	2	4	5
vehicle	1	3	4	2	5
vote	4	1	3	2	5
vowel	1	4	2	3	5
autos	1	4	2	2	5
Moyenne	**1,82758621**	2,82758621	3,13793103	2,4137931	4,65517241

Tableau 6.11 Classement des méthodes sur la base des tailles moyennes des sous-ensembles

Selon l'étude comparative réalisée, nous remarquons que la méthode de sélection proposée permet de générer des sous-ensembles de tailles réduites avec des performances dépassant celles des sous-ensembles obtenus par les méthodes de sélection à base de diversité considérés pour la comparaison. Pour mieux visualiser les résultats obtenus, nous avons construit des histogrammes pour les taux de succès moyens et les tailles moyennes des sous-ensembles générés par les différentes méthodes.

6   Conclusion

Pour mener à bien la mise en œuvre de l'application, il était nécessaire en premier lieu de collecter les données relatives au suivi de sujets diabétiques pour diagnostiquer la possibilité de présenter des complications.

Les complications représentent un coût important pour la sécurité sociale : jusqu'à 5 % des dépenses totales des soins de santé sont dues principalement à la prise en charge des complications et à l'hospitalisation des patients. Une prévention des complications pourrait réduire ces coûts qui deviennent de plus en plus importants.

Les données collectées sur les patients sont livrées à un apprentissage supervisé par arbres de décision et un ensemble d'arbres de décision qui vont constituer un outil informatique d'aide à la décision pour le diabétologue. L'assistance informatique donnera plus de précision à la décision du médecin qui appuiera son diagnostic d'expert par un modèle informatique acquérant une certaine expertise par apprentissage.

Les modèles d'arbres utilisées (arbre singulier ou comité) sont optimisés en utilisant les méthodes d'optimisation développées dans ce livre. Ceci a pour avantage de simplifier les modèles générés et réduire les temps de réponse.

Des expérimentations ont été effectuées dans le but de valider les méthodes d'optimisation dans le domaine de l'apprentissage supervisé. Ces méthodes concernent essentiellement l'élagage d'arbres de décision singuliers ou d'ensemble d'arbres de décision.

Premièrement, il s'agissait de post-élaguer un arbre de décision en commençant d'abord par le transcrire dans le formalisme d'automates d'arbres pour pouvoir par la suite utiliser leurs propriétés pour la simplification les modèles générés. Les expérimentations montrent bien l'intérêt de l'utilisation des automates pour la génération et la simplification. Après simplification, les modèles d'automates occupent moins de place et requièrent un temps de génération de règles de décision réduit par rapport au parcours de structures arborescentes complexes.

Deuxièmement, un pré-élagage d'arbres est réalisé en exploitant mesure de sélection de variables pour la génération de partitions. Les expérimentations montrent que la mesure permet de produire des arbres de tailles réduites comparés aux arbres générés par les méthodes ID3 et C4.5 non élagués avec de meilleures performances en prédiction pour un grands nombre de cas étudiés.

Enfin, un post-élagage ou une sélection dans un ensemble homogène composé d'arbres de décision C4.5 est réalisé. L'objectif est de ne garder que les arbres les plus performants à condition qu'ils soient différents les uns des autres « divers » d'où la nécessité de l'utilisation d'une fonction multi-objectifs liant performance et diversité. L'étude expérimentale montre bien l'intérêt de cette alliance qui permet à la fonction de sélectionner les sous-ensembles les plus petits et les plus performants comparée aux méthodes de sélection utilisant seulement la diversité comme critère de sélection.

Nous soulignons qu'une collecte d'un maximum de données est indispensable pour pouvoir prendre en compte tous les types de complications possibles qui sont au nombre de 20 ; les données collectées n'ont permis de prendre en considération que 10 d'entre eux. Aussi, il est à remarquer que certaines complications sont défavorisées par rapport à d'autres ; ce qui est représenté par le problème fréquent de déséquilibre de classes. Généralement, ce sont les complications graves qui ne sont pas fréquentes et, le fait que ces cas soient rares, ils ne seront pas pris en compte par le modèle informatique. La non-prise en compte de ces cas rares peut fausser leur diagnostic. Pour pallier cette insuffisance, il est possible d'étudier la possibilité de décentrer les mesures utilisées pour la construction des modèles pour pouvoir prendre en compte ces données défavorisées (Lallich et *al.*, 2007).

CONCLUSION GENERALE

L'inférence de classifieurs à partir d'exemples est un champ de recherche ancien et toujours actif dans la communauté apprentissage automatique. Les méthodes à base d'arbres de décision ou de graphes d'induction sont des méthodes d'apprentissage symboliques dédiées à la construction de fonctions de classement. Elles présentent un très grand intérêt vu les résultats obtenus par leur application dans différents domaines. Leur point fort, par rapport à toute autre méthode de classification, réside dans leur intelligibilité ; elles produisent des fonctions de classement qui font sens d'elles-mêmes.De plus, les méthodes présentent aussi de bonnes performances en prédiction et en généralisation. Cependant, ces méthodes souffrent principalement des inconvénients de complexité des modèles générés et d'instabilité. En effet, les modèles complexes font perdre à ces méthodes leur propriété d'interprétabilité qui fait d'elles les méthodes les plus répandues dans le domaine de classification. L'instabilité réduit la crédibilité de l'outil utilisé qui le rend très dépendant des données.

Dans cet ouvrage, nous poursuivons trois objectifs liés aux problèmes de complexité des modèles de classification arbre et/ou graphes et de simplification d'un ensemble de classifieurs instables.

La réalisation du premier objectif consiste à utiliser les propriétés d'automates d'arbres pour le post-élagage d'arbres ou de graphes. Une étape préalable à la simplification consiste à transcrire les arbres et les graphes dans le formalisme d'automates d'arbres (Taleb et *al.*, 2008a) (Taleb et *al.*, 2008b) (Taleb et *al.*, 2008c).Les algorithmes de simplification que nous avons présentés (Taleb et *al.*, 2013) ont permis de réduire la taille des automates générés voire même la taille de la base de règles de décision aux fins d'augmenter les performances.

En plus toutes les méthodes de post-élagage d'arbres présentent l'inconvénient majeur de la nécessité de données supplémentaires pour l'élagage ce qui constitue un grand handicap quant à leur effectivité en raison de l'indisponibilité de données dans certains domaines d'applications. L'utilisation des algorithmes de simplification sur des structures d'automates d'arbres évite la nécessité de l'utiliser des données supplémentaires pour l'élagage.

Un autre intérêt du présent travail concerne le temps de génération des règles qui est considérablement réduit avec l'utilisation de la réécriture propre aux automates pour extraire les règles de décision (Taleb et *al.*, 2012) au lieu d'un parcours couteux de structures arborescentes qui peuvent être parfois complexes.

Le deuxième objectif est concrétisé par l'exploitation d'une mesure NIM « New Information Measure » (Taleb et *al.*, 2010), pour sélection de variables pour la segmentation moins complexe que celles usuelles (théorie de l'information ou mesures de distance). La mesure utilisée dans un algorithme de partitionnement glouton IDT_NIM « Induction of Decision Tree New Information Measure », comme illustré au niveau du chapitre6permet de générer des arbres de tailles réduites avec des performances semblables ou souvent supérieures comparées aux méthodes usuelles.

En plus de la complexité des arbres, le problème d'instabilité a été largement étudié. Dietterich (2000) a proposé une solution de base pour le problème en développant des méthodes d'ensembles qui permettent

211

d'améliorer les performances d'un classifieur instable (arbre dans le cadre de cette étude) en introduisant des aléas sur les données.

Toutefois, ces méthodes présentent l'inconvénient de la perte de lisibilité du modèle fourni composé d'un grand nombre d'arbres distincts et donc plus difficile à synthétiser et à soumettre à l'expertise humaine. C'est pourquoi d'autres méthodes ont également été proposées pour synthétiser non plus les résultats mais aussi la structure d'un arbre sous forme d'un « consensus » au départ d'un jeu de classificateurs de même type (Shannon et al., 1999) (Wang et al., 2001) mais avec une dégradation de la qualité de prédiction. Une autre solution qui tend, plus ou moins, de récupérer une certaine intelligibilité dans un ensemble consiste à éliminer certains arbres jugés « inutiles » ce qui permet une économie d'espace de stockage et une réduction du temps de réponse pour les domaines d'applications à contraintes temporelles.

Enfin, pour atteindre le troisième et dernier objectif de sélection dans un ensemble de classifieurs instables, une fonction d'évaluation est appliquée regroupant performance et diversité pour la sélection dans un ensemble homogène de classifieursC4.5 (Quinlan, 1993). La fonction multi objectifs est utilisée dans un processus de recherche hill climbing (Partalas et al., 2012).

La fonction, utilisée dans l'algorithme baptisé PEDA « Prunig Ensemble using Diversity and Accuracy », a été testée sur plusieurs benchmarks et comparée à un ensemble de méthodes d'élagage d'ensembles homogènes développées dans ce domaine. Les résultats montrent que cette fonction permet d'obtenir des ensembles avec des performances dépassants les sous-ensembles obtenus par les méthodes ayant servi comme base de comparaison.

Trois études expérimentales ont été effectuées. Les expérimentations ont été réalisées sur l'application MONITDIAB (Taleb et *al.*, 2013) et des benchmarks de l'UCI Repository (Asuncion et *al.*, 2007).

La démarche d'expérimentation concernant l'utilisation des automates d'arbres pour la génération et la simplification d'arbres a été réalisée en trois étapes :

- La première étude comparative consiste à comparer un automate brut généré à partir d'un arbre C4.5 et l'automate simplifié obtenu à partir de l'automate brut en appliquant les algorithmes de simplification proposés.

  Dix data sets ont été testés sur le nombre d'états, le nombre de règles de transition de l'automate, le nombre de règles de décision, et le taux d'erreur de classification par validation croisée 10-folds. Sur les 10 exemples le nombre d'états est réduit pour 9 exemples avec une réduction importante de 41.66% pour le data set Car. Le nombre de règles de transition est réduit pour la totalité des data sets avec 50.56% pour l'exemple Car. Le nombre de règles de décision est réduit pour 7 data sets, avec une réduction de 50% pour l'exemple Flags. Le taux d'erreur est le même pour 6 data sets avec une réduction de 2.05% pour l'exemple Flags.

- La deuxième étude consiste à comparer l'algorithme d'élagage Error Based Pruning associé à la méthode C4.5 et les algorithmes d'élagage effectués sur une structure automate d'arbres. La comparaison réalisée sur 5 benchmarks a permis une réduction du nombre de règles de décision au profit de l'élagage associé aux automates avec une réduction de 58.19% pour le datas set Mfeat-pixel et une réduction de 7.64% du taux d'erreur pour l'exemple Bridges-V1.

- La troisième et dernière étude concerne le temps de génération des règles de décision qui se fait par un procédé de réécriture (Taleb et *al.*, 2008c) et un parcours racine-feuilles de l'arbre, une réduction du temps de génération pour les cinq data sets testés avec une réduction de 9,39 E^{-3}.

La deuxième étude expérimentale concerne la mesure NIM pour sélection de variables est réalisée en deux étapes :

- L'algorithme IDT_NIM « Induction of Decision Tree New Information Measure » associé à la mesure est comparé aux méthodes ID3 et C4.5 en utilisant les paramètres taux de succès et temps de génération des arbres. Les tests montrent que sur 11 benchmarks, IDT_NIM donne un taux de succès dépassant ID3 et C4.5 pour 6exemples, avec une amélioration, pour l'exemple Monks-Problem-1, du taux de 5.65% par rapport à C4.5 et de 8.87% par rapport à la méthode ID3. Pour le temps de génération des arbres, IDT_NIM présente une amélioration pour tous les exemples avec pour l'exemple Car une réduction de 32 millisecondes par rapport à la méthode C4.5 et de 47 millisecondes par rapport à la méthode ID3.

- Au niveau de la seconde étape de comparaison, nous comparons les méthodes IDT_NM, ID3, C4.5 sans élagage, et C4.5 avec élagage en utilisant comme critère la taille de l'arbre (exprimé sous forme de nombre de nœuds et de nombre de niveaux). Nous remarquons que, comparée aux méthodes ID3 et C4.5 sans élagage, la méthode IDT_NIM génère des arbres de tailles réduites pour 84.61% des cas

214

étudiés, la méthode ne peut pas faire mieux que la méthode C4.5 avec élagage pour tous les cas, ceci au profit d'un temps supplémentaire pour l'élagage pour C4.5.

L'étude réalisée compare la méthode Pruning Ensemble Using Diversity and Accuracy (PEDA) contenant la mesure de sélection d'ensemble (à base de diversité et de performance) avec quatre méthodes de sélection à base de diversité ; *Uncertainty Weighted Accuracy* (UWA) (Partalas et *al.*, 2010), *Complementariness* (Comp) (Martínez-Muñoz et *al.*, 2004), *Concurrency* (Conc) (Banfield et *al.*, 2005), et *Margin Distance Minimisation* (MARGIN) (Martínez-Muñoz et *al.*, 2004b). Les expérimentations montrent que la méthode PEDA permet de générer des sous-ensembles de taille plus réduite et plus performants, pour la majorité des cas, à celles des méthodes utilisées comme base de comparaison. PEDA fait booster le taux de succès pour 24 benchmarks parmi 31 et donne la taille de sous ensemble la plus petite pour 17 d'entre eux.

Tout au long du développement de cet ouvrage, nous avons souligné plusieurs points d'approfondissement à ces travaux. La première perspective consiste à utiliser les automates d'arbres pour générer un ensemble d'arbres de décision et pouvoir le simplifier par la suite en utilisant les algorithmes proposés et se positionner en conséquence par rapport aux méthodes de sélection d'ensembles existantes. La deuxième concerne la mesure de sélection pour laquelle nous pourrons utiliser dans des domaines sensibles où il y a un déséquilibre de classes. Les applications présentant ce problème sont très fréquentes et le déséquilibre est dû aux données qui sont rares mais critiques et pouvant avoir de graves conséquences économiques et stratégiques en cas d'erreur d'affectation tel par exemple diagnostiquer un sujet comme saint alors qu'il est atteint d'un cancer. Nous projetons d'utiliser le décentrage proposé dans (Lallich et *al.*, 2007) pour ne pas défavoriser les cas rares dans un échantillon d'apprentissage.

La perspective d'utilisation de la fonction multi-objective pour la simplification d'un ensemble pourrait se voir réalisée dans diverses directions : la première consiste à utiliser cette nouvelle mesure d'élagage et de l'appliquer pour la sélection dans un ensemble forêts aléatoires sachant qu'un ensemble forêts aléatoire améliore les performances d'un bagging (Breiman, 2001). L''explication heuristique sous-jacente à ces améliorations réside dans le fait de rajouter un aléa supplémentaire (tirage d'un sous ensemble de variable à chaque nœud) pour construire les arbres rend ces derniers encore plus différents les uns des autres. Il est aussi possible d'étudier la possibilité d'utiliser une autre stratégie de parcours pour la sélection afin de réduire le temps de recherche du sous ensemble car la stratégie hill climbing requiert un temps non négligeable lorsque le nombre d'arbres devient important. Le dernier point consiste à trouver une valeur pour le paramètre α pour lequel une valeur appropriée, déterminée de façon non empirique, pourrait nettement améliorer les résultats comme constaté dans les expérimentations.

Comme évoqué précédemment, les données collectées ne couvrent pas toutes les complications potentielles dans le domaine de surveillance des diabétiques en raison de la rareté de certaines complications. Il est indispensable de mener une collecte de données au milieu de plusieurs services d'endocrinologie à travers le pays pour pouvoir prendre en compte toutes les complications possibles.

BIBLIOGRAPHIE

(Abdulla et *al.*, 2005)

Abdulla P.A., J. Deneux, L. Kaati, L. Nilsson. Efficient Bisimulation Minimization of Non-Deterministic Automata with Large Alphabets, M. In Proc. of 10th International Conference of Implementation and Application of Automata LNCS 3845:31–42, 2005.

(Abdulla et *al.*, 2007)

Abdulla P.A., J. Högberg, J. Kaati, L. Nilsson. Bisimulation minimization of tree automata. Int. J. Found. Comput. Sci. 18(4), 699–713, 2007.

(Abdulla et *al.*, 2008a)

Abdulla P.A., A. Bouajjani, L. Holík, L. Kaati, T. Vojnar. Computing Simulations over Tree Automata: Efficient Techniques for Reducing Tree Automata In Proc. of 14th Int. Conf. on Tools and Alg. for the Construction and Analysis of Systems LNCS 4963: 93–108, 2008.

(Abdulla et *al.*, 2008b)

Abdulla P.A., A. Bouajjani, L. Holík, L. Kaati, T. Vojnar. Composed Bisimulation for Tree Automata In Proc. of 13th International Conference of Implementation and Application of Automata LNCS 5148:212–222, 2008.

(Abdulla et al, 2008c)

Abdulla P.A., L. Holik, L. Kaati, T. Vojnar. A uniform (bi-) simulation-based framework for reducing tree automata. In *Proc. of MEMICS'08*, 2008.

(Ali, 1996)

Ali, K.M. Learning Probabilistic Relational Concept Descriptions. PhD. Thesis, Dept of Info, and Computer Science, Univ. of California, Irvine, 1996.

217

(Almeida et *al.*, 2008)

Almeida, J., M. Zeitoun. Description and analysis of a bottom-up DFA minimization algorithm. *Inform. Process. Lett.*, 107(2):52–59, 2008.

(Ambrosiadou et *al.*, 1996)

Ambrosiadou, B. V., D. G. Goulis, C. Pappas. Clinical evaluation of the DIABETES expert system for decision support by multiple regimen insulin dose adjustment. Comput Methods Programs Biomed. 49 (1):105-15, Janvier 1996.

(Ambrosiadou et *al.*, 1997)

Ambrosiadou, B. V., P. H. Ketikidis. DIABETOR computer aided tutoring in diabetes management, Stud Health Technol Inform. 43 Pt B:694-8, 1997.

(Amit et *al.*, 1997)

Amit, Y., D. Geman. Shape quantization and recognition with randomized trees. *Neural Computation*, (9):1545–1588, 1997.

(Asuncion et *al.*, 2007)

Asuncion, A., D. Newman."UCI machine learning repository," http://www.ics.uci.edu/ mlearn/ MLRepository.html, 2007.

(Baillargeon, 2005)

Baillargeon, G. Probabilités statistique et techniques de régression, Editions SMG, 2005.

(Banfield et *al.*, 2003)

Banfield, R.E, L.O. Hall, K W. Bowyer, W. P. Kegelmeyer. A New Ensemble Diversity Measure Applied to Thinning Ensembles. International Workshop on Multiple Classifier Systems, pp. 306 - 316, Surrey, UK, June, 2003.

(Banfield et *al.*, 2005)

Banfield, R.E, L.O. Hall, K.W. Bowyer, W.P. Kegelmeyer, Ensemble diversity measures and their application to thinning., Information Fusion 6 (1) 49–62, 2005.

(Bauer et *al.*, 1999)

Bauer, E., R. Kohavi. An Empirical Comparison of Voting Classification Algorithms: Bagging, Boosting, and Variants. Machine Learning, 36(1-2), 105-139, 1999.

(Béal et *al.*, 2008)

Béal, M.P., M. Crochemore. Minimizing incomplete automata. In *Workshop on Finite State Methods and Natural Language Processing 2008*. Ispra, september 2008.

(Ben Messaoud, 2007)

Ben Messaoud. Data Mining. Institut Universitaire de Technologie Lumière,2007,http://eric.univ-lyon2.fr/~rbenmessaoud/supports/datamining/data_mining.pdf.

(Bernard et *al.*, 2007)

Bernard, S., L. Heutte, S. Adam. Using Random Forests for Handwritten Digit Recognition, ICDAR, pp. 1043-1047, 2007.

(Berstel et *al.*, 2010)

J. Berstel, L. Boasson, O. Carton, I. Fagnot. Minimization of automata. Technical Report 1010.5318, CoRR abs, 2010.

(Bernard, 1999)

Bernard, M., C. De La Higuera. GIFT 'Grammatical Inference For Terms'. Late Breaking paper at the 9th International Conference on Inductive Logic Programming, 1999.

(Bernard, 2001)

Bernard, M., C. De La Higuera. Apprentissage de programmes logiques par inférence grammaticale. Artificial intelligence Revue, 14(3/4), 375-396, 2001.

(Biau, 2010a)

Biau, G., L. Devroye. On the layered nearest neighbour estimate, the bagged nearest neighbour estimate and the random forest method in regression and classification. Journal of Multivariate Analysis, 101 :2499-2518, 2010.

(Biau, 2010b)

Biau, G. Analysis of a Random Forests Model. Rapport de recherche, Université Paris VI, 2010.

(Biggs et *al.*, 1991)

Biggs, D., B. De Ville, E. Suen. A method of choosing multi-way partitions for classification and decision trees. Journal of Applied Statistics 18 (1), 49-62, 1991.

(Biichi, 1962)

Biichi, J.R. *On a decision method in restricted aceend order arithmetic.* 1962.

(Bogler, 1987)

Bogler, P.L. Shafer-Dempster reasoning with applications to multisensor target identification, *1EEE Trans. Sys. Man. Cyb.* SMC-17, 968-977, 1987.

(Boinee et *al.*, 2005)

Boinee, P., A.D Angelis, G. Foresti. Meta Random Forests, *International Journal of Computational Intelligence*, vol. 2, no 3, pp. 138–147, 2005.

(Botti et *al.*, 1985)

Botti, G., M. Fieschi, D. Fieschi, M. Joubert. Presentation of a system for computer-aided decision in diabetes therapeutics, Pathol Biol (Paris). 33(2), p. 101-6, Février 1985.

(Bouchou et *al.*, 2003a)

Bouchou, B., F.A. Halfeld, M. Musicante.Tree automata to verify XML key constraints. 6th International Workshop on the Web and Data Bases WebDB 37-43, 2003.

(Bouchou et *al.*, 2003b)

Bouchou, B., F.A. Halfeld, M. Musicante.Updates and Incremental Validation of XML Documents. 9th Int. Conference on Database Programming Languages, in LNCS 2921/2003 DBPL 216-232, 2003.

(Bramer, 2007)

Bramer, M. Principles of Data Mining. Springer, 2007.

(Brayton et *al.*, 1992)

Brayton, R.K., G.D Hatchel, C.T Mc Mullen, A.L Sangiovanni Vincentelli. Logic minimization algorithms for VLSI synthesis. Kluver Academic; 1992.

(Breiman et *al.*, 1984)

Breiman, L., J.H. Friedman, R.A. Olshen, C.J. Stone. Classification and regression trees. CA : Wadsworth International Group. 1984.

(Breiman, 1996)

Beiman, L. Heuristics of instability and stabilization in model selection. Ann. Statist., 24(6), 2350–2383, 1996.

(Breiman, 1998)

Breiman, L. Arcing classifiers. The Annals of Statestics, Vol 26, N° 3, pp. 801-849, 1998.

(Breiman, 1999)

Breiman, L. Using adaptive bagging to debias regressions, Technical Report 547, Statistics Dept. UCB, 1999.

(Breiman, 2000)

Breiman, L. Randomizing Outputs tfo Increase Prediction Accuracy. Machine Learning, 40: 229-242, 2000.

(Breiman, 2001a)

Breiman, L. Using iterated bagging to debias regressions. *Mach. Learn.*, 45, 261–277, 2001.

(Breiman, 2001b)

Breiman, L. Random Forests. Machine Learning, 45 :5-32, 2001.

(Breiman, 2004)

Breiman, L. Consistency for a simple model of Random Forests. Technical Report 670, Berkeley, 2004.

(Breiman, 1996)

Breiman, L. Heuristics of instability and stabilization in model selection. Ann. Statist., 24(6), 2350–2383, 1996.

(Breslow, 1997)

Breslow, L.A., D.W Aha. Simplifying Decision Trees: A Survey. Knowledge Engineering Review, 12, 1-40, 1997.

(Brostaux, 2005)

Brostaux, Y. Etude du classement par forets aléatoires d'échantillons perturbes a forte structure d'interaction. Thèse pour l'obtention d'un Doctorat en sciences agronomiques et ingénierie biologique, Faculté universitaire des sciences agronomiques de Gembloux, 2005.

(Buchanan, 1984)

Buchanan, B.G, E.H. Shortliffe, Rule Based Expert Systems, 288-291. Addison-Wesley, Reading, Massachusetts, 1984.

(Cai et *al.*, 2005)

Cai, J., J. Durkin. Use of expert knowledge for decision tree pruning. PROCEEDINGS OF THE NATIONAL CONFERENCE ON ARTIFICIAL INTELLIGENCE. Vol. 20. No. 4. Menlo Park, CA; Cambridge, MA; London; AAAI Press; MIT Press; 1999, 2005.

(Carrasco et *al.*, 1994)

Carrasco, R., J. Oncina. Learning stochastic regular grammars by means of a state merging method. In *Grammatical Inference and Applications, ICGI'94*, number 862 in LNAI, p. 139–150: Springer Verlag, 1994.

(Caruana et *al.*, 2004)

Caruana, R., A. Niculescu-Mizil, G. Crew, A. Ksikes. Ensemble selection from libraries of models. In Proceedings of the 21st international conference on machine learning, p. 18, 2004.

(Caruana et *al.*, 2006)

Caruana R., A. Munson, A. Niculescu-Mizil. Getting the most out of ensemble selection. In: Proceedings of the International Conference on Data Mining (ICDM), 2006.

(Chou, 1991)

Chou, P.A. Optimal partioning for classification and regression trees. IEE Transactions on Pattern Analysis and Machine Intelligence, 13(4), 340-354, 1991.

(Comon et *al.*, 2008)

Comon, H., M. Dauchet, R. Gilleron, F. Jacquemard, D. Leguiez, S. Tison, M. Tommasi. Tree Automata Techniques and applications, http://www.grappa.univ-lille3.fr/tata, 2008.

(Cornuéjols, 2002)

Cornuéjols, A. L. Miclet. Apprentissage Artificiel : Concepts et algorithmes. Eyrolles, 2002.

(Cristau et al., 2005)

Cristau, J., C. Löding, W. Thomas. Deterministic automata on unranked trees. In Proceedings 15th International Symposium on Fundamentals of Computation Theory (FCT 2005), pages 68–72, 2005.

(Cutler et al., 2001)

Cutler, A., G. Zhao. Pert - Perfect random tree ensembles. Computing Science and Statistics, 33 :490-497, 2001.

(Dal Zilio, 2003)

Dal Zilio, S., D. Lugiez. XML Schema, Tree Logic and Sheaves Automata. In Proc. of RTA – Rewriting Techniques and Applications,LNCS 2706, 2003.

(Dal Zilio et al., 2004a)

Dal Zilio, S., L. Acciai. Pattern matching et documents XML 'Un nouvel opérateur de filtrage pour les documents XML ', 2004.

(Dal Zilio et al., 2004b)

Dal Zilio, S., D. Lugiez, C. Meyssonnier. Logic you Can Count On. In Proc. of the 31st ACM SIGPLAN-SIGACT symposium on Principle of Programming Languages 135-146, 2004.

(Dietterich, 1999)

Dietterich, T. An experimental comparison of three methods for constructing ensembles of decision trees : Bagging, Boosting and randomization. Machine Learning, 1-22, 1999.

(Dietterich, 2000)

Dietterich, T.G. Ensemble Methods in Machine Learning. Lecture Notes in Computer Science, 1857 :1-15, 2000.

(Dietterich et *al.*, 1995)

Dietterich, T.G., E.B. Kong. Machine learning bias, statistical bias, and statistical variance of decision tree algorithms. Technical Report, Dept of Computer Science, Oregon State University, Covallis, Oregon, 1995.

(Dourgnon et *al.*, 2000)

Dourgnon, P., N. Grandfils, M. J. S. Le Guellec. Apport de l'informatique dans la pratique médicale, Premiers résultats d'une enquête inédite via Internet. Bulletin d'information en économie de la santé, N°26, Mars 2000.

(Efron et *al.*, 1993)

Efron, B., J. Tibshirani. An introduction to the Bootstrap, Chapman and Hall, London, 1993.

(Esposito et *al.*, 1997)

Esposito, F., D. Malerba, G. Semeraro. A comparative analysis of methods for pruning decision trees. IEEE Trans. Pattern. Anal. Mach. Intell., 19(5), 476-491, 1997.

(Fan et *al.*, 2002)

Fan, W., F. Chu, H. Wang, P.S. Yu, Pruning and dynamic scheduling of cost- sensitive ensembles. In Eighteenth national conference on artificial intelligence, American association for artificial intelligence, pp. 146–151, 2002.

(Fayyad et *al.*, 1996)

Fayyad, U., G. Piatetsky-Shapiro, P. Smyth. The KDD process for extracting useful knowledge from volumes data. Communication of the ACM 39(11) :27-34.1996.

(Frawley et *al.*, 1992)

Frawley, W.J, G. Piatetsky-Shapiro, C.J. Matheus: Knowledge Discovery in Databases: An Overview. AI Magazine 13(3): 57-70, 1992.

(Freund et al., 1995)

Freund, Y., R.E. Schapire. A decision-theoretic generalization of on-line learning and an application to boosting. Unpublished manuscript available electronically (on our web pages, or by email request). An extended abstract appeared in *Computational Learning Theory: Second European Conference, EuroCOLT '95*, pages 23–37, Springer-Verlag, 1995.

(Freund et al., 1996)

Freund, Y., R.E. Schapire. Experiments with a new boosting algorithm. In Proceedings of the 13th International Conference on Machine Learning, p.148-156, 1996.

(Freitas, 2001)

Freitas, A.A. Understanding the crucial role of attribute interaction in data mining. Artif. Intell. Rev., 16(3), 177-199, 2001.

(Friedman, 1977)

Friedman, J.H. A Recursive Partitioning Decision Rule for Nonparametric Classification. IEEE Trans. Comput., 26(4), 404-408, 1977.

(Fix, 1989)

Fix, E. J.L. Hodges. Discriminatory Analysis Nonparametric Discrimination: Consistency Properties. Int. Stat. Rev., 57(3), 238-247, 1989.

(Gécseg, 1997)

Gécseg, F., M. Steinby. Tree languages. In Grzegorz Rozenberg and A. Salomaa, editors, *Handbook of Formal Languages*, volume 3, chapter 1, pages 1–68. Springer Verlag, 1997.

(Genet et al., 2000)

Genet, T., V. Klay.Rewriting for Cryptographic Protocol Verification. 17th International Conference on Automated Deduction, série Lecture Notes in Artificial Intelligence, volume 1831, Springer-Vergla, 2000.

(Genet, 2001)

Genet, T., V. Viet Tiem Tong. Reachability Analysis of Term Rewriting Systems with Timbuk. In ' Proceedings of the 8th International Conference on Logic for Programming, Artificial Intelligence and Reasoning', série Lecture Notes in Artificial Intelligence volume 2250. Springer-Verlag (691-702), 2001.

(Genet et *al.*, 2003)

Genet, T., Y.M. Tang-Talpin, V. Viet Tiem Tong. Verification of copy-protection cryptographic protocol using approximations of term rewriting systems. In Proc. Of WITS'03, Workshop on Issues in the Theory of Security, 2003.

(Genevès, 2007)

Genevès, P., automates d'arbres, Master 2R – Université Joseph Fourier, 2007.

(Geurts, 2002)

Geurts, P. Contributions to decision tree induction: bias/variance tradeoff and time series classification. Phd. Thesis. Department of Electronical Engineering and Computer Science, University of Liège, Mai 2002.

(Geurts et *al.*, 2006)

Geurts, P., D. Ernst, L.Wehenkel. Extremely randomized trees. Machine Learning, Vol. 63, num,1. pp 3-42, 2006.

(Ghattas, 1999)

Ghattas, B. Agrégation d'arbres de classification, Revue de Statistique Appliquée, XLVIII(2) :85-98, 1999.

(Giacento et *al.*, 2001)

Giacento, G., F. Roli. An approach to the automatic design of multiple classifier systems. *Pattern recognition letters*, 22:25–33, 2001.

(Gilleron, 2000)

Gilleron, R. M. Tommasi. Découverte de connaissances à partir de données. Notes de cours, Grappa - Université de Lille 3. http://www.grappa.univ-lille3.fr/polys/fouille/, 2000.

(Goubault, 2000)

Goubault, L.J.A. method for automatic cryptographic protocol verification (extended abstract). In Proceedings of the International Workshop on Formal Methods in Parallel Programming, Techniques and Applications, volume 1800. Springer Verlag Lecture Notes in Computer Science 977-984, 2000.

(Grange et *al.*, 1995)

Grange, M., D.A. Zighed, B. Payri. Knowledge improvement through genetic algorithms. In proceedings of the second annual joint conference on information science, pages 265-266, 1995.

(Habrard et *al.*, 2002a)

Habrard, A., M. Bernard, F. Jacquenet. Generalized stochastic tree automata for multi-relational data mining, *6th International Colloquium on Grammatical Inference. ICGI 2002*, 2484, Springer, Amsterdam, Septembre 2002.

(Habrard et *al.*, 2002b)

Habrard, A., M. Bernard, F. Jacquenet. Apprentissage d'automates d'arbres stochastiques généralisés á partir de bases de données relationnelles. In Conférence d'Apprentissage, Orléans, France, Presses Universitaires de Grenoble 180-191, 2002.

(Habrard et *al.*, 2003a)

Habrard, A., M. Bernard, F. Jacquenet. Multi-Relational Data Mining in Medical Databases, *Proceedings of the 9th Conference on Artificial*

Intelligence for Medicine Europe (AIME'03) (M. Dojat, E. Keravnou, P. Barahona, Eds.), 2780, Springer–Verlag, Protaras, Cyprus, Octobre 2003.

(Habrard et *al.*, 2003b)

Habradrd, A., N. Bernard, M. Sebban. Improvement of the state merging rule on noisy data in probabilistic grammatical inference. In SPRINGER, Ed., *14th European Conference on Machine Learning (ECML 2003)*, volume 2837 of *LNAI*, p. 169–180, 2003.

(Habrard, 2004a)

Habrard, A. Modèles et Techniques en Inférence Grammaticale Probabiliste: de la Gestion du Bruit à l'Extraction de Connaissances. Thèse de Doctorat, 2004.

(Habrard et *al.*, 2004b)

Habrard, A., M. Bernard, M. Sebban. Correction de distributions statistiques uniformément bruitées en vue d'améliorer les algorithmes d'inférence grammaticale probabiliste. In M. Liquière and M. Sebban, editors, Proceedings of the Conférence d'Apprentissage (CAp'04), pages 299–314, Montpellier, France. Presses Universitaires de Grenoble, Juin 2004.

(Habrard et *al.*, 2005)

Habrard, A., M. Bernard, M. Sebban. Detecting irrelevant subtrees to improve probabilistic learning from tree-structured data. *Fundamenta Informaticae*, **66**(1-2), 103–130, 2005.

(Hernández-Lobato et *al.*, 2009)

Hernández-Lobato, D., G. Martínez-Muñoz. A statistical instance-based pruning in ensembles of independant classifiers. IEEE Transactions on Pattern Analysis and Machine Intelligence 31(2), 364-369, 2009.

(Higuera, 2005)

Higuera, C. A bibliographical study of grammatical inference. *Pattern Recognition*, 38:1332–1348, September 2005.

(Hosoya et al., 2001)

Hosoya, H., B.C. Pierce. Regular expression pattern matching for XML. In Principles of Programming Languages (POPL), pages 67–80. ACM Press, 2001.

(Hopcroft, 1971)

Hopcroft, J. E. An n log n algorithm for minimizing states in a finite automaton. In Z.Kohavi, editor, Theory of Machines and Computations. Academic Press, 1971.

(Hopcroft et al., 1979)

Hopcroft, J.E., J.D. Ullman. Introduction to automata theory, languages, and computation. Addison-Wesley Publishing Co., Reading, Mass. Addison-Wesley Series in Computer Science, 1979.

(Ho, 1994)

Ho, T.K., J.J. Hull, S.N. Srihari. Decision Combination in Multiple Classifier Systems. IEEE Trans. Pattern Analysis and Machine Intelligence, vol. 16, no. 1, pp. 66-75, 1994.

(Ho, 1995)

Ho, T.K. Random Decision Forests. Proc. Third Int'l Conf. Document Analysis and Recognition, pp. 278-282, Montreal, Canada, 14-18, Aout 1995.

(Ho, 1998)

Ho, T.K. The random subspace method for constructing decision forests. IEEE Trans. on Pattern Analysis and Machine Intelligence, 20(8) :832-844, 1998.

(Högberg et al., 2007)

Högberg, J., A. Maletti, J. May. Backward and forward bisimulation minimisation of tree automata. In Proc. 12th Int. Conf. Implementation and Application of Automata, volume 4783 of Lecture Notes in Computer Science, pages 109–121. Springer, 2007.

(Kass, 1980)

Kass, G. an exploratory technique for investigating large quantities of categorical data applied statistics 29(2) -119-127, 1980.

(Kaati et al., 2008)

Kaati, L. Reduction techniques for finite tree automata. Actes universitaires Upsaliensis. Digital Comprehensive Summaries of Uppsala Dissertations from the Faculty of Science and Technology 562.65 pp. Uppsala. ISBN 978-91-554-7313-6, 2008.

(Kijsirikul et al., 2001)

Kijsirikul, B., K. Chongkasemwongse. Decision tree pruning using backpropagation neural networks. In *IJCNN* (Vol. 3, pp. 1876–1880), 2001.

(Kim, 1990)

Kim, B., D. Landgrebe. Hierarchical decision tree classifiers in high dimensional and large class data. PhD thesis, School of Elec. Eng. Purdue Univ., West Lafayette, 1990.

(Knuth, 1997)

Knuth, D.E. The Art of Computer Programming: Fundamental 1997.

(Kodratoff, 1998)

Kodratoff, Y. Technique et outils de l'extraction de connaissances à partir de données. Université Paris-Sud, Revue SIGNAUX n°92, Mars 1998.

(Kolodner, 1993)

Kolodner, J. Case-Based Reasoning. Morgan Kaufmann Publishers, Inc, 1993.

(Kosala et al., 2002)

Kosala, R., J.V. den Bussche, M. Bruynooghe H. Blockeel. Information extraction in structured documents using tree automata induction. In T. Elomaa, H. Mannila, and H. Toivonen, editors, Proceedings of the 6th European Conference on Principles and Practice of Knowledge Discovery in Databases (PKDD'02), volume 2431 of LNCS, pages 299-310, Helsinki, Finland. Springer, 2002.

(Kosala et al., 2003)

Kosala, R., M. Bruynooghe, J.V. den Bussche, H. Blockeel. Information extraction from web documents based on local unranked tree automaton inference. In G. Gottlob and T. Walsh, editors, Proceedings of the 18th International Joint Conference on Artificial Intelligence (IJCAI-2003), pages 403–408, Morgan Kaufmann, Acapulco, Mexico, 2003.

(Kosala et al., 2006)

Kosala, R., H. Blockeel, M. Bruynooghe, J. Van den Bussche. Information extraction from structured documents using k-testable tree automaton inference, Data and Knowledge Engineering 58 (2) 129–158, 2006.

(Kothari, 2001)

Kothari, R., M. Dong. Decision Trees For Classification: A Review and Some New Results. In: PAL S.R. et PAL A. (ed.). Pattern Recognition: From Classical to Modern Approaches, World Scientific, 1169-1184, 2001.

(Kwok et al., 1990)

Kwok, S., C. Carter. Multiple decision trees, Uncertainty in Artificial Intelligence 4, ed. Shachter, R., Levitt, T., Kanal, L., and Lemmer, J., North-Holland, 327-335, 1990.

(Lallich et al., 2007)

Lallich, S., P. Lenca, B. Vaillant. Construction of an off-centered entropy for supervised learning. In: ASMDA, p. 8, 2007.

(**Landeweerd et *al.*, 1983**)

Landeweerd, G.H., T. Timmers, E.S. Gelsema, M. Bins, M.R. Halie. Binary tree versus single level tree classification of white blood cells. Pattern Recognition, 16(6) :571–577, 1983.

(**Latinne et *al.*, 2001**)

Lattine, P., O. Debbier, C. Decaestecker. Limiting the number of trees in random forest, MCS, pp.178-187, 2001.

(**Loh et *al.*, 1997**)

Loh, W.Y., Y.S. Shih. Split Selection Methods for Classification Trees. Statist. Sinica, 7, 815-840, 1997.

(**Magniez, 2007**)

Magniez, F. Vérification approchée – Calcul quantique, Rapport scientifique pour l'obtention d'une Habilitation à Diriger des Recherches, 2007.

(**Margineantu et *al.*, 1997**)

Margineantu, D.D., T.G. Dietterich. Pruning adaptive boosting. In: Proc. Of the 14th International Conference on Machine Learning, pp. 211-218. Morgan Kaufmann, San Francisco, 1997.

(**Markatopoulou et *al.*, 2010**)

Markatopoulou, F., G. Tsoumakas, I. Vlahavas. Instance-based ensemble pruning via multi-label classification. In ICTAI'10, 2010.

(**Martínez-Muñoz et *al.*, 2004**)

Martínez-Muñoz, G., A. Suárez. Aggregation ordering in bagging. In: Proc. of the IASTED International Conference on Artificial Intelligence and Applications. Acta Press, pp. 258– 263, 2004.

(Martínez-Muñoz et al., 2006)

Martinez-Munoz, G., A. Suarez. Pruning in ordered bagging ensembles, in: 23rd International Conference in Machine Learning (ICML-2006), ACM Press, 2006.

(Martínez-Muñoz et al., 2007a)

Martinez-Munoz, G., A. Suarez. Using boosting to prune bagging ensembles, Pattern Recognition Letters 28 (1) 156–165, 2007.

(Martínez-Muñoz et al., 2007b)

Martínez-Muñoz, G., D. Hernández-Lobato, A. Suárez, Selection of decision stumps in bagging ensembles, Lecture Notes in Computer Science 4668, 319–328, 2007.

(Martínez-Muñoz et al., 2009)

Martínez-Munoz, G., D. Hernández-Lobato, A. Suárez. An analysis of ensemble pruning techniques based on ordered aggregation, IEEE Transactions on Pattern Analysis Machine Intelligence 31(2) 245–259, 2009.

(Mededjel et al., 2007)

Mededjel, M., Belbachir, H. Post-élagage Indirect des Arbres de Décision dans le Data Mining. In proceedings of the 4th International Conference: Sciences of Electronic, Technologies of Information and Telecommunications. Tunisie, March 2007.

(Milner, 1980)

Milner, R. A calculus of communication systems. In LNCS 92, Springer Verlag, 1980.

(Mingers, 1987)

Mingers, J. Experts systems - rule induction with statistical data. Journal of the Operational Research Society, 38(1), 39-47, 1987.

(Mitchell, 1996)

Mitchell, M. Introduction to Genetic Algorithms, MIT Press, Cambridge, MA, 1996.

(Mitchell, 1997)

Mitchell, T. Machine Learning. Mc Graw–Hill Publishing Company, McGrawHill Series in Computer Science (Artificial Intelligence), 1997.

(Mohan, 2013)

Mohan, V. Decision Trees: A comparison of various algorithms for building Decision Trees. Available at: http://cs.jhu.edu/~vmohan3/document/ai_dt.pdf.

(Monniaux, 1999)

Monniaux, D. Abstracting Cryptographic Protocols with Tree Automata. Static Analysis Symposium, 1999.

(Morgan, 1963)

Morgan, J.N., J.A. Sonquist. Problems in the analysis of survey data, and a proposal. Journal of the American Statistical Association 58, 415-434, 1963.

(Moore, 1956)

Moore, E.F. Gedanken experiments on sequential machines. In C. E. Shannon and J. Mc- Carthy, editors, *Automata Studies*, pages 129–153. Princeton Universty Press, 1956.

(Morgan et *al.*, 1963)

Morgan, J. N., J. A. Sonquist. Problems in the analysis of survey data, and a proposal. Journal of the American Statistical Association 58, 415-434, 1963.

(Nazar et *al.*, 1998)

Nazar, K., M.A Bramer. Concept dispersion, feature interaction and their effect on particular sources of bias in machine learning. Knowledge-Based Systems, 11, 275-283, 1998.

(Neumann, 1984)

Neumann, J.V. The Computer and the Brain. 1948.

(Pagallo et *al.*, 1990)

Pagallo G., D. Haussler. Boolean feature discovery in empirical learning. Machine Learning, 5(1), 71-99, 1990.

(Paige et *al.*, 1987)

Paige, R., R. Tarjan. Three Partition Refinement Algorithms. SIAM Journal on Computing, 16(6):973–989, 1987.

(Partalas et *al.*, 2006)

Partalas, I., G. Tsoumakas, I. Katakis, I. Vlahavas. Ensemble pruning using reinforcement learning. In: 4th Hellenic Conference on Artificial Intelligence (SETN 2006), pp. 301-310, 2006.

(Partalas et *al.*, 2008)

Partalas, I., G. Tsoumakas, I. Vlahavas. Focused ensemble selection: A diversity- based method for greedy ensemble selection. In: M. Ghallab, C.D. Spyropoulos, 2008.

(Partalas et *al.*, 2010)

Partalas, I., G. Tsoumakas, I. Vlahavas. An ensemble uncertainty awaremeasure fordirectedhillclimbing ensemble pruning. Machine Learning, 81:257–282, 2010.

(Partalas et *al.*, 2012)

Partalas, I., G. Tsoumakas, I. Vlahavas. A Study on Greedy Algorithms for Ensemble Pruning", *Technical Report TR-LPIS-360-12*, LPIS, Dept. of Informatics, Aristotle University of Thessaloniki, Greece, 2012.

(Payne, 1977)

Payne, H.J., W.S Meisel. An algorithm for constructing optimal binary decision trees. IEEE Trans. Comput., 26(9), 905-916, 1977.

(Pérez et *al.*, 1996)

Perez E., L.A Rendell. Statistical variable interaction: focusing multiobjective optimization in machine learning. First International Workshop on Machine Learning, Forecasting and Optimization (MALFO'96), July 9-12, Universidad Carlos III de Madrid. Leganes, Madrid, Spain, 1996.

(Personnaz, 2003)

Personnaz, L., I. Rivals. Réseaux de neurones formels pour la modélisation, la commande et la classification, CNRS Editions, 2003.

(Piotr, 1998)

Piotr, I., R. Motwani. Approximate Nearest Neighbors: Towards Removing the Curse of Dimensionality. In Proceedings of 30th Symposium on Theory of Computing, 1998.

(Prevot, 2004)

Prevot, H. Comparaison de méthodes statistiques et neuronales pour l'établissement d'équations de calibrage en spectrométrie de réflexion diffuse dans le proche infrarouge. Thèse de doctorat, Faculté universitaire des Sciences agronomiques, Gembloux, 382 p, 2004.

(Quinlan, 1987)

Quinlan, J.R. Simplifying decision trees. Int. J. Man-Machine Studies, 27, 221-234, 1987.

(Quinlan, 1986a)

Quinlan, J.R. Induction of Decision Trees, Machine Learning 1, pages 81-106, 1986.

(Quinlan, 1986b)

Quinlan, J.R. The effect of noise on concept learning. In R.S. Michalski, J.G. Carbonnel, and T.M. Mitchell, editors, Machine Learning : An artificial intelligence approach, volume 2, chapter 6. Morgan Kaufmann, 1986.

(Quinlan, 1993)

Quinlan, J.R. C4.5: Programs for Machine Learning, Morgan Kaufmann, 1993.

(Quinlan, 1996)

Quinlan, J.R. Bagging, boosting, and C4.5. In Proceedings of the Thirteenth National Conference on Artificial Intelligence, pp. 725–730, 1996.

(Rabaséda, 1996)

Rabaseda, S. Contribution à l'extraction automatique de connaissances : Application à l'analyse clinique de la marche. Thèse de Doctorat de l'Université Lyon 1, 1996.

(Rabin, 1969)

Rabin, M.O. Decidability of second order theories and automata on infinite trees, 1969.

(Revuz, 1992)

Revuz, D. Minimisation of acyclic deterministic automata in linear time. Theoret. Comput Sci., 92:181–189, 1992.

(Rico-Juan et al., 2000)

Rico-Juan, J., J. Calera-Rubio, R. Carrasco. Probabilistic K-testable tree languages. In A.Oliveira, editor, Proceedings of the 5th Colloquium, ICGI 2000, Lisbon (Portugal), volume 1891 of Lecture Notes in Computer Science, pages 221-228. Springer, 2000.

(Riesbeck et *al.*, 1989)

Riesbeck, C. K, R. C. Schank. Inside Case-Based Reasoning. Lawrence Erbaum Associates, Inc., Hillsdale, New Jersey, 1989.

(Rival et *al.*, 2001)

Xavier Rival, X., J.L. Goubault. Experiments with Finite Tree Automata in Coq. TPHOLs 2001: 362-377, 2001.

(Robnik-sikonja, 2004)

Robnik-Sikonja, M. Improving random forests, in: ECML 2004, 15th European Conference on Machine Learning, Pisa, Italie, Septembre 2004, pp. 359–370, 2004.

(Rodriguez et *al.*, 2006)

Rodriguez, J., L. Kuncheva, C. Alonso. Rotation Forest : A New Classifier Ensemble Method, *IEEE Transactions on Pattern Analysis and Machine Intelligence*, vol. 28, no 10, pp. 1619–1630, 2006.

(Rosenblatt, 1958)

Rosenblatt, F. The perceptron : A probabilistic model for information storage and organization in the brain. *Psychological Review*, *65*(6), 386–408, 1958.

(Ruey, 2001)

Ruey-Hsia, L. Instability of decision tree classification algorithms. PhD Thesis, University of Illinois, Urbana-Champaign, 86 p, 2001.

(Rumelhart et *al.*, 1986)

Rumelhart, D.E, G. E. Hinton, R. J. Williams, Learning Internal Representations by Error Propagation. In D. E. Rumelhart and J. L. McClelland (Eds.) Parallel distributed processing, 1, Cambridge, MA:MIT Press, 1986.

(Safavian, 1991)

R. S. Safavian, R.S, D. Landgrebe. A survey of decision tree classifier methodology. IEEE Transactions on Systems, Man, and Cybernetics, 3(21): 660–674, 1991.

(Sakarovitch, 2003)

Sakarovitch, J. Eléments de théorie des automates, Vuibert, 2003.

(Salzberg, 1997)

Salzberg, S. On comparing classifiers : Pitfalls to avoid and a recommended approach. Data Mining and knowledge discovery, 1:317–327, 1997.

(Schapire et *al.*, 1997)

Schapire, R.E., Y. Freund, P. Bartlett, W.S. Lee. Boosting the margin: a new explanation for the effectiveness of voting methods. In Douglas H. Fisher, editor, Machine Learning: Proceedings of the Fourteenth International Conference (ICML'97), pages 322–330. Morgan Kaufmann, 1997.

(Sebban et *al.*, 2003)

Sebban, M., C. Janodet. On state merging in grammatical inference: A statistical approach for dealing with noisy data. In A. PRESS, Ed., 20th *International Conference on Machine Learning (ICML 2003)*, p. 688–695, 2003.

(Setiono et *al.*, 1998)

Setiono, R., H. Liu. Fragmentation problem and automated feature construction. In: Proceedings of the 10th International Conference on Tools with Artificial Intelligence, Taipei, Taiwan, 208-215, 1998.

(Shannon, 1984)

Shannon, C. "A mathematical theory of communication" *Bell System Technical Journal*, 27, pp.379-423 and pp.623-656, 1984.

(Shlien, 1990)

Shlien, S. Multiple binary decision tree classifiers, Pattern Recognition, Volume 23, Issue 7, Pages 757-763, 1990.

(Shlien, 1992)

Shlien, S. Nonparametric classification using matched binary decision trees. Pattern Recognit. Lett., 13, 83-87, 1992.

(Skurichina et *al.*, 2001)

M. Skurichina, M., R.P.W. Duin. Bagging and the Random Subspace Method for Redundant Feature Spaces. In *Multiple Classifier Systems. Second International Workshop, MCS 2001, Cambridge, UK*, volume 2096 of *Lecture Notes in Computer Science*, pages 1–10. Springer-Verlag, 2001.

(Skurichina et *al.*, 2002)

Skurichina, M., R.P.W. Duin. Bagging, boosting and the random subspace method for linear classifiers. *Pattern Anal. Appl.*, **5**, 121–135, 2002.

(Soto, 2010)

Soto, V., G. Martínez-Muñoz, A. Suárez. A double pruning algorithm for classifycation ensembles. In Proceedings of the 9th International Workshop on Multiple Classifier Systems (MCS 2010), LNCS, 104-113, 2010.

(Taleb et *al.*, 2008a)

Taleb, Z.S., B. Atmani. Optimization of a tree automaton model for the classification. International Arab Conference on Information Technology, 2008.

(Taleb et *al.*, 2008b)

Taleb, Z.S., B. Atmani. Vers un modèle de classification par automates d'arbres, International Conference on Web and Information Technology, ICWIT'08, Juin 2008.

(Taleb et *al.*, 2008c)

Taleb, Z.S., B. Atmani. Extraction des règles à partir des données : Graphes d'inductions et automates d'arbres, Troisième Atelier sur les Systèmes décisionnels, 2008.

(Taleb et *al.*, 2010)

Taleb, Z.S., B. Atmani. Weka_S2D : Système de Surveillance de Diabétiques, Veille Stratégique Scientifique & Technologique, Toulouse, Novembre 2010.

(Taleb et *al.*, 2012)

Taleb, Z.S., B. Atmani. DMTA : A classification measure by tree automata. DICTAP'2012 : The Second International Conference on Digital Information and Communication Technology and its Applications, 2012.

(Taleb et *al.*, 2013)

Taleb, Z.S., B. Atmani, A. Adla. On generating and simplifying decision trees using tree automata models. Journal INFOCOMP, v. 12, no. 2, p. 32-43, Décembre 2013.

(Thanh, 2007)

Thanh H.D. Mesures de discrimination et leurs applications en apprentissage inductif. Thèse de Doctorat de l'Université Paris 6, 2007.

(Thollard *et al.*, 2000)

Thollard, F., P.Dupont, C. De la Higuera. Probabilistic dfa inference using kullback–leibler divergence and minimality. In M. KAUFFMAN, Ed., 17th International Conference on Machine Learning, p. 975–982, 2000.

(Tommasi, 2006)

Tommasi, M. Structures arborescentes et apprentissage automatique. Université Charles de Gaulle — Lille 3, HDR, 2006.

(Tsoumakas et *al.*, 2005)

Tsoumakas, G., L. Angelis, I. Vlahavas. Selective fusion of heterogeneous classifiers', Intelligent Data Analysis, **9**(6), 511–525, 2005.

(Tsoumakas et *al.*, 2009)

Tsoumakas, G., I. Partalas, I. Vlahavas. An Ensemble Pruning Primer. Applications of Supervised and Unsupervised Ensemble Methods (Eds.) Okun and Valentino, 1-13, Springer-Verlag, 2009.

(Valmari et *al.*, 2008)

Valmari, A., P. Lehtinen. Efficient minimization of dfas with partial transition functions. In Proceedings of the 25th International Symposium on Theoretical Aspects of Computer Science (STACS 2008), pages 645–656, 2008.

(Wallace et *al.*, 1993)

Wallace C.S., J.D Patrick. Coding decision trees. Machine Learning, 11, 7-22, 1993.

(Wang et *al.*, 2006)

Wang, S.Q., J. Yang, K.C. Chou. Using stacked generalization to predict membrane protein types based on pseudo amino acid composition, J. Theor. Biol. 242, 941–946, 2006.

(Watkins, 1987)

Watkins, C.J. Combining cross-validation and search. In proceedings of the second European working session on learning, pages 79-87, 1987.

(Watson, 1994)

Watson, D.W. A taxonomy of finite automata minimization. Technical Report Computer Science Report 93-44, Department of Computing Science. Eindhoven University of Technology, 1994.

(Wiener et *al.*, 1982)

Wiener, F., I. Frenkel, Y. Kanter, D. Barzilai. Computerized medical decisions in evaluating the diabetes patient. Comput Biol Med, 12(3):241-51, 1982.

(Witten et *al.*, 2005)

Witten, I.H., F. Eibe. Data Mining: Practical machine learning tools and techniques.http://www.cs.waikato.ac.nz/~ml/weka/, 2005.

(Winston, 1992)

Winston, P . Artificial Intelligence. Addison Wesley, 1992.

(Wolpert, 1992)

Wolpert, D. Stacked Generalization. Neural Networks, vol. 5, pp. 241-259, 1992.

(Zheng et *al.*, 1998)

Zheng, Z., G.I. Webb. Stochastic attribute selection committees. Technical Report (TR C98/08), School of Compuing and Mathematics, deakin University, Australia, 1998.

(Zhang et *al.*, 2006)

Zhang, Y., S. Burer, W.N. Street. Ensemble pruning via semi-definite programming, Journal of Machine Learning Research 7 1315–1338, 2006.

(Zheng, 1998)

Zheng, Z. Generating classifier committees by stochastically selecting both attributes and training examples. In Proceedings of the 5th Pacific Rim International Conferences on Artificial Intelligence *(PRICAI'98)*, pages 12–23. Berlin: Springer-Verlag, 1998.

(Zhong et al., 2008)

Zhong, M., M. Georgiopoulos, G.C Anagnostopoulos. A k-norm pruning algorithm for decision tree classifiers based on error rate estimation. Machine Learning, 71, 55–88, 2008.

(Zhou et *al.*, 2002)

Zhou, Z.H., J. Wu, W Tang. Ensembling neural networks : Many could better than all. Artificial intelligence 137 (1-2), 239-263, 2002.

(Zhou et *al.*, 2003)

Zhou, Z.H., W. Tang. Selective ensemble of decision trees. In: 9th International Conference on Rough Sets, Fuzzy Sets, Data Mining, and Granular Computing, RSFDGrC 2003, pp. 476-483. Chongqing, China, 2003.

(Zighed, 1985)

Zighed, D.A. Méthodes et outils pour les processus d'interrogation non arborescents. Thèse de Doctorat Université Lyon1, 1985.

(Zighed et *al.*, 1992)

Zighed, D.A., J.P. AURAY, G. DURU. SIPINA: Méthode et Logiciel. Lacassagne, 1992.

ANNEXE A

GRAPHES D'INDUCTION ET AUTOMATES D'ARBRES

1   La méthode SIPINA

SIPINA acronyme de «Système Interactif pour les processus d'Interrogation Non Arborescents». C'est une méthode d'apprentissage symbolique qui génère un modèle de prédiction sous forme de graphe, le graphe peut être transformé en un ensemble de règles conjonctives disjonctives.

Dans le processus de construction du graphe d'induction, on cherche de manière itérative, une succession de partitions. Nous passons de la partition

S_t à S_{t+1} si on améliore la valeur du critère calculée précédemment. Lors du passage d'une partition S_i à une partition S_{i+1} on va essayer de maximiser la quantité $\Im_\lambda(S_{i+1}) = I_\lambda(S_i) - I_\lambda(S_{i+1})$ qui est la variation d'incertitude (gain) entre la partition précédente S_i et la partition suivante S_{i+1}.

I peut être une entropie de Shannon

$$I_\lambda(S_i) = \sum_{j=1..K} \frac{n_{.j}}{n} \times - \sum_{i=1..m} \left[\frac{n_{ij} + \lambda}{n_{.j} + m\lambda} \times \log_2 \left(\frac{n_{ij} + \lambda}{n_{.j} + m\lambda} \right) \right]$$

I peut être une entropie quadratique

$$I_\lambda(S_i) = \sum_{j=1..K} \frac{n_{.j}}{n} \times \sum_{i=1..m} \left[\frac{nf_{ij} + \lambda}{nf_{.j} + m\lambda} \times \left(1 - \frac{nf_{ij} + \lambda}{nf_{.j} + m\lambda} \right) \right]$$

Soit une partition $S_i = \{s_1, s_2, s_3\}$, nous disposons de trois variables $X_{j(j=1..3)}$, on peut passer de S_i à S_{i+1} par les trois phases suivantes :

a)- Phase1: (Passage de S_i à S_{i+1} par regroupement)

Le regroupement se fait entre deux sommets, en le réalisant avec les trois sommets $\{s_1, s_2, s_3\}$ on aura à choisir entre trois partitions et on choisit une selon le gain calculé:

❖ $S^1_{i+1} = \{s_3, \{s_1 \cup s_2\}\}$ on calcul le gain $\Im_\lambda(S^1_{i+1})$.

❖ $S^2_{i+1} = \{s_1, \{s_2 \cup s_3\}\}$ on calcul le gain $\Im_\lambda(S^2_{i+1})$.

❖ $S^3_{i+1} = \{s_2, \{s_1 \cup s_3\}\}$ on calcul le gain $\Im_\lambda(S^3_{i+1})$.

On choisit la partition pour laquelle le gain est maximum et positif. S'il existe au moins une partition admissible on re-exécute la phase 1, sinon on passe à la phase 2.

b)- Phase2: (Passage de S_i à S_{i+1} par regroupement-éclatement)

Comme dans la phase 1, on effectue tous les regroupements entre les sommets, pour chaque sommet issu d'un regroupement on réalise un éclatement avec chacune des variables existantes et on calcul les différents gains $\Im_\lambda($ S^j_{i+1}) j=1..9.

Parmi les différents gains, faire le choix du maximum positif. S'il existe au moins une partition admissible on re-exécute la phase 1, sinon on passe à la phase 3.

c)- Phase3: (Passage de S_i à S_{i+1} par éclatement ou segmentation)

Pour chaque sommet de S_i on réalise un éclatement avec chacune des variables et on calcul les différents gains pour enfin choisir le maximum positif. S'il existe au moins une partition admissible on re-exécute la phase 1, sinon on *termine*.

Algorithme SIPINA

Entrée : Echantillon d'apprentissage Ω_a;

---

1. Fixation de la mesure d'incertitude;

2. Fixation de paramètres (λ,τ,α_0);

3. Génération de la première partition à partir du sommet initial0;

4. Tentative de fusion (Phase1), si succès (gain > 0) Alors

   - Générer partition (fusion) Aller à (4)

   - Sinon Aller à (5)

5. Tentative de fusion – éclatement (Phase2), si succès (gain > 0) Alors

   - Générer partition (fusion - éclatement) Aller à (4)

   - Sinon Aller à (6)

6. Tentative d'éclatement (Phase3), si succès (gain > 0) Alors

   - Générer partition (éclatement)

   - Aller à (4)

7. Sinon Fin de l'algorithme

Sortie : Un graphe d'induction

Algorithme A.1 Algorithme SIPINA

2 Application de la méthode SIPINA à la base Diabète

L'exemple Diabète présenté dans (Atmani et *al.*, 2007) est constitué de 1461 instances dont chacune d'elles représente les caractéristiques d'un malade (diabétique) décrit par 10 attributs, il s'agit de déterminer, étant donné les caractéristiques du patient, s'il est diabétique de type 1 ou de type 2.

L'exemple est présenté sur le tableau ci dessous :

Variables exogènes	Sémantique	Modalités
Age	Age du malade	>35; >=15 <35; Autre.
Mode de révélation	Détermine la façon dont le diabète s'est déclaré chez un patient.	Cétose Diabétique Spontané (Sp), Cétose Diabétique avec Foyer Infectieux (Inf), Déséquilibre Glycémique (Gly) ou Diabète de Découverte Récente (Réc).
Poids	poids du patient.	Normal, obèse, overweight ou amaigrissement.
Infection Virale	S'il y a une infection virale	Oui, Non.
Amaigrissement	détermine soit il y a un amaigrissement ou non.	Oui, Non.
Association	si le diabète est en relation avec des maladies auto-immunes ou pas.	Relation; Pas_Relation.
Circonstance de Découverte	Détermine dans quelles circonstances le diabète s'est déclaré chez le sujet	Pieds Diabétique (CDC1), Découverte Fortuite (CDC2), Infection Bactérienne (CDC3), Rétinopathie (CDC4), Comas Hyper-Osmolaire (CDC5), Cétose Diabétique Inaugurale (CDC6), Comas Cétosique (CDC7).
Asthénie	Existence d'une asthénie.	Oui, Non.
Antécédents	S'il y a des antécédents	Familial; Personnel; Sans Antécédent.
Sexe	Le sexe du patient	Féminin, Masculin.

Tab A.1 La base Diabète (Atmani *et al.*, 2007).

Age	M_rev	Poids	Inf-Vir	Amaig	Assoc	Circ-	Asth	Antécéd	Sexe	Classe
>35	Sp	Ov-W	Non	Oui	Relation	Circ1	Oui	Sans-Ant	Mas	Type_2
15-35	Sp	Obèse	Oui	Oui	Relation	Circ6	Non	Sans- Ant	Fem	Type_2

15-35	Gly	Maigre	Non	Non	Sans-Rel	Circ6	Non	Famil	Mas	Type_1
Autre	Gly	Ov-W	Oui	Oui	Relation	Circ3	Oui	Sans-Ant	Fem	Type_2
15-35	Réc	Maigre	Oui	Non	Relation	Circ4	Oui	Sans-Ant	Fem	Type_2
>35	Sp	Maigre	Non	Non	Relation	Circ6	Non	Famil	Mas	Type_1
15-35	Gly	Maigre	Oui	Non	Sans-Rel	Circ6	Oui	Sans-Ant	Mas	Type_1
>35	Gly	Normal	Non	Non	Relation	Circ1	Oui	Sans-Ant	Fem	Type_2
15-35	Sp	Maigre	Oui	Oui	Sans-Rel	Circ7	Non	Famil	Fem	Type_1
>35	Inf	Maigre	Oui	Non	Relation	Circ7	Oui	Sans-Ant	Fem	Type_1
15-35	Inf	Obése	Oui	Oui	Relation	Circ2	Oui	Sans-Ant	Fem	Type_2
>35	Inf	Ov-W	Non	Oui	Relation	Circ3	Oui	Sans-Ant	Mas	Type_2
15-35	Gly	Maigre	Non	Oui	Relation	Circ5	Non	Famil	Fem	Type_2
15-35	Gly	Ov-W	Oui	Oui	Relation	Circ2	Oui	Sans-Ant	Fem	Type_2

Tab A.2 Un extrait de la base Diabète (Atmani et al., 2007).

La construction d'un modèle de classement à base d'arbre ou de graphe se fait par un passage d'une partition S_i vers une partition S_{i+1}. Illustrons dans cette section le passage de la partition S_0 grossière vers la partition S_1 pour la construction d'un graphe SIPINA.

1. La mesure choisie est l'entropie quadratique ;
2. Le paramètre λ fixé à 1 ;
3. L'incertitude associée à l'échantillon est : $I(S_0) = \frac{14}{14}\left[\frac{5+(1)}{14+2\times(1)} \times \left(1 - \frac{5+(1)}{14+2\times(1)}\right)\right] + \frac{14}{14}\left[\frac{9+(1)}{14+2\times(1)} \times \left(1 - \frac{9+(1)}{14+2\times(1)}\right)\right] = 0.4643$.
4. Calculons l'entropie $I(S_1) = \sum \alpha_{ij}$, pour chacune des variables X_i. i : {Le numéro de la variable candidate pour l'éclatement, i=1..10} et j : {Le numéro du sommet généré par la variable X_i, j=1..nombre de valeurs de X_i} : Par exemple pour l'attribut association (Assoc), la table de contingence est comme suit :

Classes x Eléments	s_1	s_2	total
c_1	$n_{11} = 9$	$n_{12} = 0$	$n_{1.} = 9$
c_2	$n_{21} = 21$	$n_{22} = 3$	$n_{2.} = 5$
Totale colonne	$n_{.1} = 11$	$n_{.2} = 3$	$n_{..} = 14$

Tab A.3 Table de contingence de la variable Association (Assoc)

L'application de l'entropie quadratique sur l'attribut Assoc :

$$I(Assoc) = \frac{11}{14}\left(\left[\frac{5+(1)}{14+2\times(1)} \times \left(1 - \frac{5+(1)}{14+2\times(1)}\right)\right] + \frac{14}{14}\left[\frac{9+(1)}{14+2\times(1)} \times \left(1 - \right.\right.\right.$$

$$\left.\left.\left.\frac{5+(1)}{14+2\times(1)}\right)\right]\right) + \frac{3}{14}\left(\left[\frac{5+(1)}{14+2\times(1)} \times \left(1 - \frac{5+(1)}{14+2\times(1)}\right)\right] + \frac{14}{14}\left[\frac{9+(1)}{14+2\times(1)} \times \right.\right.$$

$$\left.\left.\left(1 - \frac{9+(1)}{14+2\times(1)}\right)\right]\right) = 0.3308.$$

De la même façon on calcul le gain pour tous les attributs, on trouve les résultats suivants :

L'attribut	Gain d'information		L'attribut	Gain d'information
Age	0.4643 - 0.47		**Assoc**	**0.4643 - 0.3308**
M_Rev	0.4643 - 0.47		Circ-Dec	0.4643 - 0.401
Poids	0.4643 - 0.3895		Asth	0.4643 - 0.42
Inf-Vir	0.4643 - 0.47		Ant	0.4643 - 0.385
Amaigrissement	0.4643 - 0.40		Sexe	0.4643 - 0.3308

Tab A.4 Les gains associés aux attributs de la base Diabète pour l'éclatement du nœud racine.

La variable choisie par la méthode SIPINA est celle pour laquelle le gain est maximum parmi tous les gains calculés, donc la variable *Assoc* va être choisie comme premier attribut pour segmenter l'échantillon selon ses deux valeurs. Une fois la partition S_1 générée, on passe à l'exécution des phases de l'algorithme pour générer la partition S_2: On commence par tester la possibilité de faire une fusion puis fusion-éclatement sinon simplement un éclatement. On s'arrête lorsqu'on obtient une partition pour laquelle tous les gains sont négatifs.

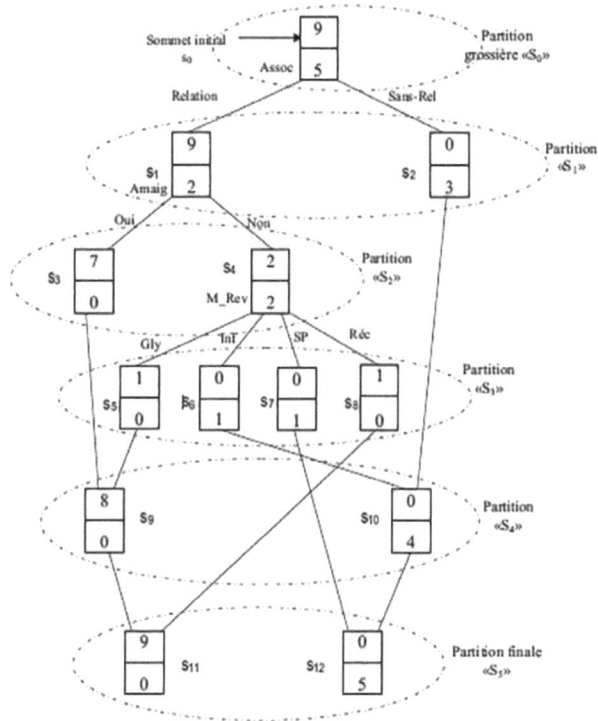

Fig A.1 Graphe SIPINA pour la base DIABETE.

3   SIPINA dans le formalisme automates d'arbres

L'automate utilisé est de type ascendant il contient un ensemble d'états finaux Q_f qui est composé des états associés aux modalités de la classe et ses règles de transition seront de la forme : $f(q_1,q_2,...,q_n) \rightarrow q$. Pour la construction de l'automate à partir d'un graphe d'induction on considère l'opération de fusion en plus de l'éclatement pour réaliser la tache de transcodage. Initialement on a $V=\Delta=\Phi$ et que $Q= Q_f= \{q_0, q_1\}$, Q_f : ensemble qui contient les états associés aux modalités de la classe q_0 correspond à la modalité Type I et q_1 correspond à la modalité Type II.

3.1 Eclatement du sommet initial

On suppose qu'on éclate un sommet par une variable « Amaig » (Amaigrissement) de l'exemple, qui possède 02 valeurs donc on obtient deux autres sommets, en terme d'automate d'arbres au lieu de parler de variable de segmentation on parlera plutôt de symbole, donc « Amaig » est un symbole fonctionnel d'arité 1.

Fig A.2 Eclatement de la racine à un instant t_1 et l'automate correspondant

L'automate d'arbre $A = (Q,V,\Delta,Q_f)$ est composé de :

- $V=\{Amaig(,),\ Oui,\ Non\ \}$, $\Delta=\{Oui{\rightarrow}q_2,\ Non{\rightarrow}q_3,\ Amaig(q_2)\ {\rightarrow}q_4,$ $Amaig(q_3){\rightarrow}q_5\}$, $Q=Q_f\ U\{q_2,\ q_3,\ q_4,\ q_5\}$; $Q_f=\{q_0,\ q_1\}$.

3.2 Eclatement d'un sommet intermédiaire

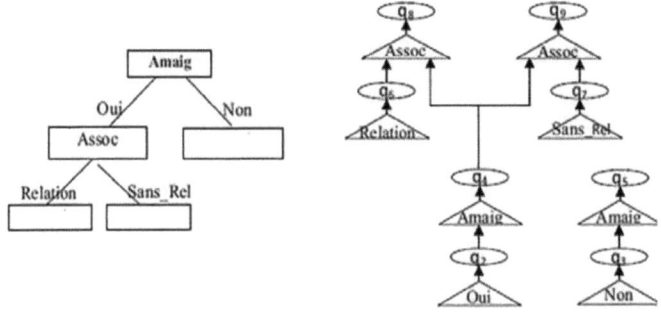

Fig A.3 Eclatement d'un nœud intermédiaire à t_2 et l'automate correspondant

L'automate d'arbre $A = (Q,V,\Delta,Qf)$ est composé de :

-$V=V\ U\{Assoc(,),Relation,Sans\_Rel\}$, $\Delta=\Delta U\{Relation{\rightarrow}q_6,Sans\_Rel{\rightarrow}q_7,$ $Assoc(q_6,q_4){\rightarrow}q_8,\ Assoc\ (q_7,q_4){\rightarrow}q_9\}$, $Q=Q\ U\ \{q_6,q_7,q_8,q_9\}$.

3.3 Fusion de deux sommets

Un regroupement de sommets est représenté dans un automate en utilisant symbole logique OU, OU(,) c'est un symbole d'arité 2.

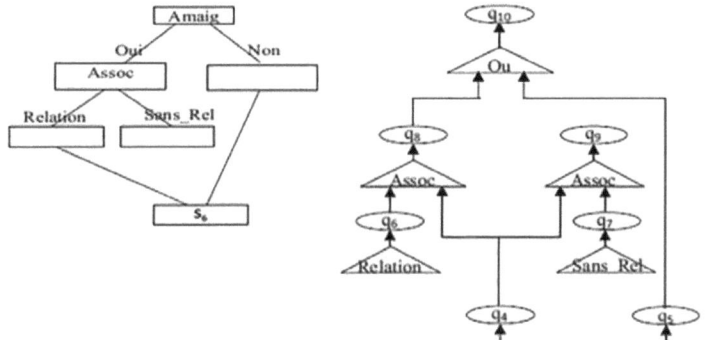

Fig A.4 Regroupement à l'instant t_3 et l'automate correspondant

L'automate d'arbre A = (Q,V,Δ,Q_f) est composé de : V = V U {Ou(,)}, $\Delta = \Delta$ U {Ou(q_5,q_8)$\to$q_{10}}, $Q = Q$ U {q_{10}}.

3.4 Simplification du modèle d'automate généré

Pour minimiser un automate d'arbres correspondant à un graphe d'induction, on utilise les mêmes principes de minimisation utilisés pour un automate d'arbre correspondant à un arbre de décision, présentés au niveau du chapitre 3. Le processus de simplification consiste à déterminiser l'automate et de faire son nettoyage.

5   Réalisation, résultats, et étude comparative

L'implémentation est réalisée au niveau de la plate forme Weka (Witten et *al.*, 2005) avec l'implémentation d'un module SIPINA_TA (SIPINA Tree Automata). Toutes les captures sont réalisées en utilisant l'application Diabètes (Atmani et *al.*, 2007).

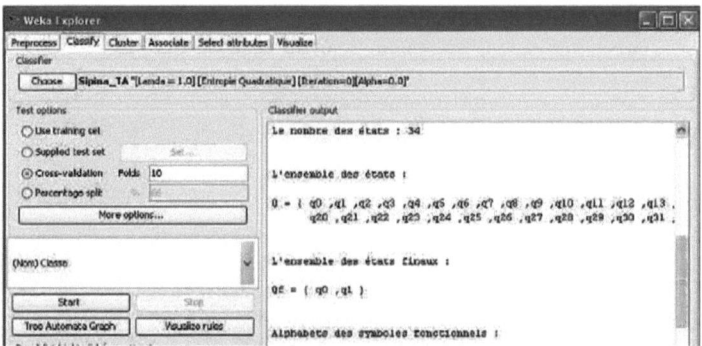

Fig A.5 Automate d'arbres (forme textuel) utilisant les prinicipes de SIPINA

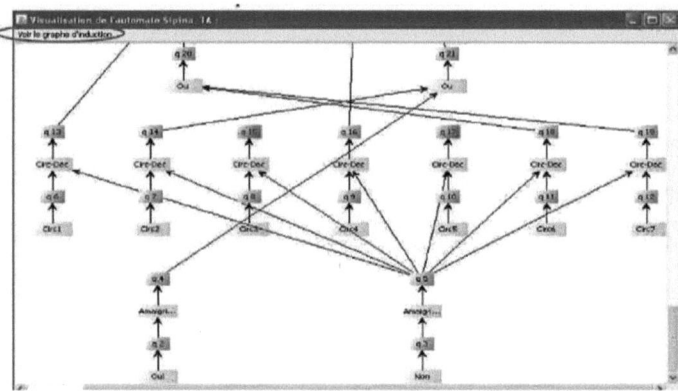

Fig A.6 Automate d'arbres (forme graphique) utilisant les prinicipes de SIPINA

A partir de cette fenêtre on peut visualiser le graphe d'induction correspondant à l'automate

Visualisation du Graphe Sipina
874 | 587
Amaigri...
Oui
Non
30 | 540
Circ-Dec
6 | 0
21 | 0
3 | 0
0 | 254
865 | 47
0 | 540
871 | 47
874 | 47

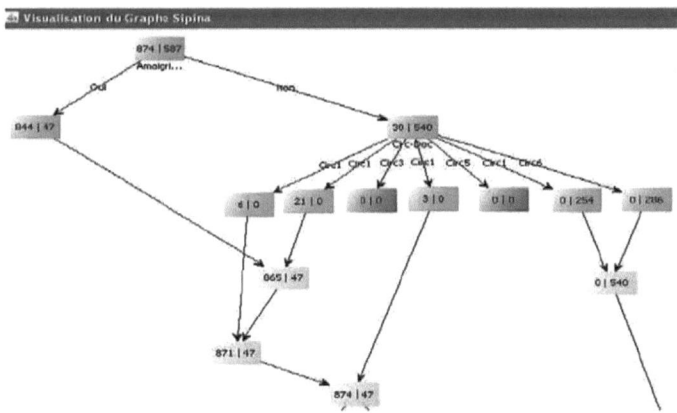

Fig A.7 Graphe SIPINA de la base Diabète obtenu à partir de l'automate

Les règles de décision sont extraites à partir de l'automate en utilisant les règles de réécriture présentées dans (Taleb et *al.*, 2008c).

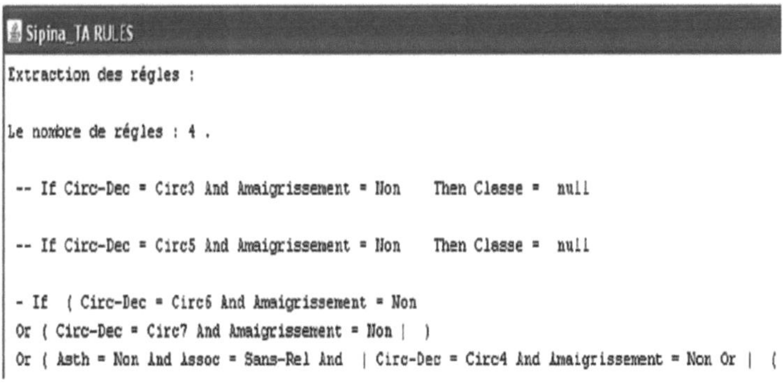

Sipina_TA RULES
Extraction des régles :
Le nombre de régles : 4 .
-- If Circ-Dec = Circ3 And Amaigrissement = Non Then Classe = null
-- If Circ-Dec = Circ5 And Amaigrissement = Non Then Classe = null
- If (Circ-Dec = Circ6 And Amaigrissement = Non
Or (Circ-Dec = Circ7 And Amaigrissement = Non |)
Or (Asth = Non And Assoc = Sans-Rel And | Circ-Dec = Circ4 And Amaigrissement = Non Or | (

Fig A.8 Règles de décision obtenu à partir de l'automate

Une fois l'automate simplifié, on peut afficher les opérations effectuées ainsi que la validation des résultats obtenus. Un affichage graphique de l'automate simplifié est aussi possible avec un affichage de la base de règles de décision simplifiées utilisant le principe de réécriture.

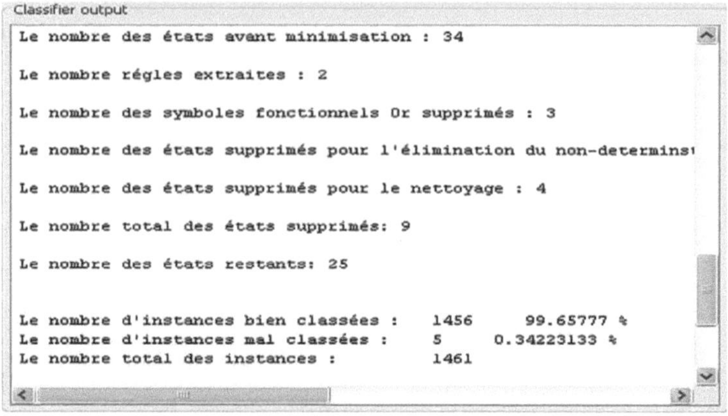

Fig A.9 Opération de simplification réalisées sur l'automate

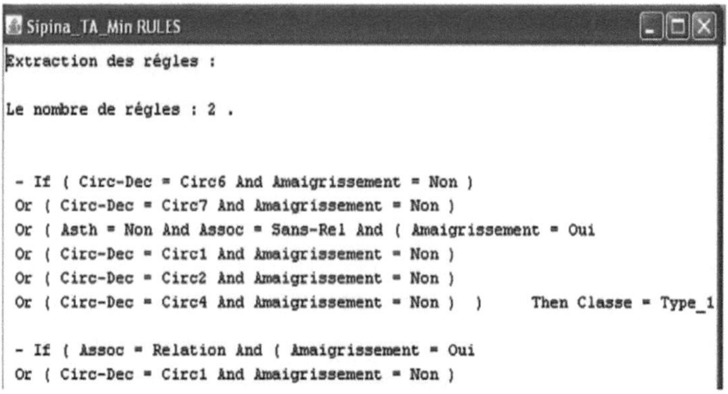

Fig A.10 Règles de décision de l'automate simplifié

Dans le tableau suivant, l'étude comparative est réalisée entre deux automates utilisant les principes de génération de la méthode SIPINA, l'un d'eux est brut appelé SIPINA_TA et l'autre simplifié SIPINA_TA_MIN obtenu à partir du premier en utilisant les algorithmes de simplification proposés. Les bases d'apprentissage sont disponibles au niveau du site UCI machine learning repository (Asuncion et *al.*, 2007) disponible à http://archive.ics.uci.edu/ml/.

On utilise les critères de comparaison suivants : NE : Nombre d'états, NRT : Nombre de règles de transition, NRD : Le nombre de règles de décision, TS : Le taux de succès.

	SIPINA_TA				SIPINA_TA_Min			
	NE	NRT	NRD	TS	NE	NRT	NRD	TS
Diabéte	34	36	4	99.65%	27	27	2	99.65%
Crédit	72	79	8	82.74%	35	35	5	82.74%
Car	83	92	9	80.32%	51	51	9	80.32%
Kr-Ks-Vp	60	64	4	97.12%	35	35	4	97.12%
Nursery	88	94	8	70.41%	58	58	6	70.41%
Mfeat pixel	86	91	5	30.70%	46	46	5	30.70%
Lymphatics	97	106	11	67.18%	63	63	9	82.43%

Tab A.5 Etude comparative sur 7 benchmarks entre un automate brut et un automate simplifié

ANNEXE B

ENSEMBLES BAGGING

TAB B.1 Tailles des sous ensembles pour 10 itérations (chaque itération contenant initialement 100 arbres C4.5) pour la méthode MARGIN (Martínez-Muñoz et al., 2006)

	Bag 1	Bag 2	Bag 3	Bag 4	Bag 5	Bag 6	Bag 7	Bag 8	Bag 9	Bag 10	Moy
audiology	16	11	4	41	44	10	26	26	21	18	21,7
Breast-cancer	10	11	18	21	15	7	9	13	19	32	15,5
Breast-w	9	6	9	25	13	14	13	6	22	26	14,3
cmc	44	67	38	40	19	30	60	39	36	48	42,1
dermatology	18	10	12	5	14	11	14	10	7	14	11,5
Ecoli	15	17	17	34	24	15	20	28	10	19	19,9
Kr-vs-kp	8	26	12	44	13	18	8	5	9	25	16,8
Glass	11	9	11	28	17	26	25	11	8	16	16,2
Hearth-h	23	28	18	14	22	23	13	11	29	16	19,7
Hepatisis	23	13	14	13	8	13	21	9	15	24	15,3
Ionosphere	15	7	24	5	11	7	7	15	6	30	12,7
Labor	7	14	7	5	7	9	9	21	20	4	10,3
Lymph	26	23	14	22	12	34	33	25	12	14	21,5
Diabetes	27	25	40	30	17	53	45	53	20	53	36,3
Credit-a	30	27	15	13	11	9	14	7	21	33	18
Credit-g	32	20	12	28	48	35	75	25	36	21	33,2
Heart-statlog	27	19	13	14	19	12	30	16	9	28	18,7
anneal	6	4	7	49	4	27	9	8	8	16	13,8
balance-scale	13	25	14	10	26	23	27	21	49	10	21,8
Car	12	16	12	40	17	9	45	17	14	14	19,6
Colic	5	7	12	3	5	10	4	12	6	6	7
dermatology	9	6	9	4	5	8	7	20	11	3	8,2
haberman	18	6	21	12	24	73	18	29	13	27	24,1
heart-h	10	22	22	14	28	28	17	22	27	15	20,5
primary tumor	23	46	18	45	27	31	30	65	40	11	33,6
Sonar	48	9	12	9	13	11	9	17	11	11	15
soybean	27	37	8	10	44	25	14	29	32	9	23,5
tic-tac-toe	50	79	70	56	15	26	44	36	21	32	42,9
vehicle	13	25	31	50	70	34	51	32	38	33	37,7
Vote	7	26	8	4	4	24	23	5	6	3	11
vowel	22	14	28	30	15	11	32	23	29	23	22,7

TAB B.2 Taux de succès des sous ensembles pour 10 itérations (chaque itération contenant initialement 100 arbres C4.5) pour la méthode MARGIN (Martínez-Muñoz et al., 2006)

	Bag 1	Bag 2	Bag 3	Bag 4	Bag 5	Bag 6	Bag 7	Bag 8	Bag 9	Bag 10	Moy
audiology	82,22%	73,33%	82,22%	86,66%	86,66%	84,44%	82,22%	80,00%	73,33%	80,00%	81,11%
Breast-cancer	66,66%	75,44%	66,66%	71,19%	75,44%	71,93%	68,42%	71,93%	77,19%	77,19%	72,21%
Breast-w	97,12%	93,52%	94,24%	94,96%	97,12%	93,52%	93,52%	93,52%	95,68%	96,40%	94,96%
cmc	53,40%	52,38%	51,70%	48,29%	53,74%	53,40%	54,08%	51,36%	52,72%	55,44%	52,65%
dermatology	97,26%	95,89%	94,52%	97,26%	97,26%	98,63%	95,89%	97,26%	97,26%	97,26%	96,84%
Ecoli	80,59%	85,07%	79,10%	88,06%	82,09%	89,55%	88,05%	86,56%	89,55%	79,10%	84,77%
Kr-vs-kp	99,53%	99,53%	99,68%	99,22%	98,75%	99,84%	99,68%	98,75%	99,37%	99,68%	99,40%
Glass	76,19%	69,05%	94,28%	73,81%	76,19%	76,19%	78,57%	73,81%	78,57%	73,81%	77,05%
Hearth-h	74,14%	89,65%	79,31%	75,86%	67,24%	81,03%	79,31%	84,48%	86,20%	89,65%	80,69%

Hepatisis	93,55%	83,87%	77,42%	80,64%	83,87%	90,32%	80,64%	80,64%	77,42%	77,42%	82,58%
Ionosphere	91,43%	94,28%	87,14%	95,71%	94,28%	85,71%	88,57%	98,57%	92,86%	91,43%	92,00%
Labor	90,91%	81,82%	81,82%	90,91%	81,82%	100,00%	90,91%	90,91%	90,91%	90,91%	89,09%
Lymph	82,76%	79,31%	82,76%	89,65%	72,41%	89,65%	86,20%	75,86%	79,31%	86,20%	82,41%
Diabetes	78,43%	75,16%	74,41%	75,16%	81,69%	79,09%	72,55%	78,43%	76,47%	73,85%	76,52%
Credit-a	91,30%	88,40%	84,78%	80,43%	84,78%	89,13%	84,06%	83,33%	86,95%	88,40%	86,16%
Credit-g	70,50%	73,00%	69,00%	79,50%	70,50%	69,00%	76,00%	77,00%	72,50%	72,00%	72,90%
Heart-statlog	72,22%	77,77%	79,63%	83,33%	85,18%	83,33%	83,33%	85,18%	77,77%	87,04%	81,48%
anneal	97,76%	100,00%	99,44%	98,32%	98,88%	99,44%	97,76%	99,44%	100,00%	100,00%	99,10%
balance-scale	80,00%	82,40%	84,80%	78,40%	85,60%	85,60%	81,60%	83,20%	82,40%	76,80%	82,08%
Car	92,46%	92,75%	93,33%	92,17%	93,33%	94,78%	95,36%	94,49%	93,62%	93,04%	93,53%
Colic	80,82%	87,67%	84,93%	84,93%	79,45%	84,93%	79,45%	83,56%	90,41%	73,97%	83,01%
dermatology	97,26%	95,89%	95,89%	95,89%	98,63%	95,89%	95,89%	93,15%	98,63%	95,89%	96,30%
haberman	80,33%	55,74%	65,57%	73,77%	70,49%	77,05%	73,77%	77,05%	70,49%	77,05%	72,13%
heart-h	79,31%	86,20%	75,86%	77,58%	81,03%	82,75%	86,20%	75,86%	86,20%	82,76%	81,38%
primary tumor	41,79%	38,80%	46,27%	41,79%	44,77%	47,76%	41,79%	46,27%	41,79%	35,82%	42,69%
Sonar	85,36%	63,41%	75,61%	78,05%	78,05%	70,73%	75,61%	82,92%	82,92%	78,05%	77,07%
soybean	92,65%	97,06%	92,65%	94,12%	89,70%	92,65%	94,12%	96,32%	94,85%	94,85%	93,90%
tic-tac-toe	94,24%	94,24%	96,33%	96,33%	94,76%	95,81%	92,14%	96,33%	96,33%	91,62%	94,81%
vehicle	76,33%	68,64%	74,55%	78,10%	71,00%	78,69%	73,37%	75,74%	76,33%	72,78%	74,55%
Vote	95,40%	95,40%	95,40%	96,55%	98,85%	93,10%	95,40%	93,10%	98,85%	96,55%	95,86%
vowel	90,40%	94,95%	91,92%	89,89%	90,40%	91,41%	89,89%	95,96%	92,93%	90,91%	91,87%

TAB B.3 Tailles des sous ensembles pour 10 itérations (chaque itération contenant initialement 100 arbres C4.5) pour la méthode CONC (Banfield et al., 2005)

	Bag 1	Bag 2	Bag 3	Bag 4	Bag 5	Bag 6	Bag 7	Bag 8	Bag 9	Bag 10	Moy
audiology	14	15	4	28	27	5	28	12	8	8	14,9
Breast-cancer	18	6	13	8	8	7	19	10	8	15	11,2
Breast-w	4	6	11	9	5	7	9	4	7	5	6,7
cmc	44	29	50	28	18	35	31	52	50	26	36,3
dermatology	8	3	6	10	7	6	4	4	15	14	7,7
Ecoli	22	6	13	33	26	6	19	30	11	8	17,4
Kr-vs-kp	4	18	8	4	10	6	4	6	6	16	8,2
Glass	12	9	16	25	10	7	11	26	22	25	16,3
Hearth-h	13	6	15	19	7	8	16	7	8	31	13
Hepatisis	7	15	7	21	15	5	11	5	14	11	11,1
Ionosphere	6	14	9	4	6	11	28	3	4	3	8,8
Labor	4	4	8	8	3	7	4	8	3	3	5,2
Lymph	6	9	3	10	23	11	9	13	19	8	11,1
Diabetes	25	17	18	22	14	15	32	27	15	11	19,6
Credit-a	16	12	10	23	29	10	9	11	13	15	14,8
Credit-g	22	17	21	12	35	31	77	35	42	16	30,8
Heart-statlog	17	10	16	12	17	13	15	25	17	15	15,7
anneal	1	4	4	7	2	2	2	2	1	3	2,8
balance-scale	22	26	23	15	22	19	14	21	29	9	20
Car	14	22	20	14	13	8	18	31	18	12	17
Colic	5	5	5	5	5	5	3	11	8	3	5,5
dermatology	5	2	4	4	4	4	10	4	3	7	4,7

haberman	10	18	11	6	10	12	7	10	9	8	10,1
heart-h	10	31	17	14	14	10	10	11	23	29	16,9
primary tumor	20	31	18	21	62	65	16	58	16	27	33,4
Sonar	9	7	6	7	7	5	9	8	7	5	7
soybean	14	20	12	16	16	12	20	24	28	9	17,1
tic-tac-toe	18	12	47	31	11	40	23	16	15	21	23,4
vehicle	24	22	37	15	20	38	30	25	21	50	28,2
Vote	6	8	9	7	8	5	2	16	5	14	8
vowel	21	33	11	17	12	17	12	15	27	11	17,6

TAB B.4 Taux de succès des sous ensembles pour 10 itérations (chaque itération contenant initialement 100 arbres C4.5) pour la méthode CONC (Banfield et al., 2005)

	Bag 1	Bag 2	Bag 3	Bag 4	Bag 5	Bag 6	Bag 7	Bag 8	Bag 9	Bag 10	Moy
audiology	82,22	71,11	80,00	93,33	86,66	86,66	84,44	77,77	68,88	80,00	81,11
Breast-cancer	70,17	71,93	66,66	68,42	71,93	73,68	64,91	80,70	73,68	73,68	71,58
Breast-w	95,68	93,52	92,80	94,96	93,52	94,24	92,80	92,80	95,68	95,68	94,17
cmc	52,38	53,06	50,34	46,94	54,42	52,72	52,38	53,40	51,36	53,06	52,01
dermatology	95,89	95,89	90,41	94,52	97,26	94,52	97,26	97,26	97,26	95,89	95,62
Ecoli	80,59	83,58	82,09	92,54	83,58	88,06	82,09	83,58	89,55	80,59	84,63
Kr-vs-kp	98,90	99,37	99,68	99,06	99,06	99,84	99,84	98,75	99,37	99,53	99,34
Glass	73,81	69,05	69,05	69,05	66,66	66,66	76,19	73,81	83,33	78,57	72,62
Hearth-h	77,58	82,76	79,31	75,86	70,69	79,31	84,48	82,76	86,20	84,48	80,34
Hepatisis	96,77	80,64	74,19	77,42	83,87	77,42	80,64	90,32	74,19	80,64	81,61
Ionosphere	90,00	95,71	85,71	91,43	88,57	88,57	90,00	97,14	92,86	90,00	91,00
Labor	81,82	81,82	81,82	81,82	63,63	100,00	90,91	90,91	90,91	100,00	86,36
Lymph	79,31	75,86	72,41	79,31	72,41	89,65	89,65	82,76	79,31	82,76	80,34
Diabetes	78,43	78,43	74,51	73,85	80,39	81,04	72,55	74,51	75,16	74,51	76,34
Credit-a	89,85	89,85	84,06	86,95	83,33	88,40	86,23	84,06	86,23	86,23	86,52
Credit-g	72,50	74,00	68,50	79,00	73,00	69,00	76,00	78,00	70,00	72,50	73,25
Heart-statlog	74,07	79,63	75,92	83,33	83,33	85,18	83,33	87,04	79,63	83,33	81,48
anneal	98,32	100,00	100,00	98,32	99,44	98,32	98,88	100,00	100,00	100,00	99,33
balance-scale	80,80	82,40	85,60	78,40	84,80	84,00	81,60	82,40	82,40	72,80	81,52
Car	91,88	93,33	94,20	91,30	91,59	95,07	95,36	93,62	93,33	94,49	93,42
Colic	84,93	93,15	86,30	86,30	79,45	86,30	82,19	83,56	89,04	76,71	84,79
dermatology	94,52	95,89	94,52	95,89	97,26	94,52	95,89	93,15	100,00	97,26	95,89
haberman	75,41	65,57	68,85	70,49	65,57	75,41	70,49	75,41	73,77	73,77	71,47
heart-h	82,76	84,48	75,86	79,31	82,76	79,31	87,93	81,03	86,20	81,03	82,07
primary tumor	40,29	41,79	44,77	43,28	44,77	46,27	35,82	40,29	34,33	32,83	40,44
Sonar	82,92	78,05	78,05	80,89	75,61	82,92	75,61	80,49	78,05	85,36	79,80
soybean	91,91	97,06	93,38	91,17	88,23	92,65	94,85	97,79	94,12	94,85	93,60
tic-tac-toe	93,72	93,19	95,29	95,81	95,29	95,29	91,09	96,85	95,29	93,72	94,55
vehicle	74,55	69,82	76,33	77,51	70,41	75,15	73,96	74,55	76,92	72,19	74,14
Vote	95,40	93,10	94,25	96,55	98,85	89,65	93,10	94,25	98,85	97,70	95,17
vowel	90,91	97,98	89,39	93,43	91,92	92,42	89,89	92,42	91,92	90,91	92,12

TAB B.5 Tailles des sous ensembles pour 10 itérations (chaque itération contenant initialement 100 arbres C4.5) pour la méthode COM (Martínez-Muñoz et al., 2004)

	Bag 1	Bag 2	Bag 3	Bag 4	Bag 5	Bag 6	Bag 7	Bag 8	Bag 9	Bag 10	Moy
audiology	13	16	4	13	15	17	11	30	9	12	14
Breast-cancer	4	21	19	9	14	6	13	7	5	15	11,3
Breast-w	8	5	9	13	24	15	10	22	13	12	13,1
cmc	32	41	46	32	21	60	40	53	25	32	38,2
dermatology	14	3	10	8	6	14	18	7	9	3	9,2
Ecoli	18	11	30	18	11	20	10	13	18	4	15,3
Kr-vs-kp	4	10	4	4	6	5	4	9	4	10	6
Glass	23	19	13	34	18	11	44	11	24	9	20,6
Hearth-h	12	11	19	9	14	31	37	21	7	11	17,2
Hepatisis	7	8	8	13	5	7	9	12	10	11	9
Ionosphere	7	14	6	4	8	8	4	6	11	11	7,9
Labor	11	3	4	6	6	3	3	3	4	15	5,8
Lymph	6	35	16	22	11	13	11	25	9	5	15,3
Diabetes	22	33	22	27	27	29	30	20	27	26	26,3
Credit-a	14	15	18	21	13	27	12	19	26	22	18,7
Credit-g	26	21	15	30	16	28	62	22	22	15	25,7
Heart-statlog	12	15	15	28	34	7	9	23	8	28	17,9
anneal	1	3	4	3	6	3	2	3	1	3	2,9
balance-scale	27	17	16	12	28	25	23	22	27	27	22,4
Car	18	17	24	21	28	15	33	20	13	37	22,6
Colic	5	3	7	2	9	5	3	5	3	5	4,7
dermatology	6	6	7	5	8	3	13	4	8	9	6,9
haberman	15	21	6	9	8	53	12	11	13	8	15,6
heart-h	12	23	18	10	22	13	9	11	17	18	15,3
primary tumor	28	46	56	40	28	47	44	46	19	18	37,2
Sonar	9	11	7	7	7	7	11	8	14	7	8,8
soybean	11	18	31	18	18	15	24	13	36	9	19,3
tic-tac-toe	23	9	13	10	16	20	29	35	13	12	18
vehicle	18	36	20	35	27	67	67	26	20	22	33,8
Vote	25	8	7	7	10	5	4	17	5	6	9,4
vowel	12	11	17	10	14	16	10	19	13	9	13,1

TAB B.6 Taux de succès des sous ensembles pour 10 itérations (chaque itération contenant initialement 100 arbres C4.5) pour la méthode COM (Martínez-Muñoz et al., 2004)

	Bag 1	Bag 2	Bag 3	Bag 4	Bag 5	Bag 6	Bag 7	Bag 8	Bag 9	Bag 10	Moy
audiology	86,66	75,55	80,00	88,88	84,44	86,66	80,00	77,77	68,88	77,77	80,66
Breast-cancer	80,70	73,68	61,40	63,16	77,19	75,44	71,93	75,44	75,44	71,93	72,63
Breast-w	96,40	92,80	92,80	95,68	97,84	94,24	92,80	94,96	97,12	97,84	95,25
cmc	52,38	53,40	51,02	48,29	54,76	52,72	53,06	52,72	52,38	54,42	52,52
dermatology	94,52	97,26	94,52	94,52	97,26	97,26	95,89	98,63	94,52	97,26	96,16
Ecoli	80,59	83,58	80,59	88,06	82,09	88,06	83,58	83,58	85,07	79,10	83,43
Kr-vs-kp	99,22	99,68	99,84	99,37	98,75	99,84	99,84	99,06	99,53	99,53	99,47
Glass	80,95	66,66	94,28	73,81	78,57	71,43	78,57	76,19	83,33	69,05	77,28

264

Hearth-h	75,86	84,48	81,03	77,58	70,69	77,58	84,48	84,48	86,20	86,20	80,86
Hepatisis	93,55	80,64	77,42	77,42	83,87	80,64	83,87	83,87	77,42	80,64	81,93
Ionosphere	92,86	95,71	88,57	92,86	85,71	84,28	90,00	92,86	90,00	88,57	90,14
Labor	81,82	81,82	81,82	90,91	93,93	90,91	90,91	90,91	81,82	100,00	88,49
Lymph	79,31	86,20	75,86	93,10	75,86	89,65	86,20	86,20	79,31	86,20	83,79
Diabetes	77,77	75,81	74,51	75,16	81,69	79,08	77,12	75,16	75,16	75,81	76,73
Credit-a	89,85	89,85	85,51	84,78	84,06	87,68	86,23	86,23	84,78	89,85	86,88
Credit-g	72,00	75,00	71,00	77,00	70,50	69,50	76,50	77,50	71,50	76,00	73,65
Heart-statlog	72,22	85,18	77,77	81,48	83,33	87,04	81,48	87,04	75,92	88,88	82,03
anneal	98,32	100,00	98,88	98,32	99,44	97,76	98,32	100,00	100,00	99,44	99,05
balance-scale	82,40	81,60	82,40	76,80	85,60	84,00	84,00	83,20	83,20	83,20	82,64
Car	91,88	92,75	93,91	91,59	93,91	95,36	94,49	93,62	93,33	93,04	93,39
Colic	80,82	86,30	86,30	84,93	79,45	89,04	82,19	79,45	89,04	76,71	83,42
dermatology	97,26	94,52	95,89	98,63	98,63	94,52	95,89	91,78	100,00	95,89	96,30
haberman	77,05	62,29	63,93	73,77	63,93	73,77	73,77	75,41	75,41	73,77	71,31
heart-h	82,76	84,48	79,31	81,03	82,76	81,03	87,93	75,86	86,20	79,31	82,07
primary tumor	40,29	40,29	47,76	38,80	40,29	46,27	44,77	41,79	38,30	37,31	41,59
Sonar	85,36	78,05	73,17	80,49	85,36	60,97	68,29	75,61	78,05	92,68	77,80
soybean	91,91	97,06	94,85	92,65	90,44	93,38	97,79	97,79	94,12	97,06	94,71
tic-tac-toe	94,76	93,19	95,29	94,76	92,67	96,33	91,62	96,33	95,29	93,72	94,40
vehicle	74,55	68,05	76,33	79,29	73,37	75,74	73,96	71,59	78,10	71,00	74,20
Vote	95,40	93,10	94,25	96,55	98,85	91,95	94,25	93,10	97,70	96,55	95,17
vowel	87,88	93,94	89,39	90,91	90,40	92,42	90,40	90,91	94,44	89,89	91,06

TAB B.6 Tailles des sous ensembles pour 10 itérations (chaque itération contenant initialement 100 arbres C4.5) pour la méthode UWA (Partalas et al., 2010)

	Bag 1	Bag 2	Bag 3	Bag 4	Bag 5	Bag 6	Bag 7	Bag 8	Bag 9	Bag 10	Moy
audiology	25	9	4	10	16	26	8	20	15	13	14,6
Breast-cancer	7	7	15	7	9	9	20	11	13	16	11,4
Breast-w	14	6	12	13	13	5	24	7	5	18	11,7
cmc	42	44	70	38	29	26	56	62	28	92	48,7
dermatology	4	7	5	6	18	13	9	6	9	10	8,7
Ecoli	22	9	9	12	15	10	7	13	6	12	11,5
Kr-vs-kp	7	9	6	5	3	6	6	6	5	9	6,2
Glass	18	23	12	13	14	7	21	23	10	18	15,9
Hearth-h	5	17	10	17	14	34	14	18	5	23	15,7
Hepatisis	9	14	11	25	7	23	7	13	10	11	13
Ionosphere	5	6	8	4	7	7	4	9	6	11	6,7
Labor	1	3	11	4	4	3	6	9	3	6	5
Lymph	7	12	6	26	6	11	9	10	14	5	10,6
Diabetes	17	21	37	31	12	15	13	18	16	24	20,4
Credit-a	10	10	13	10	29	19	13	24	14	19	16,1
Credit-g	26	15	22	32	16	30	12	21	29	29	23,2
Heart-statlog	8	13	8	17	15	15	15	10	18	28	14,7
anneal	1	3	3	3	6	3	10	1	1	3	3,4

balance-scale	13	39	15	17	28	38	22	26	46	25	26,9
Car	40	14	12	14	15	14	11	25	17	9	17,1
Colic	9	7	5	7	6	11	4	18	3	12	8,2
dermatology	9	4	6	3	12	7	8	4	9	4	6,6
haberman	11	13	10	9	20	10	13	10	29	10	13,5
heart-h	10	11	21	10	6	10	12	14	14	11	11,9
primary tumor	25	33	93	70	64	53	80	49	32	31	53
Sonar	7	8	6	7	8	7	7	4	8	8	7
soybean	16	8	9	15	18	11	22	10	6	7	12,2
tic-tac-toe	35	13	31	15	14	9	17	43	27	27	23,1
vehicle	14	46	27	54	27	27	25	16	41	39	31,6
Vote	3	5	3	7	6	7	4	1	3	7	4,6
vowel	12	51	16	11	11	26	17	12	18	14	18,8

TAB B.7 Taux de succès des sous ensembles pour 10 itérations (chaque itération contenant initialement 100 arbres C4.5) pour la méthode UWA (Partalas et al., 2010)

	Bag 1	Bag 2	Bag 3	Bag 4	Bag 5	Bag 6	Bag 7	Bag 8	Bag 9	Bag 10	Moy
audiology	86,66	75,55	77,77	91,11	86,66	86,66	82,22	80,00	68,88	82,22	81,77
Breast-cancer	70,17	70,17	64,91	70,17	71,92	75,43	66,66	78,94	82,45	78,95	72,98
Breast-w	97,84	93,52	93,52	95,68	96,40	94,24	92,80	92,80	96,40	97,12	95,03
cmc	53,06	53,74	51,36	48,97	53,40	53,40	53,06	53,40	51,70	54,08	52,62
dermatology	97,26	97,26	94,52	97,26	97,26	97,26	95,89	97,26	97,26	95,89	96,71
Ecoli	80,59	83,58	77,61	91,04	86,56	88,06	82,09	89,55	82,09	82,09	84,33
Kr-vs-kp	99,37	99,53	99,84	99,37	98,75	99,68	99,68	98,90	99,53	99,68	99,43
Glass	78,57	69,05	76,19	76,19	78,57	69,05	80,95	76,19	83,33	73,81	76,19
Hearth-h	74,14	86,20	79,31	72,41	68,96	79,31	84,48	86,20	84,48	81,03	79,65
Hepatisis	93,55	83,87	74,19	74,19	70,96	87,09	83,87	83,87	77,42	80,64	80,97
Ionosphere	90,00	95,71	88,57	90,00	95,71	87,14	88,57	92,86	90,00	90,00	90,86
Labor	91,82	81,82	81,82	100,00	63,63	100,00	90,91	90,91	90,91	100,00	89,18
Lymph	75,86	79,31	75,86	89,65	72,41	86,20	86,20	79,31	82,76	86,20	81,38
Diabetes	80,39	79,74	72,55	75,16	79,74	77,12	73,85	76,47	74,51	75,16	76,47
Credit-a	86,95	87,68	82,61	86,95	83,33	87,68	86,23	86,23	85,51	87,68	86,09
Credit-g	72,00	75,00	69,50	76,00	69,50	69,50	75,50	77,50	70,50	75,00	73,00
Heart-statlog	72,22	85,18	81,48	79,63	83,33	85,18	83,33	83,33	75,92	88,88	81,85
anneal	98,32	100,00	100,00	98,32	99,44	97,76	98,32	100,00	100,00	99,44	99,16
balance-scale	77,60	83,20	81,60	77,60	85,60	84,80	84,00	83,20	83,20	73,60	81,44
Car	91,59	93,91	93,04	92,75	92,75	95,07	95,36	93,91	93,91	94,20	93,65
Colic	84,93	90,41	84,93	86,30	78,08	86,30	82,19	84,93	89,04	75,34	84,25
dermatology	95,89	97,26	94,52	98,63	98,63	94,52	97,26	91,78	98,63	98,63	96,58
haberman	75,41	62,29	68,85	65,57	95,57	70,49	70,49	73,77	73,33	75,41	73,12
heart-h	81,03	77,58	77,58	79,31	81,03	77,58	84,48	77,58	79,31	77,58	79,31
primary tumor	38,80	40,29	46,27	43,28	41,79	49,25	43,28	40,29	35,82	38,80	41,79
Sonar	78,05	75,61	78,05	92,68	75,61	80,48	68,29	75,61	78,05	78,05	78,05
soybean	92,65	96,32	95,59	92,65	87,50	93,38	94,85	96,32	93,38	94,12	93,68
tic-tac-toe	94,76	93,72	95,81	96,33	95,81	96,33	91,62	97,38	97,38	94,24	95,34

vehicle	74,55	69,82	78,69	78,10	73,37	76,92	73,96	72,19	78,11	70,41	74,61
Vote	95,40	95,40	94,25	96,55	98,85	90,80	94,25	94,25	98,85	95,40	95,40
vowel	89,89	97,47	89,89	90,40	90,40	93,43	91,92	92,93	91,41	92,42	92,02